21世纪高职高专规划教材·人力资源管理系列

绩效管理

主　编　沈　丽　勾景秀
副主编　张　骞　李　洁
　　　　　袁巧春　王　瑜
参　编　李丽娟　刘　洋
　　　　　于敬凯　胡振奎

中国人民大学出版社
·北京·

前　言

时代的发展引领企业的竞争进入人才竞争的阶段。面对着市场和企业对人才的需求，高职院校要肩负起培养“高端技能型专门人才”的重任，这一目标的达成，要求在教学过程中突出“基于工作过程”的教学理念和模式，真正做到让学生在“学中做，做中学”。为适应教学过程中的这种要求，我们与专业的人力资源开发有限公司合作，编写了这本基于工作过程的教材。

本教材编写的指导思想是：突出应用型特色，强调理论知识与实际应用的结合，锻炼学生的实践技能，契合高职院校教材建设的基本目标，以满足高职院校技能型、应用型人才培养发展趋势的要求为宗旨，努力提高学生的理论应用能力、创新能力、分析判断能力、系统思考能力，以就业市场需求为导向培养人才。本教材适用于高职院校人力资源管理及相关专业学生。

本教材是基于人力资源管理绩效管理岗位的项目化教材，是以实践应用为导向的教材。在借鉴国内外绩效管理实务最新资料和成果的基础上，本教材着力从高职教育特点及岗位工作过程出发，结合岗位能力要求，参照国家人力资源管理师职业标准，通过具体项目和任务的实施，提高学生的实践能力和应用能力。本教材由五个项目（项目一：树立绩效管理理念，项目二：绩效计划，项目三：绩效实施，项目四：绩效评估与反馈，项目五：绩效改进与绩效结果应用）构成，各项目又分为若干个任务，并以企业的实际管理案例为依据，以操作性强、具体实际为原则对任务进行细分。各项目中，案例导入与实用案例等的选择均与教学内容紧密相关，具有很强的针对性。通过以工作过程为依托的教学项目的实施，帮助学生更为准确、全面地把握绩效管理工作流程各个环节所需的知识和技能要点。

本教材具有以下特色：

(1) 采用“基于工作过程”的课程开发理念。以绩效管理岗位的工作过程为主线，以岗位的典型工作任务为内容，构建具体的学习情境。在教学理念上突出学生主体、教师主导。将理论融入实际工作操作中，实现“教学做一体化”，使学生成为工作的实施者，自我管理，自我控制。

(2) 采用“项目导向、任务驱动”的教学模式设计。在教学组织形式、教学内容选取、教学方法上，均以企业真实案例作为项目背景，选取典型工作任务，进行系列化实训，构建了由学生全程参与的教材体系。

(3) 校企合作开发教材。本教材的编写得到河北诺亚人力资源开发有限公司的大力支持，公司人力资源部结合企业实际工作过程和工作要求，对教材的项目安排、任务设置、内容选取给予了有益建议，并根据掌握的行业最新动态信息，为教材的编写提供了丰富的参考案例。

本教材由沈丽、勾景秀担任主编。各部分编写分工如下：李洁负责编写项目一，沈丽、勾景秀负责编写项目二，李丽娟负责编写项目三，张骞负责编写项目四，刘洋负责编写项目五，沈丽负责编写附录，袁巧春、王瑜负责案例选编，于敬凯、胡振奎参与了案例编写。全书由沈丽、勾景秀策划、统稿、审稿、定稿。

本教材在编写过程中得到了河北诺亚人力资源开发有限公司的无私帮助，以及中国人民大学出版社的大力支持，在此一并表示衷心的感谢。由于编者学识有限，书中难免存在疏漏和不足，恳请专家和读者批评指正。

编者

目　录

项目一　树立绩效管理理念

学习目标

知识目标

- 理解绩效、绩效考评、绩效管理的概念
- 熟悉绩效考评的内容
- 掌握绩效管理的原则
- 掌握绩效管理的工作流程
- 了解绩效管理常见的困扰及误区

技能目标

- 能够按照原则进行绩效管理
- 能够按正确流程进行绩效管理
- 能在绩效管理过程中避免误区

玫琳凯化妆品公司的创始人玛丽·凯·阿什曾说过："一家公司的好坏取决于公司的人才，而人才能量释放多少就要取决于绩效管理了。"可见企业的绩效管理非常重要。有效的绩效管理能激发员工的工作潜能，使组织运转顺畅，促进组织长短期目标的完成。和企业发展阶段及管理现状不相适应的考核方法不仅不能提高组织的绩效，还可能会成为各级管理者的负担，浪费大量时间和资源。

绩效指的是那些经过组织评价的工作行为、方式及结果。绩效管理是在绩效考评的基础上延伸和发展的人力资源管理的子系统，它表现为一个有序的、复杂的管理活动过程。在企业运营过程中，错误的绩效管理观念和方法在很大程度上影响和制约着企业战略目标的实现。

在实施绩效管理前，应明确以下几方面的内容：

（1）绩效考评与绩效管理的区别和联系。

（2）绩效管理的原则与工作流程。

（3）绩效管理的人员分工。

（4）绩效管理的困扰与误区。

任务一　绩效、绩效考评与绩效管理

案例导入

迟到风波

一天，某公司的一名员工上午将近11点半才到公司来上班（公司上午的上班时间为9—12点），考勤人员在他的考勤登记表上记了“旷工半天”。这名员工知道后，非常不满，找到考勤人员问：“为什么给我记旷工？”

“中午12点下班，你将近11点半才到，这还不算旷工？”

“那怎么能算是旷工呢？上午我还是来上班了嘛，顶多只能算是迟到。”

“迟到？迟到3个小时？”

“公司又没有规定晚来10分钟是迟到，晚来3个小时是旷工……”

这一下，考勤人员无话可说了。

资料来源：http://max.wudisk.com/html/2011/1122/772327.shtm。

工作任务

思考绩效、绩效考评及绩效管理对于该公司有何意义。

任务引导

绩效管理是企业管理人员提高管理效率及改进管理工作的重要手段，也是员工改进工作及谋求发展的重要途径，更是企业人力资源管理工作的重要依据。通过绩效管理，企业能够肯定员工的成绩，指出缺点和不足，使员工明确努力的方向，出色地完成工作任务，并实现企业目标。成功实施绩效管理，不但能帮助企业提高管理效率，帮助管理者提升管理水平，而且能够通过有效的目标分解和逐步逐层落实绩效任务，实现组织的战略目标，提升每个员工的绩效。

通过本任务的学习，我们将了解何为绩效，什么是绩效考评及绩效管理。

知识链接

一、绩效

（一）绩效的含义

绩效指的是那些经过组织评价的工作行为、方式及结果。从不同的角度理解，绩效具有不同的含义。

从管理学的角度看，绩效是组织期望的结果，是组织为实现其目标而展现在不同层面上的有效输出。它包括个人绩效和组织绩效两个方面。组织绩效建立在个人绩效实现的基础上，但个人绩效的实现并不一定能保证组织是有绩效的。

从经济学的角度看，绩效与薪酬是员工和组织之间的对等承诺关系。绩效是员工对组织的承诺。一个人若要进入组织，就必须对组织所要求的绩效做出承诺，这是进入组织的前提条件。薪酬是组织对员工所做出的承诺。当员工完成了他对组织的承诺的时候，组织就实现其对员工的承诺。这种对等承诺关系的本质，体现了等价交换的原则，而等价交换的原则是市场经济的基本运行规则。由此可见，我们对绩效的管理，有着深刻的经济学要求。

从社会学的角度看，绩效意味着一个社会成员按照社会分工所确定的角色承担他的那一份职责。他的生存权利是由其他人的绩效保证的，而他的绩效又保障其他人的生存权利。因此，出色地完成绩效是作为社会一员的义务，受益于社会就必须回馈社会。

员工的工作绩效是指一定时期内员工经过考评并被组织认可的工作表现、行为及结果。具体从以下三个方面来理解：

（1）绩效是一个过程的概念，它与评价的过程相联系。

（2）研究绩效问题必须考虑时间因素。

（3）绩效反映在行为、方式和结果三个方面。

图 1—1 可以形象地揭示何为绩效。

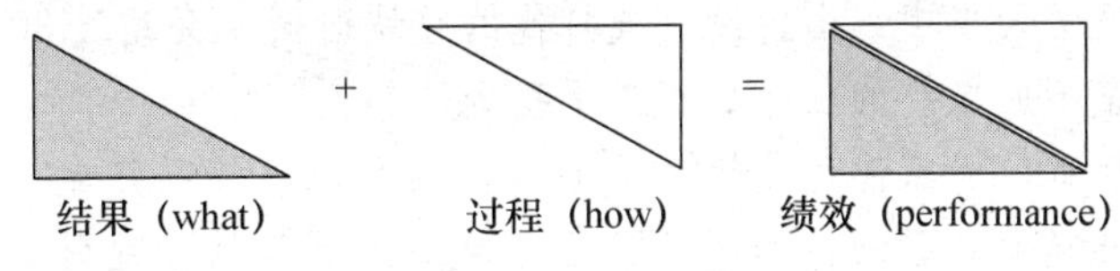

图 1—1　什么是绩效

实用案例 1—1

好人山姆的遭遇

我最近从其他部门调来一名员工，不是因为他优秀，而是救他于被解雇的厄运中。

话说两个月前，另一个部门的经理向我抱怨，说一个叫山姆的员工每月业绩考核总是排在最后，屡次给予警告，他都没有进步。于是这位经理打算将他淘汰掉。在我们这个拥有“driving for results”价值观的公司里，这是再正常不过的事情了。不管你态度怎样认真，行为怎样勤勉，拿不出好的成果，一切都是枉然。公司会毫不留情地淘汰那些不能交出漂亮成绩单的员工。

可是对这个即将被淘汰的山姆，我却于心不忍。说起来他对我是有恩的。当初刚进这家公司，我感觉有些不适应，这是我走上社会的第一份工作，而且我是这家公司中极少数的华人之一。工作是陌生的，环境也是陌生的，在这段艰难的适应期，山姆总会在我遇到困难的时候出现，不厌其烦地解答我在工作上遇到的各种问题。在他的帮助下，我很快熟悉了业务，熟悉了环境。后来我调到了其他部门工作，由于业务出色，逐渐做到了部门经理。因为工作太忙，这些年我与山姆的接触越来越少。突然听到他的上司这样评价他，并且要解雇他，我很为他惋惜，希望自己能够为他做点什么。

我对山姆的上司说："我们部门正好需要人手，把他调到我们部门吧。我试试看能不能改变他。"

就这样，山姆成了我的下属。我的这个举动有"报恩"的因素，但是也不全是如此。之所以将他调过来，也是因为我不相信山姆不能好好工作。据我了解，山姆的技术是过硬的，不然他当年也不可能屡屡为我提供帮助。同时，他又是一个热心负责的人。这两个条件加起来，怎么会是较差员工呢？山姆也很感谢我的信任，表示会努力工作。

可是在接下来的一个月中，我发现他的前任上司说的是对的。山姆在这段时间，任务完成的情况的确不佳，从完成的业务量来看，他比其他同事要少。我感到奇怪，山姆做这行绝不是生手，看起来也不像消极怠工的样子，怎么会是这样的结果呢？我决定要找出其中的原因。

我专门腾出一天时间，悄悄观察山姆的工作，只用了半天时间就找到了答案。我发现山姆简直就是一个信息技术咨询中心！由于他技术熟练，又热心助人，总是有人来找他解决技术上的难题。求助者有来自本部门的，也有其他部门的，对每位求助者山姆都不厌其烦，还有两次离开座位，到其他办公室去现场处理别人的难题。我计算了一下，这半天当中，山姆没有被打搅的整块时间不会超过30分钟。怪不得这位能干的好人完不成自己的任务！我终于找到了答案。

在山姆的帮助下，大家能迅速地克服工作上的困难，提高绩效。但是，他这方面的成绩却没有被管理者看到。因而我们在评价一名员工的绩效时要综合考虑员工的行为、方式及工作结果。

资料来源：郭晓薇、丁桂凤：《组织员工绩效管理》，大连，东北财经大学出版社，2008。

（二）绩效的性质

绩效具备以下性质。

1. 多因性

员工的绩效优劣取决于主客观多种因素，具体影响因素如图1—2所示。

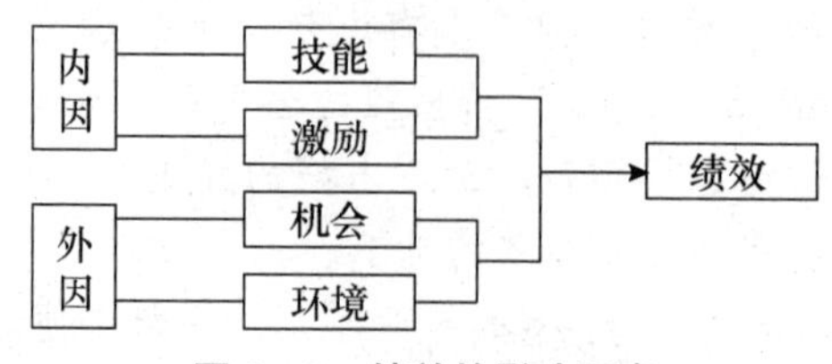

图1—2 绩效的影响因素

2. 多维性

绩效需要从多个维度或方面去分析与评价。通常，我们在进行绩效评价时应综合考虑员工的工作能力、工作态度和工作业绩三个方面的情况。

3. 动态性

员工的绩效会随着时间的推移而发生变化。原来较差的绩效有可能好转，而原来较好的绩效也可能变差。

二、绩效考评

（一）绩效考评的含义

绩效考评是按照一定的标准，采用科学的方法检查和评定员工对职务所规定的职责的履行程度，以确定其工作成绩的一种管理方法。

绩效考评概念的内涵和外延是随经营管理的需要变化而变化的。

从内涵上说，绩效考评就是对人与事的考评，它包括两层含义：一是对人及其工作状况进行考评；二是对人的工作结果，即人在组织中的相对价值或贡献进行考评。

从外延上说，绩效考评就是有目的、有组织地对日常工作中的人进行观察、记录、分析、考核和评价的过程。

（二）绩效考评的内容

绩效考评包括素质评定和业绩评定两个方面。素质评定涉及被考评人员的性格、知识与技能、适应性等方面的情况；业绩评定一般包括工作态度和工作完成情况的评定。工作态度评定是对员工工作时的态度所做的评定，它与工作完成情况的评定相互关联，但二者的评定结果可能不一致。

三、绩效管理

（一）绩效管理的含义

绩效管理是在绩效考评的基础上延伸和发展的人力资源管理的子系统，它表现为一个有序的、复杂的管理活动过程。在绩效管理过程中，组织管理者与员工共同参与，通过持续沟通，将企业的战略和目标、管理者的职责、员工的工作绩效目标、管理者与员工的伙伴关系传递给员工，并在持续不断的沟通中，管理者帮助员工消除工作过程中的障碍，提供必要的支持和指导，与员工一起完成绩效目标，从而实现组织的战略目标。

实用案例 1—2

A 公司的绩效考评

又到了一年的年末，A 公司除了要做会计结算工作外，经理和员工们又开始了一年一度被他们称为“表演”的绩效评价工作。

小李作为一名主管直接管理数十名员工，他需要和这些员工面谈并填写绩效评价的表格，工作量繁重。为节省时间，小李通过内部办公系统给每位员工发送了一份评价表。待他们填完后，他就表中内容同每人谈上15分钟，然后签上名。纸面上的工作准时完成了，人事部门很满意，每个人又回到“现实工作”中去。

小李和其他经理交到人事部门的报表都被放进了文件夹里，并且很可能被遗忘掉。员工们私下里对这个过程的看法是“浪费时间”。

对很多企业来说，虽然天天讲的是“绩效管理”，事实上做的还是“绩效考评”。这些企业对于绩效管理的理解还停留在考评阶段，使企业的绩效管理工作形同虚设。

资料来源：杜映梅：《绩效管理》，北京，中国发展出版社，2006。

绩效管理是对绩效实现过程中各要素的管理，是基于企业战略的一种管理活动。绩效管理是通过对企业战略的建立、目标分解、业绩评价，并将绩效成绩用于企业日常管理活动中，以激励员工业绩持续改进并最终实现组织战略以及目标的一种正式管理活动。

（二）绩效管理的特点

1. 系统性

绩效管理是一个完整的管理过程，是对绩效的系统管理，体现了计划、组织、领导、协调、控制等管理的主要职能。绩效管理不仅要对员工的工作绩效做出评价，还要通过绩效管理过程促进员工能力的提高与绩效的改进。绩效管理包括绩效计划、绩效实施、绩效考核、绩效改进。

2. 目的性

提高工作绩效是绩效管理的核心目的之一，绩效管理的各个环节都是围绕这个目的运作的。绩效管理的目的并不是把员工的绩效分出上下高低，或仅仅为奖惩措施寻找依据，而是针对员工绩效实施过程中存在的问题，采取恰当的措施，提高员工的绩效，从而保证组织目标的实现。

3. 强调员工发展

通过绩效管理，可以发现员工工作过程中存在的问题，如知识、能力方面的不足之处，从而通过有针对性的培训措施及时加以弥补。通过绩效管理还可以了解员工的潜力，从而为员工的配置及开发提供依据，以达到把最合适的人放到最合适的岗位上的目的。

4. 重视过程

绩效管理不只是单一的对员工的绩效考核，它还涉及如下内容：在充分沟通的基础上对组织战略目标分解并制定绩效计划，根据绩效计划开展绩效实施和管理，进行绩效考核、绩效反馈与面谈、绩效结果的应用等。

四、绩效考评与绩效管理的关系

在绩效管理的实践过程中，许多人把绩效管理和绩效考评等同看待，实际上，两者既有区别，又存在紧密联系。

绩效管理是指各级管理者和员工为了达到组织目标共同参与的绩效计划制定、绩效辅导沟通、绩效考核评价、绩效结果应用、绩效目标提升的持续循环过程。

绩效考评，也称成绩或成果测评，是企业为了实现生产经营目的，运用特定的标准和指标，采取科学的方法，对承担生产经营过程及结果的各级管理人员完成指定任务的工作实绩和由此带来的诸多效果做出价值判断的过程。

绩效管理的目的是持续提升个人、部门和组织的绩效。绩效考评的目的是测评成绩或成果。绩效考评出现在绩效管理的特定时期，是绩效管理的重要组成部分，它为绩效的反馈和应用提供了前提和依据。

任务实施

（1）该公司需要做的是建立有效的绩效管理制度，设定各部门、各岗位工作职责，并使员工明确自己的绩效任务。

（2）实施方案。

1）划分学习小组，各组同学共同探讨绩效及绩效管理对于公司的意义。

2）对该公司面临的情况进行分析并模拟解决。

3）各小组派代表陈述本组的工作成果。

4）进行小组自评及教师总评。

相关链接 1—1

中国绩效管理的五大流派

一、固化派

固化派之所以被称为“固化”，是因为其生存时间长，并且有很强的“同一性”，甚至可以与“八股”相媲美。在某个时期，几乎全国上下用的都是同一套指标体系。不考虑企业战略，不结合岗位职责，不依据工作成果，“一把尺子量所有的人”，这样的考核，势必造成工作与考核两层皮。直到现在，一些企业仍在沿用这种考核办法，不管外界如何变化。

特点：不问行业，不管对象，一提到考核，就是德能勤绩四大条。上到总经理，下到清洁工，都用一样的考核指标。此派别主要产生于国内大大小小的国营企业。

二、唯美派

某企业考评表，单就工作态度的考核，就分十几个大项，每一大项下，分若干中项，中项下，又分若干小项。从对待上司、同事、下属、客户的外在表现，延伸到被考评者的内心世界，细化到对工作是“欣然接受”还是“被动完成”等。甚至，在“欣然接受”与“被动完成”中间，还要有几级程度的差异。绩效管理，最主要的是能提升工作绩效，为求考核的完美而将考核变成猜字游戏，真乃舍本逐末。

特点：注重表格的完美漂亮，似乎越复杂越有深度；另外，在指标设计上追求绝对完善与公平。

三、迷外派

与发达国家相比，对于市场经济，许多领域我们还很陌生。于是乎，走在经济前列的发达国家便成为我们效仿的标杆。说也奇怪，一个理论、一套制度、一种方法，如果不与发达国家或世界500强挂上钩，似乎就不那么名正言顺，可信度大打折扣。这些都无可厚非，“古为今用，洋为中用”嘛。但用的同时，一定要注意理论联系实际。“橘生淮南则为橘，生于淮北则为枳”，如果脱离管理的环境来谈管理，这样的管理效果很令人怀疑。

特点：生吞活剥国外的理论、制度与方法，非外国的月亮不圆。

四、痴新派

本派别只将目光锁定在最新的管理理论或工具上，非“新”不用。有着近千人的某制造企业HR主管W诉苦说，他所在的企业原来是采用目标管理的，有着完整的体系，运作正常。但老板在某次聚会上听别人谈到360度考核，觉得自己公司的考核办法落伍了。回去后，硬逼着他对全员实行360度考核。因为手下只有一名外勤，培训讲解、收发表格、统计分数将他累个半死。这还不算，真正让他烦恼的是，许多部门主管抱怨不敢再管员工，怕影响自己的考核成绩。原本融洽的同事关系，也因为互相猜忌而矛盾激化，一时间，他成了众矢之的。老板倒是没有太难为他，只是大骂360度考核是骗人的东西。其实，无论是360度考核，还是KPI（关键绩效指标），或是BSC（平衡计分卡），作为管理工具，其本身并无对错之分，关键是运用是否得当。对于企业，最新的、最流行的，不一定是最好的，最适合的才是最有价值的。

特点：喜新厌旧，非“新”不取。

综观上述四大流派，表象各异，但有一个共同点，即从根本上来说，都缺乏正确的绩效管理理念，不知何为绩效管理，或将绩效管理简单理解为绩效考评，将绩效考评简化为一张表格。这种脱离实际工作的绩效管理，不仅不会提升工作绩效，还会产生许多新的管理问题。

五、务实派

在绩效管理上，只有一种流派能称得上“武林至尊”，那就是务实派。务实派的最大长处是有超强的学习力和消化力，在兼收并蓄古今中外诸多管理营养后，能够立足本企业，探索出企业独有的管理方法与模式。许多人力资源管理者在经历过前四种流派的“阵痛”后，在管理上能有所顿悟。随着务实派队伍的不断扩大，国内人力资源的管理效力得到了有效的发挥。

特点：从企业实际出发，科学系统地吸收外界知识，并有所创新。

资料来源：中人网。

任务二　绩效管理的功能、原则、人员分工、工作流程及困扰和误区

案例导入

某公司绩效考评误区

某公司是一家小型公司，创业初期，降低成本、提高销售额成为公司的总目标。由于业务繁忙，公司没有时间制定一套正式的、完整的绩效考评制度，只是由公司老总王某兼任人力资源总监。他会不定期地对工作业务好的员工提出表扬，并予以物质奖励；对态度不积极的员工提出批评；一旦员工的销售业绩连续下滑，他会找员工谈心，找缺陷，补不足，鼓励员工积极进取。

这几年公司发展非常迅速，已经由最初的十几个人发展到现在的上百人。随着规模不断扩大、管理人员和销售人员的增加，问题也出现了：员工的流失率一直居高不下，士气也不高。王某不得不考虑是否该建立绩效管理的正式制度，以及如何对管理人员进行考评等问题。

资料来源：http://www.exam8.com/zige/renli/monishiti/200607/360849.html。

工作任务

（1）绩效管理对于该公司有何重要意义？

（2）该公司是否应该建立正式的绩效管理制度？应该怎样建立？

（3）在建立绩效管理制度时应该避免怎样的误区？

任务引导

提高绩效的有效途径是进行绩效管理。通过绩效管理，可以帮助企业实现其绩效的持续发展；促进形成以绩效为导向的企业文化；激励员工，使他们的工作更加投入；促使员工开发自身的潜能，提高他们的工作满意度；增强团队凝聚力，改善团队绩效；通过不断的工作沟通和交流，发展员工与管理者之间建设性的、开放的关系；给员工提供表达自己的工作愿望和期望的机会。

通过本任务的学习，我们将了解绩效管理的原则与工作流程，以及绩效管理常

见的困扰和误区。

知识链接

一、绩效管理的功能和原则

（一）绩效管理的功能

绩效管理是任何一个组织都需要的管理工具，尽管其表现形式不尽相同，绩效管理也是管理者管理员工的主要工具。

（1）对企业而言，绩效管理具有以下功能：

第一，诊断功能。绩效管理作为企业各个职能和业务部门主管的基本职责，不但需要对组织中每个成员的活动进行追踪，及时沟通和分析、反馈绩效管理信息，而且要及时发现组织中存在的共性问题，采用科学的方法进行组织诊断，为组织变革和组织发展提供依据。

第二，监测功能。在组织绩效管理过程中，各级主管必须对人力、物力和财力等资源的配置及实际运行情况，进行及时的监督、测定和考量，这样才能达到有效组织、协调和控制的目的，从而实现预定的绩效目标。

第三，导向功能。各级主管在组织绩效管理的活动中，应当充分发挥绩效管理的导向功能，通过积极主动的绩效沟通和面谈，采用科学的方法从不同需求出发，激励、诱导下属，朝着一个共同目标努力学习、积极工作。

第四，竞争功能。绩效管理总是与企业薪酬奖励、晋升调配、培训开发等制度密切相关，无论是奖励还是惩罚，对员工都会产生某种触动和鞭策，从而在组织中形成相互比赛和竞争的局面。这有助于组织的发展和目标的实现，使企业和员工同时收益获利。

（2）对员工而言，绩效管理具有以下功能：

第一，激励功能。绩效管理可以充分肯定员工的工作业绩，能使员工体验到成功的满足感与成就的自豪感，有利于鼓励先进、鞭策落后、带动中间，从而使每个员工的劳动行为得到有效的激励。

第二，规范功能。绩效管理为各项人事管理提供了一个客观而有效的标准和行为规范，按照标准进行奖惩与晋升，会使企业形成事事按标准办事的风气，使企业的人力资源管理标准化。

第三，发展功能。这一功能主要表现在：一是使企业根据考核结果，制定正确的培训计划，达到提高全体员工素质的目标；二是发现员工特点，将个人与组织的发展目标有效地结合起来。

第四，控制功能。通过绩效管理，不仅可以把员工工作的数量和质量控制在合理的范围内，还可以控制工作进度和协作关系，从而使员工明确自己的工作职责，提高工作的自觉性和纪律性。

第五，沟通功能。考核结果出来后，管理者将与员工谈话，听取员工的申诉和看法。这样就为上下级提供了一个良好的沟通机会，使上级与下级之间相互了解，并增进相互间的理解。

第六，其他功能。例如，为编制人力资源规划、剖析现有人力资源的优劣势、帮助员工制定职业生涯发展规划、调整劳动关系、诊断生产经营管理活动等提供重要的技术支持。

（二）绩效管理的原则

绩效管理的原则可归纳如下。

1. 公开与开放原则

应该最大限度地减少考评者与被考评者双方对绩效管理工作的神秘感。绩效标准和指标的制定是通过考评者和被考评者共同协商来进行的。

2. 客观与公正原则

进行客观考评，即用事实说话，切忌主观武断，缺乏事实依据。

3. 程序化与制度化原则

应形成统一的考评制度，按照特定的程序进行考评，避免随意化。

4. 反馈与修改原则

在绩效考评过后，进行面谈讨论，把结果反馈给被考评者，同时听取被考评者的意见及自我评价情况，对于存在的问题进行修改。

5. 重视时效性原则

绩效管理针对的是考评周期内的所有成果，在绩效管理过程中要求绩效考评的数据与考核时段相吻合。

二、绩效管理的人员分工

实用案例1—3

增减预算的理由

在一个大型会议室里，某公司的高层管理者正在参加一年一度的计划会议。在回顾了过去一年取得的成就后，每位职能副总裁都提出了本部门下一年度的预算。当市场营销副总裁说完预算要求后，他被告知因为公司利润下降，下一年度的广告预算将被削减。接着是人力资源副总裁发言："各位，我不想占用你们太多的时间，因为会议已经开了一整天。你们应该知道人力资源部为公司所做的一切。我们负责招聘、培训、支付工资、提供福利、咨询，诸如此类。人力资源部不想增加太多的预算。我只要去年的预算加上由于通货膨胀增加的6%。有问题吗?"话音刚落，市场营销副总裁提出了异议："等一下，我的预算已经被削减，而你却要求比去年多6%。我承认我们是需要人力资源部，但为什么不能是我的广告预算增加而你的预算减少呢？毕竟，广告吸引了顾客并帮助我们赚钱。而人力资源管理对我们的盈利和亏损有什么作用？人力资源管理如何使我们达到成长和获利的目标呢？”

由该案例可以看出，如果在绩效管理中没有一个明确而清晰的分工，绩效管理将无法正常运作下去。

资料来源：张云德：《现代企业绩效管理策略与应用》，兰州，兰州大学出版社，2006。

实施绩效管理就是让企业中的每一个员工都在其中扮演一个角色，承担相应的责任。这个问题必须明确，否则，绩效管理将流于形式。通常，在一个组织中除了组织本身外，还存在四个层面的角色，即高层领导者、人力资源管理人员、直线经理和员工，每个人的分工不同，其绩效责任也有所不同。

（一）组织

组织是绩效管理的平台，组织的存在为绩效管理提供了管理的目标及发展方向。成功的绩效管理体系必须要能有效衡量组织在策略、流程、组织文化和信息技术等方面的表现。各级人员都要依照组织的发展策略及目标设立自己的绩效系统，并分解自己的绩效管理目标。

（二）高层领导者

所有的管理活动要想取得理想的效果，都必须取得领导者的支持，因为领导者掌握着企业资源的支配权，他支持和参与的活动，所获得的资源相对就多。所以，高层领导者必须支持和亲自参与绩效管理活动。绩效管理在推行的时候可能会遭遇阻力，员工不愿意被考评，直线管理者害怕评价下属会引起冲突和麻烦，绩效管理常常因此受到阻碍，甚至半途而废。领导者的支持和参与与否本身就传达了这样一种信息：什么是企业鼓励的、什么是企业不鼓励的，这反映了企业的取向。企业高层管理人员亲自参与，将企业目标逐级分解下去，同时将绩效管理的理念和方法渗透到企业的各个角落，推动直线经理和员工参与到绩效管理中来，他同样也会在这个过程中得到迅速的提高，使绩效管理取得明显的效果。

（三）人力资源管理人员

人力资源管理人员组织设计绩效管理实施方案、流程和工具，提供有关绩效管理的咨询，组织绩效管理的实施。此外，人力资源管理人员还要完成以下职责以保障绩效管理的实施。

1. 取得高层管理人员的支持

绩效管理是企业的重要管理改革，其一举一动都牵动整个企业，高层管理人员的态度和支持的力度在很大程度上决定着绩效管理实施的成败。因此，绩效管理方案必须首先获得高层的支持，并请其参与其中，获得他们持续的关心和推动，使绩效管理方案得到逐步的落实。

2. 培训直线经理

组织直线经理参加与绩效管理有关的知识、技巧和能力的培训与研讨，使他们真正掌握绩效管理的要义和方法，从而用正确的方法管理员工的绩效。

3. 组建绩效管理团队

依据绩效管理的流程和理念分配每个人的角色，赋予其相应的权限和责任，编制职责明确的工作说明书，确立他们的工作目标和努力方向。

（四）直线经理

直线经理是绩效管理实施的主体和中坚力量，在绩效管理的实施中举足轻重，没有他们的支持，再好的绩效管理方案，也只能流于形式，得不到有效的实施。

直线经理需要让下属认识公司的管理模式、经营理念和行为取向，在日常工作中不断加强他们在这方面的知识，创造和维持一个良好的工作环境，使员工能尽展所长；持之以恒地训练和发展员工，使他们的潜力能够得到充分发挥，逐步增强其工作能力，使他们能为公司做出更大的贡献；适时考核员工的绩效，根据具体情况采取及时和适当的行为。

（五）员工

绩效管理不是管理者单方面对被管理者做的事，而是双方共同合作的结果。员工是绩效管理的主人，对自己的发展负主要责任，拥有绩效并产生绩效。各级员工的参与能够激发他们的积极性和主动性，建立合理的工作目标，并与经理讨论发展计划和目标，跟踪自己的发展计划，最终达到个人和组织绩效都得到提高的目的。

绩效管理不是简单地填写考核表，也不仅仅是涨薪的依据，而是一个全面的管理过程。在这个过程中，组织、高层管理者、人力资源管理人员、直线经理、全体员工等企业的所有人员（包括整个企业本身）都涉及其中，而且都是绩效管理的受益者。

相关链接1—2

考评方式

在设计绩效考评的方案、组织考评机构时，在被考评者明确的情况下，具体考评人员由哪些人组成，取决于三个因素：考评类型、考评目的、考评指标和标准。

例如，在一项对操作工人的考评中，为了了解员工绩效提高的程度，应以该员工的直接主管作为信息的主要来源，以他们为主进行考核评价。因为他们最熟悉操作工人的工作情况，并能做出比较符合实际的判断。

如果考评目的是培训和开发人才，通过考评发现员工需要弥补的技能缺陷，那么就应该在上级考评的同时，进行自我考评和同事考评，让员工本人和同事积极参与。通过多视角的考评，全方位地了解被考评者的优势和不足，发现员工存在的主要问题，在哪方面存在缺陷亟待弥补和提高，为技能培训和开发提供有力的证据。

例如，企业专业技术人员的绩效考评，如果由主管独立完成，由于他们对下属技术性工作的内容不够熟悉，难以保证判断和评价的准确性与客观公正性。此时的考评可采取另一种方式：召开由主管主持的，由被考评者自己、下级、有关的同事，以及其他相关人员参与的绩效考评会议，围绕技术绩效的核心问题一起进行讨论，以获得满意的考评结果。

如果企业的人文环境良好，员工个人的素养较高，同事之间的人际关系融洽，彼此之间高度信任，工作接触较频繁，采用以自我考评与同事考评相结合为主、以上级主管考评为辅的方法，也会取得较好的考评结果。当考评是为了发掘人员潜力，而不是单纯用于人事决策时，也应该采用这种考评方式。

资料来源：赵继会：《人力资源开发与管理》，北京，中国建材工业出版社，2011。

三、绩效管理的工作流程

绩效管理的工作流程如图 1—3 所示。

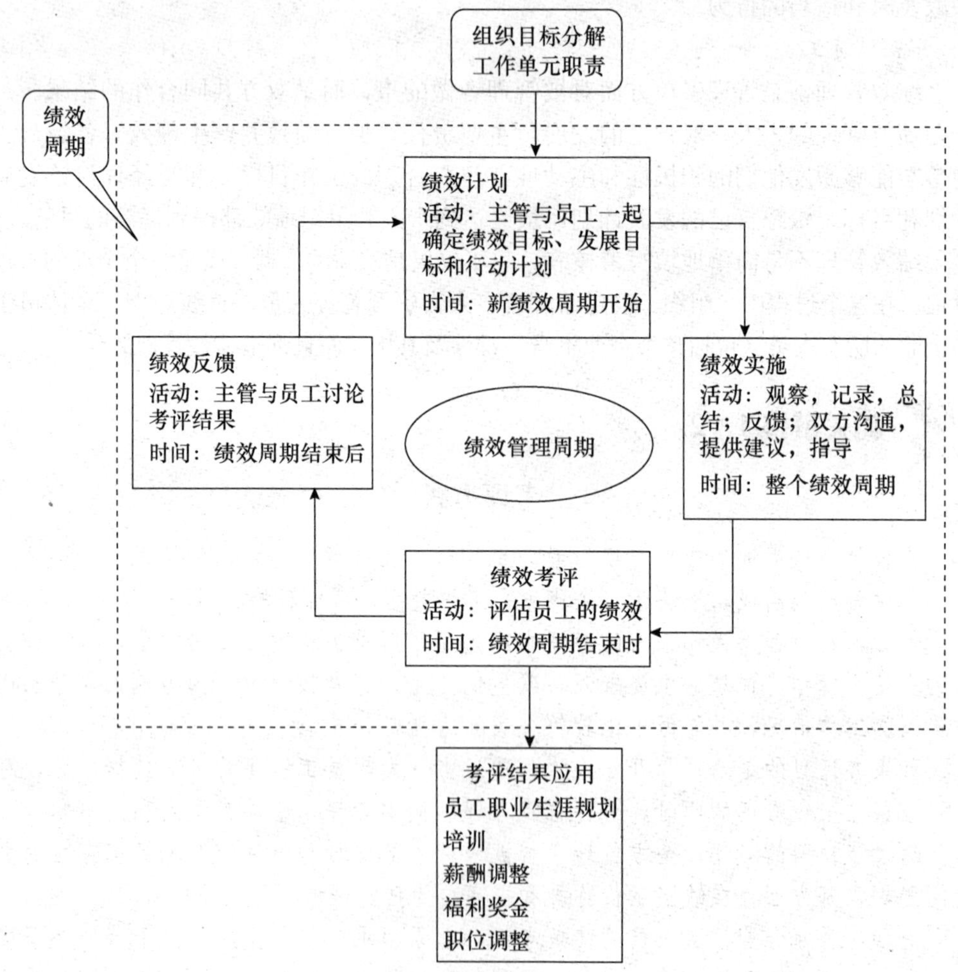

图 1—3 绩效管理的工作流程

（一）绩效计划

制定绩效计划是整个绩效管理过程的起点。绩效计划是在绩效管理期间开始时，由管理者和被管理者经过充分沟通，对在本绩效管理期间结束时员工所要达到的期望结果的共识。一旦达成共识，员工对期望结果就需要进行承诺，管理者需要在今后的工作中对员工进行指导和支援，以促其达成最初的期望结果。

1. 绩效计划目标及衡量标准

（1）绩效计划目标是指员工在本次绩效考核期间所要达到的工作目标，包括要达到什么结果、各项工作目标的权重，以及怎样做才能更好地实现要达成的目标。

（2）衡量标准是指这些结果从哪方面去衡量，以及评判的标准是什么。

2. 明确达成目标计划的结果

制定绩效计划的过程是一个双向沟通的过程，通过管理者与员工双向沟通，双方之间建立了有效的工作关系，明确达成目标计划的结果。

（二）绩效实施

1. 绩效沟通

绩效沟通贯穿于企业绩效管理的整个过程，是绩效考评者与被考评者就绩效目标的设定及实现而进行的持续不断的双向沟通过程。

2. 员工信息的收集与分析

并非所有的信息都需要收集和分析，也并非收集的信息越多越好。考评人员主要收集那些与员工绩效有关的信息。

信息收集的方法包括：观察法、工作记录法、他人反馈法。

3. 适时的绩效辅导

绩效管理的实施过程就是主管与员工根据组织内外环境情况、双方达成的绩效计划，通过履行各自的职责，共同实现绩效目标的过程。在这个过程中，虽然员工是每项任务具体实施的主体，但并不是说，绩效计划达成之后，主管就可以撒手不管了。一般情况下，主管经验和能力比员工强，视野比员工广，拥有的资源比员工多，所以，主管在员工实施绩效计划的过程中应该“在其位，尽其责”，做好员工的辅导工作。

（三）绩效考评

1. 考评方法的选择

绩效考评的方法有多种，不同的考评内容、不同的考评对象所采用的考评方法是不一样的。

绩效考评方法包括：排序法、对偶比较法、强制分配法、关键事件法、目标管理考核法、360 度考核法、关键绩效指标（KPI）考核法、平衡计分卡考核法。

2. 评估

评估是绩效管理工作的重心，它不仅关系到绩效管理系统运行的质量和效果，还影响员工的当前利益与长远利益。

3. 评估过程中应注意的问题

（1）科学、合理地制定考核标准。

（2）尽量避免考评者的个人主观偏见。

相关链接 1—3

导致绩效考评偏差的因素

（1）考评标准缺乏客观性和准确性。

（2）考评者不能坚持原则，随心所欲，亲者宽，疏者严。

（3）观察不全面，信息收集不完整。

（4）行政程序不合理、不完善。

（5）政治性考虑。

（6）信息不对称、资料数据不准确，以及其他因素的影响。

（四）绩效反馈

绩效反馈是在绩效考评之后将结果反馈给被考评者的过程。绩效反馈是绩效管理的灵魂与核心，是绩效管理过程中最能产生效果的环节。

在绩效反馈环节中，各个层面需要进行绩效面谈和沟通，上下级之间需要交流绩效过程和结果方面的信息，消除绩效管理中的误解，寻找绩效差距，诊断绩效问题，突破绩效障碍，为拟订全新的绩效计划做好充分的准备。

作为一名绩效主管，绩效反馈中需要重点关注三个方面的问题：一是牢牢把握绩效反馈的目的，即通过绩效反馈有效地提升员工的专业素质和工作技能，进而提高工作业绩；二是分析绩效反馈的对象，设计好绩效反馈面谈的内容，力争让面谈内容与面谈对象的绩效情况、个性情况、生活情况、心理情况保持和谐；三是注意选择科学的反馈方式，争取让员工愉快、合作地接受面谈内容，振奋精神，达成更高目标的绩效计划。

（五）考评结果应用

（1）为企业提供薪酬福利方面的参考消息。

（2）为员工的晋升、平调、降职等人事计划的制定提供依据。

（3）对企业员工士气和工作氛围进行评估，完善企业文化建设。

（4）对部门和员工的业绩做出评估，提出改进的方针和措施。

（5）不断挖掘企业员工的潜力，探索实现员工与企业共同发展的途径和方法。

（6）分析员工总体素质状况，进行培训需求分析，提出员工技能开发的改进措施和计划。

四、绩效管理的困扰和误区

有人将绩效管理比喻成汽车安全带，人人都能认识到它的重要性，但往往都不情愿系上它，因为与它相伴的总是一些困扰和难题。

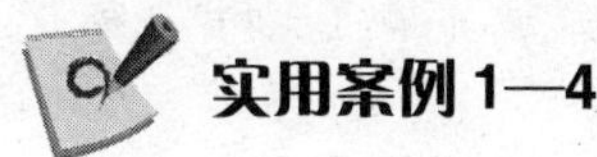

实用案例 1—4

联想公司罚站制度

联想公司刚创立的时候，工作人员懒散，管理较松懈。老总柳传志下定决心要改变这种状况，于是就颁布了一个制度，谁开会迟到，不仅要罚款，还要罚站 5 分钟。罚款大家并不在乎，但是罚站还是挺丢面子的。这个制度的实行很严格，连高层领导——副总裁、总裁这一级别的都被罚站过，甚至柳传志本人也被罚站过。正是公司领导人这种下决心要把事情干好的气魄，把联想的管理搞上去了。有记者在采访柳传志的时候问道："联想的核心竞争力是什么？"柳传志回答说："我们联想的核心竞争力就是我们科学的管理体系。"

从以上案例来看，正确有效的绩效管理能够使企业迅速成长。

资料来源：姜启军：《高绩效管理的五项修炼》，北京，中国纺织出版社，2009。

（一）绩效管理的常见困扰

1. 员工被评价的焦虑和抵触

（1）信息不对称带来的不安全感。

（2）害怕暴露弱点。

（3）担心评价结果给自己带来不良后果。

2. 主管对绩效评价的焦虑与回避

（1）绩效管理增加了工作量。

（2）绩效管理易引起人际矛盾和冲突。

3."绩效主义"与短期行为

绩效主义就是将业务成果和金钱报酬直接挂钩，职工为了拿到更多报酬而努力工作。为衡量业绩，首先必须把各种工作要素量化，但是，工作往往是无法简单量化的。

绩效考评往往会使人们为了追求短期利益而轻视短期内难见效益的工作。

实用案例 1—5

为什么实施绩效管理这么难

有这样一个故事：一个旅者来到一个城镇，看到这样一个奇怪的现象，死囚行刑前有一次选择的机会，是选择被就地枪决，还是选择进入一个黑漆漆的山洞，生死由命。奇怪的是，没有一个死囚选择后者。旅者问狱警山洞里是什么，狱警回答道："什么也没有，只不过是通往另一个城镇的通道罢了。"而所有的死囚都徘徊在那未知的山洞前，最后选择了结果一目了然的枪决。恐惧，源于未知。未知是恐惧的根源，通常人们总会对未知的或者不确定的事情或领域充满了恐惧，踌躇不前。

上面的故事是这样的，其实现实生活也是这样的。你的恐惧、你的不安，完全是因为你的不确定、不明白。

企业刚刚准备开展绩效管理时，员工中了解、熟悉甚至掌握绩效管理的理念、技术和方法的人极少，甚至高层管理者对绩效管理也没有明确的认识。

要想成功地实施绩效管理，就要让大家认识绩效管理，确切地告诉员工绩效管理是什么，我们为什么要开展绩效管理，开展绩效管理对我们企业有什么好处，对员工自身有什么影响，可能的风险是什么。

资料来源：姜启军：《高绩效管理的五项修炼》，北京，中国纺织出版社，2009。

（二）绩效管理的常见误区

1. 对考核定位的模糊与偏差

考核定位是绩效考核的核心问题。考核定位，其实质就是通过绩效考核要解决什么问题，绩效考核工作的管理目标是什么。考核定位直接影响考核实施，定位的不同必然带来实施方法上的差异。对绩效考核定位的模糊主要表现为考核缺乏明确的目的，仅仅为了考核而进行考核。这样做通常使考核流于形式，考核结束后，考核的结果不能被充分利用起来，耗费了大量的时间、人力和物力，结果不了了之。考核定位的偏差主要体现在片面看待考核的管理目标上，对考核目标的定位过于狭窄。例如，某公司的考核主要是为了年底分奖金。

根据现代管理思想，考核的首要目的是对管理过程进行控制，其核心的管理目标是通过了解和检核员工的绩效以及组织的绩效，并通过结果的反馈，实现员工绩效的提升和企业管理的改善。考核的结果可以用于确定员工的晋升、奖惩和各种利益的分配。很多企业都将考核定位于确定利益分配的依据和工具，这确实会给员工带来一定的激励，但势必使得考核在员工心目中消极化，从而产生心理上的压力。这是对考核形象的一种扭曲。必须将考核作为完整的绩效管理中的一个环节来看待，这样才能对考核进行正确的定位。完整的绩效管理过程包括绩效目标的确定、绩效的产生、绩效的考核、绩效的提升与新的绩效目标的确定，构成一个循环。绩效考核首先是为了绩效的提升。考核的定位问题是核心问题，直接影响考核的其他方面。关于考核的其他误区很大程度上都与这个问题有关。

2. 绩效指标的确定缺乏科学性

选择和确定什么样的绩效指标是考核中一个重要的同时也是比较难于解决的问题。许多公司所采用的绩效指标既包括经营状况方面的，也包括工作态度、思想觉悟等方面的。能够从这样两方面去考虑是很好的，但是对于如何科学确定绩效考核的指标体系以及如何使考核的指标具有可操作性，许多企业考虑得不是很周到。

可用指标评价的绩效包括任务绩效和周边绩效。任务绩效与工作产出直接相关，对其进行评价就是直接对工作结果进行评价。周边绩效，即工作过程中的一些表现，它会对工作结果造成影响，但并不以结果的形式表现出来。对任务绩效，通常采用质量、数量、时效、成本、他人的反应等指标来进行评价；对周边绩效，通常采用行为性的描述来进行评价。这样就使得绩效考核的指标形成了一套体系。在任务绩效方面，若仅仅采用经营指标衡量，则过于单一化，很多指标没有囊括进去。在周边绩效方面，应多采用行为性的描述，而非评价性的描述。因为评价性的描述多依赖评价者的主观感觉，缺乏客观性，而行为性的描述可以进行客观的评价。

3. 考核周期的设置不尽合理

所谓考核周期，是指多长时间进行一次考核。多数企业都是一年进行一次考核，这与考核的目的有关。如果考核的目的主要是分奖金，那么自然就会使得考核的周期与奖金分配的周期保持一致。

事实上，从所考核的绩效指标来看，不同的绩效指标需要不同的考核周期。对于任务绩效的指标，可能需要较短的考核周期，如一个月。这样做的好处是：一方面，在较短的时间内，考核者对被考核者的工作产出有较清晰的记录和印象，如果等到年底再进行考核，恐怕就只能凭借主观的感觉了；另一方面，对工作的产出及时进行评价和反馈，有利于及时地改进工作，避免将问题一起积攒到年底来处理。对于周边绩效的指标，则适合于在相对较长的时期内进行考核，如半年或一年。这是因为关于人的表现的指标具有相对的稳定性，需较长时间才能得出结论，不过，应在平时进行一些简单的行为记录作为考核时的依据。

4. 考核关系不够合理

要想使考核有效进行，必须确定好由谁来实施考核，也就是确定好考核者与被考核者的关系。某公司采用的方式是由考核小组来实施考核，这种方式有利于保证考核的客观、公正，但是也有一些不利的方面。

通常来说，不同的绩效指标的信息需要从不同的主体处获得。应该让对某个绩效指标最有发言权的主体对该绩效指标进行评价。考核关系与管理关系保持一致是一种有效的方式，因为管理者对被管理者的绩效最有发言权。而考核小组可能在某种程度上并不能直接获得某些绩效指标，仅通过考核小组进行考核是片面的。当然，管理者也不可能得到被管理者的全部绩效指标，还需要从其他方面获得信息。

5. 绩效考核与前后的其他工作环节衔接不好

要想做好绩效考核，必须做好考核期开始时的工作目标和绩效指标确定工作，以及考核期的结果反馈工作。这样做的前提是将绩效考核放在完整的绩效管理过程中。由于许多公司没有将绩效考核放在绩效管理的体系中考虑，孤立地看待考核，因此不能够重视考核前期与后期的相关工作。在考核之前，主管人员需要与员工沟通，共同确认工作的目标和应达成的绩效标准。在考核结束后，主管人员需要与员工进行绩效面谈，共同制定今后工作改进的方案。

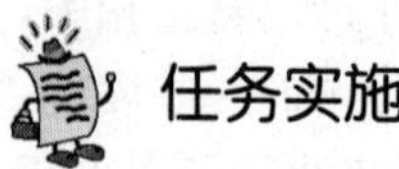

任务实施

（1）绩效管理的目的是发现员工的优缺点，并帮助其发挥潜力，从而改进工作状况，确定努力方向并对他们进行培训，为员工的个人全面发展提供信息和依据。

（2）该公司应依据公司发展战略目标，按照绩效管理的工作流程建立适当的绩效管理制度。

（3）在进行绩效管理时应该避免绩效管理的常见误区，合理定位人员角色，设立科学合理的绩效评价指标。

（4）实施方案。

1）划分学习小组，各小组分别针对案例进行分析、讨论。

2）根据案例实际情况，分析绩效管理的意义。

3）设定案例中的绩效管理制度。

4）各小组派代表陈述本组的工作成果。

5）进行小组自评及教师总评。

相关链接 1—4

中国企业绩效管理现状

2011 年 8—11 月，北森人才管理研究院通过互联网和现场填写问卷的方式，对 412 家企业的绩效管理情况进行了分析，并形成了《2011—2012 年中国企业绩效管理调查报告》。

报告显示，受调查的单位在绩效管理方面均存在不同程度的问题。部分调查结论列示如下：

（1）绩效流程普遍完备：只有不到 1/5 的企业对考核流程不满意。

（2）考核表不是绩效管理的障碍：只有不到 1/5 的企业对目前使用的考核表不满意。

（3）绩效考核制度和流程已基本完善：43.1%的企业采用的绩效考核制度和流程比较顺畅。

（4）按时完成绩效考核基本不是问题：半数的企业能在预期时间内顺利完成绩效考核。

（5）绩效考核结果接纳程度不高：仅有 1/3 的企业认为结果客观反映员工实际工作情况。

（6）绩效考核结果的区分度有待提高：仅有 1/3 的企业认为绩效考核结果有很好的区分度。

（7）考核数据成为一次性用品：仅有 1/3 的企业进行考核数据的积累。

（8）员工目标对企业目标支持不够：只有 41.2%的企业认为员工目标能做到支

撑企业战略目标。

(9) 目标设置合理性不够：仅 42.1%的企业，其部门和个人目标清晰可执行。

(10) 绩效反馈频率低、深度浅：仅有 26%的企业按照月度和周的频率回顾员工目标，仅有 26.5%的部门主管能够深度回顾员工目标。

(11) 大部分企业绩效管理结果都与激励挂钩，但是激励体系有待丰富。

(12) 员工渴望得到及时认可和激励：只有 38.7%的企业和主管能够及时认可和激励员工。

(13) 绩效反馈过于随意：只有不到一半的企业有正式的绩效反馈流程。

(14) 绩效反馈效果欠佳：仅有约 1/3 的企业认为目前的绩效反馈是有效的。

(15) 领导很重视，员工欠支持：55.5%的企业高层非常重视绩效管理，但是仅有 39.7%的企业认为员工能积极支持绩效考核制度和流程。

(16) 绩效管理也要做内部营销：超过 70%的企业对绩效管理的价值缺乏宣传。

(17) 绩效管理培训缺乏：仅有 1/3 的企业针对内部人员进行绩效管理培训。

资料来源：http://www.doc88.com/p-698272762195.html。

项目小结

绩效管理是组织通往卓越的必由之路，越来越多的企业选择了这条道路。适当的绩效管理可以使企业迈向成功的道路光明平坦，使企业顺利地达成成长目标。企业最终摘取卓越绩效的果实，需要勇气、智慧，更需要绩效管理的相关知识和技巧。

通过本项目的学习，应掌握以下内容：

(1) 绩效。绩效指的是那些经过组织评价的工作行为、方式及结果。从不同的角度理解，绩效具有不同的含义。

绩效具备多因性、多维性及动态性。

(2) 绩效考评。绩效考评是按照一定的标准，采用科学的方法检查和评定员工对职务所规定的职责的履行程度，以确定其工作成绩的一种管理方法。

绩效考评概念的内涵和外延是随经营管理的需要变化而变化的。

(3) 绩效管理。绩效管理是在绩效考评的基础上延伸和发展的人力资源管理的子系统，它表现为一个有序的、复杂的管理活动过程。

绩效管理具有系统性、目的性、强调员工发展及重视过程的特点。

(4) 绩效管理的目的、原则。

(5) 绩效管理的人员分工。实施绩效管理就是让企业中的每一个员工都在其中扮演一个角色，承担相应的责任。每个人的分工不同，其绩效责任也有所不同。

(6) 绩效管理的工作流程。

(7) 绩效管理的困扰和误区。

案例分析

J设计院的辞职风波

J设计院是一家大型国有企业的下属单位，成立于1992年，有在职员工140多人。成立之初，员工多为外调或内部挑选，在1992年至2002年的十年间，未有新大学生入职，技术人员和管理人员青黄不接。考虑到设计院今后的发展，从2003年起，陆陆续续招聘来一些大学生：2003年12人，2004年13人，2005年10人，2006年9人，2007年6人，2008年5人。

2007年10月，J设计院领导换届，胜率不高的Z（工艺室主任，34岁）在其父亲（直属国有企业的副总经理）的协助下，出任院长。Z院长启用与其年龄相仿、同期进院的工艺室P工程师为工艺室主任，两人关系密切。不到一年，P主任晋升为副院长兼总工程师，同时进行了大手笔的人事改组、调换。

2009年，是2003年参加工作的大学生评工程师职称的年度。按照有关政策和比例，该年至少有5个指标。在这6年中，大家勤奋工作，刻苦钻研技术。其中，工艺室D先生工作成绩突出，人际关系融洽，是一位优秀人才。他在中—荷合资EPS项目中，承担了主要设计工作，加班加点，如期保质保量完成任务，未等到工程竣工即病倒了。D先生在群众中口碑很好，但是评定结果出人意料，12人中只有工艺室1人（非D先生）当评。此事在员工中产生很大的反响，人们议论纷纷。要知道，在设计院这样的技术部门，职称对员工来说很重要，甚至影响其职业生涯。

2009年中，J设计院进行大规模的重组、兼并。以J设计院为总部，合并了公司下属7个工厂中的4个设计所和设计室。各单位为了自己的利益，抵制兼并，消极配合，仍然各自为政。为解决各单位原领导的安置问题，Z院长对被并单位负责人中的大多数晋升了职位，增加了几个职能部门，使得本已“官”满为患的设计院管理层机构更加臃肿，而院本部无一人被提拔，除了给院长开小车的仅具初中文化的司机被任命为院办公室秘书。不少在2007年换届时未能得到提拔而又满心希望能走上更高职位的管理者感到了前程渺茫。

结果是，副院长4人，经营部副主任5人，院办公室副主任5人，62名员工的工艺室有4名副主任……

2010年9月，J设计院本部2004年参加工作的员工进行职称评定，13人中只有1人当评（按比例应5人以上），增评了2003年来院工作的3人。与此同时，被并单位中2004参加工作的10人除去未申请者1人，有8人当评，2004年以前参加工作的员工全部当评。

2010年10月，一天下午，P副院长找到D先生，语气严厉地责备其近期工作拖拉，未能按合同期限交付图纸，致使设计院受到甲方抱怨并扣设计费。D先生与其发生争执，后来发展到互相辱骂，就差动手了。此前，P副院长曾与多名下属员工和管理者发生过争吵。

自 Z 院长上任以来，J 设计院的经济效益没有增长。2010 年其经营出现了建院以来的首次亏损，也看不出今后有好转的迹象。员工的平均薪水和福利较以前大幅下降，并且开始拖欠工资。几年中，除了几次零星的讲座外，员工没有接受一次正规培训。因经费紧张，员工出差参加学术会议的机会被取消，与外界的技术交流基本中断。新员工进院为期半年的学习已停止，几年前建立起来的新老员工的师徒关系名存实亡，且无人过问。

退休工程师拒绝院里的返聘，技术人员和管理人员都感到不同程度的不满。平时，管理者只有在工作必需和催缴设计资料时与员工见面。有人开始抵制管理者布置的任务，工作不按期完成；上班时间炒股或干其他私事；长时间地聚集闲聊；迟到早退现象增加；人们开始滥请所有可能的假期。

院领导得到的甲方对交付的设计文件的信息反馈，表明设计质量下降，施工现场服务质量下降。由于几个关键技术人员和管理者的辞职，某些部门的工作一度停滞。

2009 年，工艺室两名工程师和一名助工先后辞职。

2010 年 3 月，建筑室任职多年的老主任辞职。

2010 年 4 月，公用工程室和建筑室各有一名助工辞职。

2010 年 5 月，工艺室任职多年的副主任辞职。

2010 年 6 月，仪表室一名工程师和工艺室一名助工辞职。

2010 年 8 月，经营部多年的主任辞职。

2010 年 9 月，计算中心一名工程师和一名助工先后辞职。

2010 年 10 月，总图规划室一名助工辞职。

2010 年 11 月，技术经济室主任辞职。

在一年半的时间里，辞职人数达到 14 人，这在 J 设计院历史上是没有的。1992—2008 年，除去正常调动，只有两人办理了停薪留职：一人下海经商，一人出国留学。

J 设计院近期所发生的频繁离职现象，引起了总公司主管的关注，要求 Z 院长查明原因并采取措施。于是，Z 院长狠抓劳动纪律，发现迟到或早退者，每次罚扣工资 50 元；找当年及上年未评上职称者谈话，安抚其心；对在工作中加班的予以奖励；谨慎批假……

但就目前的情况来看，还没有好转的迹象，辞职风波依然在继续。最近，经营部和工艺室各有一名助工准备提出辞呈。

资料来源：http://www.china-b.com/jyzy/ldl/20090224/332578_1.html。

思考题：

(1) 从绩效管理的角度来分析 J 设计院员工频繁辞职的原因。

(2) 管理层应该采取什么样的措施来改变目前的状况？

项目二　绩效计划

学习目标

知识目标

- 理解岗位分析的概念及在绩效管理中的作用
- 熟悉目标管理的过程与方法
- 掌握绩效指标、标准、权重设计的方法
- 熟悉考评主体确立方法
- 了解绩效契约签订过程与方法

技能目标

- 能够设计“岗位分析面谈纲要”和“岗位分析调查表”，并形成岗位说明书
- 能够设计绩效指标体系
- 能够进行目标管理

凡事预则立，不预则废。任何一项重要的工作，都要先制定一个适当的计划以指导行动，绩效管理也不例外。绩效管理循环各环节中，绩效计划制定是最开始的一个环节，如果这个环节工作做得不好，绩效管理不可能取得成效。绩效计划是绩效管理的基础。

绩效计划是关于工作目标和标准的契约。在绩效考核期开始的时候，一般由组织高层制定年度计划，各部门主管与员工协商确定各个部门、岗位的绩效计划和工作标准。一般会确定以下几方面内容：

（1）绩效指标及权重。组织、部门、员工在本期工作的重点是什么，哪些工作应该得到加强；为了完成组织的目标，组织、部门、员工应该完成哪些工作。为了表明各项工作的相互关系以及重要程度，要明确各个指标间的关系以及权重。

（2）绩效目标和标准。对于定量的指标，要明确绩效目标是多少。对于定性的指标，要尽可能行为化，明确写出绩效的标准。

（3）绩效考核评分标准。应该制定详细的绩效考核评分标准，明确哪些工作做到什么程度会得多少分数。

（4）绩效考核主体。应该按照工作流程和职能关联，明确岗位或部门的工作由谁来评价。

子项目一　明确工作内容，确定绩效目标

任务一　了解岗位，认识岗位分析

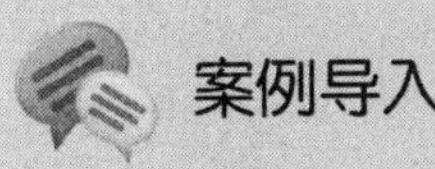

案例导入

岗位分析缺乏带来的问题

H 公司是深圳市一家民营房地产企业，成立于 1994 年，经过多年精心经营，目前已投资控股十多家项目公司，主营房地产开发，兼营饭店、金融、贸易、超市、物流、物业管理等。员工人数从最初的四五个人发展到今天的三四百人。随着公司规模的不断扩大，在保持较好盈利水平的同时，该公司的总经理注意到以下一些现象：

(1) 各部门人数配置不合理，总部里面 40 多个人中有 12 个人在人力资源部，而有些业务部门仅仅只有一个经理，没有下属。

(2) 公司里面有一部分员工总是非常忙碌，而同部门内有些员工却显得较为悠闲，一部分员工的不满情绪在增加。

(3) 不少员工反映他们总是被指派去做一些临时性的工作，给他们造成极大的困扰。因为他们需要付出很大的精力去熟悉新的工作方法，付出了很多额外的劳动，但是效果却不能令主管满意。

(4) 很多员工反映直接主管不公平，认为自己把工作做好了，但是主管总是不满意，相反，那些善于拉关系、没有干出什么业绩的员工却经常得到主管的表扬。

(5) 大部分员工积极性不高，处于非常被动的状态，被安排什么就去做什么，虽然基本能够完成任务，但是影响了一些项目开发的进度，也增加了管理人员的负担。

(6) 公司的老板非常注重学习，每个周末都要组织全体员工学习一次，但是几乎所有的员工都反映这种学习对他们的本职工作没有什么帮助，来学习只是迫于老板的压力，抱着应付的态度进行，对于布置的作业也是拼拼凑凑，敷衍了事。

总经理很困惑，问题到底出在哪儿？

资料来源：http://www.docin.com/p-245939719.html。

工作任务

岗位分析对公司绩效达成有何重要意义？如何利用岗位分析为绩效管理服务？

任务引导

造房子需要挖地基，如果没有牢固的基础，就会变成摇摇欲坠的危楼。企业也同样，如果没有清晰明确的岗位职责分工，绩效管理就会成为无根之源，与企业战略目标脱节。因此，一切的绩效管理活动都应从岗位分析出发，根据岗位说明书的工作描述和职责要求，明确各部门、各岗位的工作职责、工作内容和工作流程。

通过本任务的学习，我们将了解岗位分析的内容与工作流程，以及岗位分析在绩效管理中的作用。

知识链接

一、岗位分析的概念与内容

（一）岗位分析的概念

岗位分析，又称为工作分析、职位分析，是指对组织各项工作的性质、责任、任务以及从事该工作的工作人员所应具备的条件进行调查和分析，然后加以系统、科学的描述和规定的活动。一般来说，岗位分析所研究的事项可以概括为6W1H，即what（何事），who（何人），where（何地），when（何时），why（为何），for whom（为谁），how（如何）。

（二）岗位分析的内容

岗位分析的内容具体分为两大部分：工作描述和任职资格要求。

1. 工作描述

工作描述具体说明某一工作的内容、特点及工作环境等。主要包括以下几个方面：

（1）岗位识别信息。

岗位识别信息包括岗位名称、工作身份。

1）岗位名称是区分某一岗位与其他岗位的首要表现，在某种程度上是一种身份的象征。例如，研发部助理工程师、研发部工程师、研发部高级工程师、研发部经理等。

2）工作身份一般在岗位名称之后，包括所属部门、上下级名称、定员人数、工作地点、工作等级等信息。

（2）工作职责和工作内容。

工作职责和工作内容主要包括工作概要、主要工作内容、每项内容在整体工作中的重要性、任务的负责程度、工作权限等。

（3）工作环境和条件。

工作环境和条件包括工作的地点、有无噪音和有害气体、室内温度，以及该岗位完成工作任务需要的工具、设备等。

（4）工作关系。

工作关系是指组织内部岗位之间的关系，既包括纵向关系，也包括横向关系。纵向关系，即上下级之间的关系；横向关系是指该岗位和其他岗位之间存在的关系。

2. 任职资格要求

（1）一般要求。

一般要求指从事该工作的一般性要求，主要包括学历、基础知识、专业知识、相关的法律法规知识、工作经验等。

（2）生理、心理要求。

生理要求是指该工作对工作人员的身体状况和身体素质方面的要求。心理要求包括观察力、判断力、记忆力、语言表达能力、决策能力等。

（3）能力要求。

能力要求指工作中所应具备的知识、技艺、能力等个人特征。

二、岗位分析在绩效管理中的作用

岗位分析是绩效管理的重要基础。通过岗位分析，确定一个职位的工作职责以及它所提供的重要工作产出，据此制定对这个职位任职者进行评估的绩效标准。

（一）岗位特点决定绩效考核的方式

绩效考核的方式包括考核周期、绩效考核者、信息来源、绩效考核内容等。

考核周期指的是多长时间评估一次。有的岗位工作成果在比较短的时间内就可以表现出来，如生产工人、职位比较低的岗位人员等，考核应该选择较短的周期，比如月度考核；有的岗位工作成果在短时间内体现不出来，如中高层管理人员、技术研发人员，考核应该选择较长的周期，如季度、年度考核。

绩效考核者指的是由谁来进行考核。有的岗位由管理者下达任务指标并对任务完成情况负责，那么该岗位任职者的工作绩效就应该主要由该主管来进行考核；有的岗位工作性质主要与客户打交道，那么对该岗位任职者的考核应该考虑客户的满意度而不仅仅是直线主管的考核。岗位说明书如果包含了“沟通关系”这一项目，就可以清晰地指明绩效考核的主体与考核层级关系，因为沟通关系中明确了汇报、指导与监督关系。

信息来源指的是绩效考核的信息由谁收集、如何收集的问题。

绩效考核内容指的是考核哪些方面，如能力指标、态度指标等。这些指标指明了对该岗位任职人员应从哪些角度进行考核，也指出了岗位上人员的努力方向，而绩效考核方案的起点就是部门和岗位考核指标的选择。

岗位分析对于确定绩效考核的上述各个方面都是非常必要的，需要进行岗位分析获得上述基础信息，以便采用合适的绩效考核方式。

（二）工作描述是设定绩效指标的基础

对一个职位的任职者进行绩效管理应该设定哪些关键绩效指标，往往是由任职者的关键职责决定的。职责是一个职位比较稳定的核心，体现着任职者所要从事的核心活动。对于那些较为稳定的基础性职位，如秘书、会计等，其工作受目标直接影响较少，主要是依据工作职责来完成的，对其绩效指标的设定就更需要依据工作的关键职责。绩效指标的设定既不能超出员工的职责范围，也不能超出岗位分析设定的最高工作量，以免员工超负荷工作。

（三）绩效评价可以作为岗位再分析和再设计的依据

绩效评价的结果可以反映当初岗位设置的合理程度，所以在岗位重新分析和设计的过程中应该考虑岗位绩效评价的结果。

（四）可以提高直线经理的工作效率和技能

岗位分析对人力资源管理者的作用显然是非常重要的，对于直线管理者的作用也是不容忽视的。首先，它有利于直线管理者加深对工作流程的理解，及时发现工作中的不足，并可以及时针对工作流程进行改造创新，从而提高工作的效率或有效性。其次，岗位分析可以使直线管理者更深入地明确工作中完成某项任务所应具备的技能。最后，直线管理者还担负着对每一位雇员进行绩效评估，及时反馈并督促其改进绩效的职责，而绩效的评定标准以及绩效目标的设定是离不开每种工作所需完成的任务内容的，这也是与岗位分析休戚相关的。

岗位分析系统模型如图 2—1—1 所示。

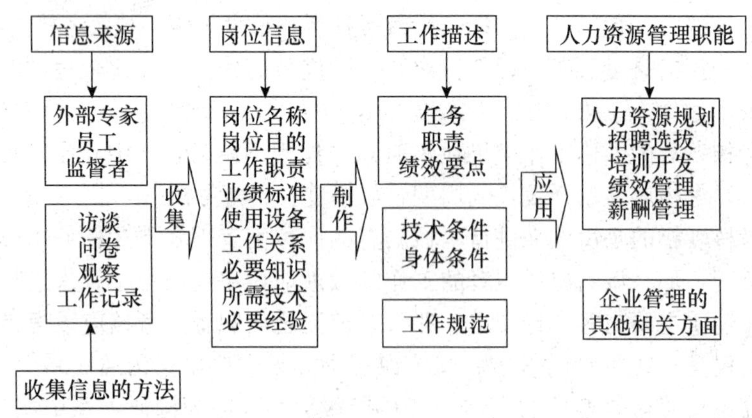

图 2—1—1　岗位分析系统模型

三、岗位分析工作流程

岗位分析是对工作进行全面评价的过程，要有计划、有步骤地进行。在针对不同类型的企业进行分析时，所采用的程序有可能会不同。

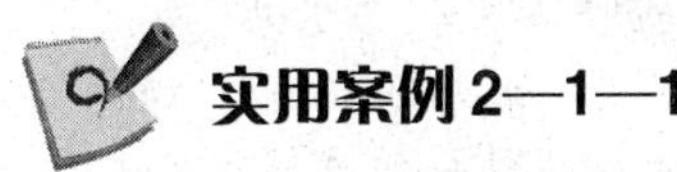

W公司的工作分析实施方案

一、背景

W公司是一家大型的电子产品公司。最近，某大学经济管理学院专家组为其进行了组织诊断与组织再设计工作。通过该项工作，W公司形成了新的组织结构、职能权限体系和业务工作流程。为使W公司实现有效的组织运行，需实施工作分析。

二、目的

通过工作分析，使W公司组织设计的结果进一步深入和细化，将部门的工作职能分解到各个职位，明确界定各个职位的职责与权限，确定各个职位主要的工作绩效指标和任职者基本要求，为各项人力资源管理工作打下基础。

三、工作分析的内容与结果

本次工作分析要完成下列工作内容：

(1) 了解各个职位的主要职责与任务。

(2) 根据新的组织机构运行的要求，合理清晰地界定职位的职责权限以及职位在组织内外的关联关系。

(3) 确定各个职位的关键绩效指标。

(4) 确定工作任职者的基本要求。

工作分析最终将形成每个职位的职位说明书（工作分析的结果）。

四、需要的资料

(1) 组织机构图。

(2) 各部门职能说明书。

(3) 工作流程图。

(4) 职权体系表。

(5) 岗位责任制。

(6) 人员名单。

五、工作分析的方法

(1) 资料调研法。

(2) 工作日志法。

(3) 访谈法。

(4) 问卷调查法。

(5) 现场观察法。

六、工作分析的实施者

某大学专家组和W公司有关人员共同组成工作分析实施小组。某大学专家组，负责项目的总体策划与实施；W公司人力资源部人员，作为项目的协调与联络人；W公司的高层领导，提出总体的原则并对工作结果进行验收。

七、工作分析的实施程序

本次工作分析主要分3个阶段进行，即准备阶段、实施阶段和结果整合阶段。

阶段一：准备阶段（5月10日—5月20日）。

(1) 对现有资料进行研究。

(2) 选定待分析的职位。

(3) 设计调研用的工具。

阶段二：实施阶段（5月21日—6月30日）。

(1) 召开员工会议，进行宣传动员。

(2) 制定具体的调研计划。

(3) 记录工作日志。

(4) 实施访谈和现场观察。

(5) 发放调查表。

阶段三：结果整合阶段（7月1日—7月20日）。

(1) 对收集来的信息进行整理。

(2) 与有关人员确认信息，并做适当的调整。

(3) 编写职位说明书。

(一) 岗位分析流程

不同类型的组织可能采用不完全相同的岗位分析流程，影响岗位分析流程的因素有很多，比如组织的业务类型、岗位分析的目的、岗位分析的方法等。无论哪种岗位分析，其流程的基本要素是相同的，都要先从确定岗位分析目的出发，选择适当的岗位分析工具，收集并分析整理工作信息，制定岗位说明书并检验评价。

岗位分析流程如图2—1—2所示。

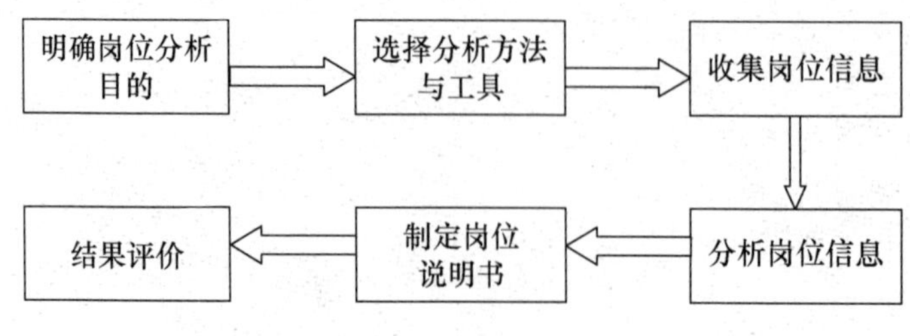

图2—1—2 岗位分析流程

（二）一般组织的岗位分析步骤

岗位分析的过程要解决好两个方面的问题：一是岗位分析的操作程序；二是这些操作程序与组织人事管理活动的关系。

1. 准备阶段

（1）确认岗位分析的目的，即确定所取得的工作资料到底用来干什么，解决什么管理问题。确定岗位分析的目的对于选择分析方法、确定分析的规模和信息收集的范围等有重要意义。

（2）限定所要收集的信息类型和收集方法，以节约时间、精力和费用。

（3）选择被分析的岗位，即选择有代表性、典型性的岗位进行分析，还是对全部岗位进行分析。

（4）建立岗位分析小组。小组由多名人力资源管理专家、高层管理人员、部门经理和岗位任职者共同组成。小组构成之后，即赋予每个人进行岗位分析的权限，以保证分析工作的相互配合和顺利进行。

（5）制定岗位分析规范。规范主要包括的内容有：岗位分析的规范用语；岗位分析活动的进度；岗位分析活动的层次；岗位分析活动的经费。当岗位分析活动规模很大时，应该分批分期有阶段地运行。

（6）做好必要的准备。通过宣讲岗位分析活动的目的，求得岗位信息提供者的合作，以获得真实、可靠的信息。

现代组织的岗位分析活动量很大，一般要提供有关岗位的整体信息，因此准备阶段的工作就非常重要了。

2. 设计阶段

这一阶段主要是考虑如何进行分析活动，包括下列几项内容：

（1）选择信息来源。信息的来源有：工作执行者、管理监督者、顾客、岗位分析人员、相关的岗位分析资料、职业分类辞典信息文件等。选择信息来源应注意：不同层次的信息提供者提供的信息存在不同程度的差别；岗位分析人员应站在公正的角度听取不同信息，不要事先存有偏见；使用各种职业信息文件，要结合实际，不可照抄照搬。

（2）选择岗位分析人员。岗位分析人员应具有一定的经验和学历，同时应保持分析人员进行活动的独立性。

（3）选择收集信息的方法。岗位分析的方法多种多样，有访谈法、问卷调查法、观察法、工作日志法等。各种方法各有优缺点，应结合调查对象的特点加以选择。

3. 收集分析阶段

该阶段是岗位分析的核心阶段，包括以下三个相关的活动：

（1）按选定的方法和程序收集信息。

（2）对各种工作因素进行分析，主要包括信息描述、信息分类和信息评价。

（3）综合活动，即将所获得的分类信息进行解释、转换和组织，使之成为可供使用的条文。

具体来讲，对岗位信息的分析应包括以下内容：岗位名称分析、岗位内容分析、岗位环境分析、岗位执行人员必备条件分析等。

针对不同的岗位分析目标，岗位分析所要收集的信息及信息收集的成果如表2—1—1所示。

表2—1—1　　　　收集的信息及成果

岗位分析目标	岗位分析所要收集的信息	信息收集的成果
组织优化	工作目的与工作职责 职责细分（或履行程序） 职责分配的合理性 工作流程 职位在流程中的角色	岗位设置的调整 岗位目的的调整 岗位职责的调整 职责履行程序的理顺
招聘与甄选	工作目的与工作职责 职责的重要程度 任职资格	招聘要求 甄选标准
培训与开发	工作职责 职责学习难度 工作难点 关键工作行为 任职资格	培训需求 培训的难点与重点
绩效管理	工作目的与工作职责 职责的重要程度与执行难度 工作难点 绩效标准	绩效评价指标与标准
薪酬管理	工作目的与工作职责 工作范围 职责的复杂程度与执行难度 职位在组织中的位置 工作联系的对象、内容与频率 任职资格	与岗位评价要素相关的信息

4. 结果表达阶段

该阶段主要是对上一阶段中收集到的各项数据进行全面深入的分析判断和归纳总结。具体内容包括：

（1）审核。甄选收集到的各种信息，去粗取精，去伪存真。

（2）分析。对比各条信息，挑选出其中具有关键性的重要部分。

（3）归纳。总结挑选出重要信息，编制岗位说明书草案，综合岗位描述和任职者说明两部分内容，顾及工作性质和人员特性。

5. 结果形成阶段

这一阶段的主要任务是在深入分析和总结的基础之上，编制岗位说明书。

（1）将岗位说明书草案发给各岗位在职人员，由在职人员结合自身情况对草案进行修改并回收，发现、分析有关岗位的关键成分，归纳、总结出岗位分析的必要材料和要素。

（2）根据在职人员的反馈意见，修正工作说明书，特别是重要岗位，还应按实际情况进行修订。

（3）将修改过的岗位说明书应用于实际工作中，注意收集应用的反馈信息，并不断完善。

（4）对岗位分析进行总结评估，以文件的形式表达出来，形成岗位说明书。

6. 运用阶段

在此阶段，核心问题在于如何促进岗位分析结果的使用。它包括两个方面的具体活动：制作各种具体应用文件，如提供录用文件、考核标准、培训内容等；培训岗位分析结果的使用者，增强管理活动的科学性和规范性。

7. 反馈调整阶段

此项活动是贯穿于全部岗位分析过程的。组织的生产经营是不断变化的，这些变化会直接或间接地引起组织分工协作体制发生相应的调整。在调整过程中，一些原有的岗位会消失，一些新的岗位会产生，而且原有岗位的性质、内涵、外延也会发生变化，因此，及时地对岗位分析文件进行调整和修订就成为必然。此外，岗位分析文件的适用性只有通过反馈才能得到确认，并根据反馈来修改其中不适应的部分。

（三）生产型企业的岗位分析步骤

1. 岗位信息的初步调查

（1）浏览已有的文件，对此项任务的主要任务、主要职责及工作流程有大致的了解。

（2）准备最初的提纲，作为面谈的参考。

（3）列出这项工作的主要任务与职责。

2. 第一次工作现场调查

（1）第一次工作现场调查的目的是使分析者熟悉现场的环境，了解工人使用的工具、设备、机器，以及一般的工作条件和主要的职责。

（2）对复杂或不熟悉的设备亲自直接观察。

（3）最好由任职人员的上级陪同做向导，因为他们了解情况，并可随时咨询。

3. 访谈

（1）第一次的访谈对象最好是基层的管理者，他们能更好地提供有关工作的情况。

（2）每天的访谈对象最好不要超过 4 人，每人不超过 2 个小时。

（3）访谈对象的选择。首先，被选择作访谈对象的任职者应为该岗位的实际任职者，他们有责任完成此岗位所规定的各项任务，对情况了解最直接且详尽；其次，被选择作访谈对象的任职者应是职工中的典型代表。

4. 第二次工作现场调查

(1) 这次调查是为了澄清、明确或进一步充实通过访谈获得的信息。

(2) 最好由首次调查与访谈时的同一位基层管理者陪同。

5. 信息的综合处理

(1) 对从上述途径中获得的信息进行分析、归类，写出一份综合性的岗位说明书。

(2) 这一阶段的工作相当繁杂，需要大量的时间对材料进行分析和研究，必要时，还需要用到适当的分析工具与手段。

(3) 岗位分析者在遇到问题时，需随时得到基层管理者的帮助。

(4) 察看一下最初列出的“主要任务与职责单”，确保所有的问题都能得到解决。

6. 岗位说明书的检验与定稿

(1) 召集整个调查所涉及的基层管理者及任职人员，讨论根据岗位分析所制定的岗位说明书是否完整、准确。

(2) 召开检验会时，将岗位说明书的初稿复印，并分发给每位到会人员。

(3) 讨论、斟酌岗位说明书中的每一行，甚至每个词语，由岗位分析者记下大家的意见。

(4) 根据讨论的结果，最后确定出一份详细、准确的岗位说明书。

相关链接 2—1—1

中小企业职位分析对策

尽管中小企业在职位分析方面面临着很多障碍和困难，但是并不能因此而否认职位分析对于中小企业的重要性。这是因为，如果没有职位分析，哪怕是粗略的职位分析工作，就很难保证企业的高效运转，组织中必然会越来越多地出现推诿扯皮和消极怠工的现象。当企业中只有几个人，顶多十几个人的时候，企业领导者或许还能够确保每个人的工作量和贡献与他们的报酬相吻合，企业中的关键职责都有人承担。但是，一旦企业中的员工超过 20 人，老板的眼光就很难触及每一个人，企业中很有可能会出现人浮于事和执行不利的现象。此外，没有职位分析，中小企业的绩效管理和薪酬激励系统就很难令人满意。因此，尽管存在各种障碍和困难，中小企业还是应当在适当的时候开始进行职位分析工作。

中小企业在进行职位分析时，需要注意以下几点问题：

(1) 职位分析工作应坚持简洁、实用的原则，尽量减轻业务部门管理者和企业领导者的负担。

在大企业中，职位分析工作的责任往往由人力资源部门、企业领导者、各部门管理者以及普通员工共同承担，即首先由人力资源部门沟通，讲解职位说明书的编写意义、原则和要求，提供职位说明书的基本模板，然后由任职者本人填写职位说明书草稿。在任职者的上级进行初步审查之后，接着由人力资源部门进行审查，并提出修改意见，然后发回任职者本人修改。接下来，人力资源部门根据在职位分析过程中发现的问题与任职者及其上级进行探讨，对职位设置方案和职责调整情况达成共识，最后形成定稿的职位说明书。在中小企业中，各部门的工作通常都很忙，甚至人聚齐的情况都很少，因此，很难像在大企业中那样通过多次沟通和反复来进行职位分析。中小企业的职位分析工作应当主要由人力资源部门或人力资源管理专职人员来承担，由他们负责完成职位说明书的编写工作。在这一过程中，职位分析人员可以请求各级领导者和管理者以及员工本人提供一些基本的信息，然后通过逐一访谈来将职位说明书中的各项内容用规范的文字描述清楚。毕竟，在大多数情况下，人们可能会愿意口头说一说，但是不愿意费力去写。因此，中小企业进行职位分析的一个重要特点是，让任职者及其上级来说，而由人力资源管理专职人员承担写的工作。

(2) 中小企业的职位分析工作可以借助外部咨询公司或其他同类企业的职位说明书样本。

由于很多中小企业缺乏专业化的人力资源管理人员，因此，自行完成职位分析工作会有一定的难度。在这种情况下，中小企业可以通过两种方式来帮助自己完成职位分析工作：一是向外部咨询公司求助。目前，我国已经有很多专门从事人力资源管理咨询和服务的管理顾问公司，这些公司在很多不同的行业和企业中从事过职位分析工作，积累了大量的经验和与各类职位有关的较为详细的信息，对中小企业的一般性通用职位设置情况比较了解。因此，借助外部专业机构的帮助，是一种可以帮助企业快速完成职位分析的便捷途径。但需要注意的是，由于中小企业的职位经常变化，因此，在求助咨询公司时，企业必须要求咨询公司将职位分析的方法和技术传授给企业内部的人，以便将来可以由内部人来做好职位的再分析工作，以及在新的职位出现以后，企业内部的人有能力独立完成对新职位的分析工作。二是购买公开出版的职位说明书范例，或者是借鉴同类的其他企业已经形成的现成的职位说明书，结合本企业的实际情况，对现成的职位说明书中的一些有用信息加以提炼、组合、修订，从而形成本企业的职位说明书。这种方法是一种比较简单、有效的职位分析方法，与第一种方法相比，花费较少。

(3) 中小企业的最终职位说明书宜删繁就简，将重点放在职责描述和任职资格条件两大部分上。

由于人手和时间的限制，中小企业进行最初的职位分析时，能够将与职位有关的最基本信息收集、整理出来就已经相当不错了。对于中小企业而言，编写职位说明书的最主要目的在于明确职责和关键工作任务，同时确定每一个职位的基本任职资格条件。因此，对于职位说明书中的一些非必要内容，比如职位的内外部主要关系、职位的工作背景、职位编号等都可以精简掉，而将注意力重点放在职责描述和职位所需要的知识、技能、能力和经验等要素上。简言之，中小企业的职位说明书只要将“事”交代清楚，同时将“人”描绘出一个大概的轮廓即可，大可不必追求尽善尽美。

在对工作职责进行描述时，应当尽可能地将属于同一工作职责的若干工作任务描述清楚，以工作职责作为职位的基本构成单元，将职责变成一个由若干项重要任务组成的类似于计算机上的那种可以“插拔”的独立组件。这样，一旦组织需要将某项工作职责分配给另外一个职位，就只需要将这一职责连同其所属的关键工作任务整体“插拔”到另外一个职位上。一方面，这可以适应中小企业的职责频繁调整需要；另一方面，同一职责内部的关键工作任务不至于因为职责的转移而被分拆得七零八落，从而导致重要工作任务出现缺失。此外，在描述职位所承担的工作职责时要基于中小企业的现实，不要将在成熟企业中本来应当由某一职位来做，但是现在却做不到的事情写进去，尽管适当地增加对任职者的职责要求是可以的，但是这种增加必须适度，具有可操作性。

在描述任职者所需具备的任职资格时，同样也要基于组织的现实，不能好高骛远，而要根据企业的发展阶段和能够雇用到的人员水平来确定。比如，公司目前能够雇用到的人力资源管理人员是大专毕业生，那就不要非将人力资源管理职位的任职资格条件设定为本科。等到公司发展到一定的阶段，有实力同时也有可能雇用到本科毕业生来从事人力资源管理工作时，再调整任职资格条件也不迟。

(4) 正确处理中小企业在职位分析中可能遇到的工作流程不清和一人身兼多职的情况。

在很多中小企业中都存在工作流程不清晰、不规范的情况，而在职责描述的过程中，往往又要求对工作的流程能有一个清楚的交代。针对这一问题，中小企业在进行职位分析时，应当尽可能地将已经明文确定的流程，或者尽管没有文字描述但是已经成为事实的流程交代清楚，同时通过职位分析过程来发现不清楚的流程，推动企业流程的逐渐规范和明确，力争在经过多次职位分析之后，企业的各项工作流程都能够得到不断梳理和清晰化。

此外，由于中小企业的人工成本压力较大，加上很多工作任务的工作量不是很大，很难设置一个专门的职位，因此往往需要一位员工同时兼任多种职能甚至兼任多种不是很相关的职能。比如，有些公司的财务会计可能同时还要负责审核公司所签订的一些合同，一些文秘人员同时还要兼做公司的出纳。这是一种在中小企业中很正常的情况，尽管这些工作职责在大公司中显然会分属于不同的职位，但是在中小企业中却很可能是由同一个人来兼任的。这种情况并不影响我们对这些人占据的职位所应当承担的工作职责范围的描述，只不过要将职责条理清楚地加以总结和归纳罢了。只要将各项职责都清楚地列举出来，同时对每一项职责所包括的关键工作任务一一加以描述和说明，我们同样可以完成一份逻辑清楚同时便于根据形势发展随时加以调整的职位说明书。不过，在中小企业进行职位分析时需要注意，有些工作是不能让同一人来兼任的，比如会计和出纳就不能让同一人来兼任，因为这种做法是违反会计的基本原则的。

（5）中小企业的职位说明书审查频率应当略高于大企业。

一般情况下，管理比较成熟的大企业通常每年对职位说明书进行一次全面的审查，将在全年中出现的职位上的职责变动情况反映出来，对职位说明书进行一次修订，以确保职位说明书的时效性。但是，由于中小企业中的职位变动通常会很频繁，职位上的工作职责调整速度往往也比较快，因此，可以考虑在半年或一个季度的时候对职位说明书进行一次系统的审核，或者是在工作职责发生明显变动的时候，随时注意对职位说明书加以修订，以确保职位说明书能够及时、准确地反映组织中的各个职位所承担的具体职责和工作任务。

总之，职位分析对于中小企业的人力资源管理工作同样是非常重要的。中小企业要从本企业的实际情况出发，既遵循职位分析的一些基本原则，又注意中小企业自身的特点，按照实用、简洁的原则来认真做好职位分析工作，从而为企业在进一步发展壮大过程中的整体人力资源管理水平提高打下良好的基础。

资料来源：http://www.doc88.com/p-848519712720.html。

任务实施

（1）该公司需要做的是明确各部门、各岗位工作职责和工作流程，调查岗位主要工作内容，找出岗位关键工作，并在岗位之间建立关联。

（2）实施方案。

1）划分学习小组，各组同学共同策划组建自己的模拟公司，划分组织架构。

2）对模拟公司的销售部门、生产部门进行部门职能与岗位职责设计。

3）各小组派代表陈述本组的工作成果。

4）进行小组自评及教师总评。

任务二　岗位分析，明晰岗位职责

案例导入

A 公司的岗位分析

A 公司是我国中部省份的一家房地产开发公司。近年来，随着当地经济的迅速增长，房产需求强劲，公司有了飞速的发展，规模持续扩大，逐步发展为一家中型房地产开发公司。随着公司的发展和壮大，员工人数大量增加，众多的组织和人力资源管理问题逐步凸显出来。

针对公司存在的问题，人力资源部开始着手进行人力资源管理的变革，变革首先从进行职位分析、确定职位价值开始。

首先，他们开始寻找进行职位分析的工具与技术。在阅读了国内目前流行的基本职位分析书籍之后，他们从中选取了一份职位分析问卷，来作为收集职位信息的工具。然后，人力资源部将问卷发放到各个部门经理手中，同时他们还在公司的内部网上发了一份关于开展问卷调查的通知，要求各部门配合人力资源部的问卷调查。

据反映，问卷在下发到各部门之后，一直搁置在各部门经理手中，而没有发下去。很多部门直到人力资源部催收时才把问卷发放到每个人手中。由于大家都很忙，很多人在拿到问卷之后，都没有时间仔细思考，草草填完了事。还有很多人在外地出差，或者任务缠身，自己无法填写，而由同事代笔。此外，据一些员工反映，大家都不了解这次问卷调查的意图，也不理解问卷中那些陌生的管理术语，何为职责，何为工作目的，许多人对此并不理解。很多人想就疑难问题向人力资源部进行询问，但不知道具体该找谁。因此，在回答问卷时只能凭借自己个人的理解来进行填写，无法把握填写的规范和标准。

一个星期之后，人力资源部收回了问卷。但他们发现，问卷填写的效果不太理想，有一部分问卷填写不全，一部分问卷答非所问，还有一部分问卷根本没有收上来。辛苦调查的结果却没有发挥它应有的价值。

与此同时，人力资源部着手选取一些职位进行访谈。但在试着谈了几个职位之后，发现访谈的效果并不好。因为在人力资源部，能够对部门经理访谈的人只有人力资源部经理一人，主管和一般员工都无法与其他部门经理进行沟通。同时，由于经理们都很忙，能够把双方凑到一块，实在不容易。因此，两个星期过去之后，只访谈了两个部门经理。

人力资源部的几位主管负责对经理级以下的人员进行访谈，访谈中出现的情况出乎意料。大部分时间都是被访谈的人在发牢骚，指责公司的管理问题，抱怨自己的待遇不公等。而在谈到与职位分析相关的内容时，被访谈人往往言辞闪烁，顾左右而言他，似乎对人力资源部这次的访谈不太信任。访谈结束之后，访谈人都反映对职位的认识还停留在模糊的阶段。这样持续了两个星期，访谈了大概 1/3 的职位，人力资源部经理认为时间不能再拖延下去了，因此决定开始进入项目的下一个阶段——撰写职位说明书。

可这时，各职位的信息收集还不完全。怎么办呢？人力资源部在无奈之下，不得不另觅他途。于是，他们通过各种途径从其他公司收集了许多职位说明书，试图以此作为参照，结合问卷和访谈收集到的一些信息来撰写职位说明书。

最后，职位说明书终于出台了。人力资源部将成稿的职位说明书下发到各部门，同时还下发了一份文件，要求各部门按照新的职位说明书来界定工作范围，并按照其中规定的任职条件来进行人员的招聘、选拔和任用。但这却引起了其他部门的强烈反对，很多直线部门的管理人员甚至公开指责人力资源部，说人力资源部的职位说明书是一堆垃圾文件，完全不符合实际情况。

资料来源：http：//doc. mbalib. com/view/bbc786a03ab7864e//e35ad723cb77bb. html。

工作任务

（1）在岗位分析项目的整个组织与实施过程中，该公司存在着哪些问题？

（2）该公司进行岗位分析的工具和方法存在哪些问题？试为其设计合适的分析工具。

任务引导

岗位分析能否取得成功取决于以下三个要素：一是公司的重视程度，即领导支持、部门配合、员工参与的程度；二是岗位分析的方法，采取什么样的岗位分析方法，直接影响数据的有效性；三是数据收集的方式和方法。

通过本任务的学习，我们将了解岗位分析的方法和工具的设计，从而能够有效地收集岗位信息，形成规范的岗位说明书。

知识链接

一、岗位分析的方法

岗位分析的方法包括观察法、访谈法、问卷调查法、工作日志法、关键事件法等。

（一）观察法

观察法是指将工作现场员工的实际工作用文字或者图表的形式记录下来，以收集工作信息的一种方法。观察法分为如下几种。

1. 直接观察法

分析人员直接对员工工作的全过程进行观察。直接观察法适用于分析工作周期很短的职位。例如保洁员，他的工作基本上是以一天为一个周期，分析人员可以一整天跟随着保洁员进行直接工作观察。

2. 阶段观察法

有些工作具有较长的周期，为了能完整地观察到员工的所有工作，必须分阶段进行观察。比如行政文员，他需要在每年年终时筹备企业总结表彰大会。分析人员就必须在年终时再对其筹备企业总结表彰大会的工作过程进行观察。

3. 工作表演法

工作表演法对于工作周期很长和突发性事件较多的工作比较适合。例如保安工作，除了有正常的工作程序以外，还有很多突发事件需要处理，如盘问可疑人员等，分析人员可以让保安人员表演盘问的过程，来进行该项工作的观察。

应用观察法的要求：

第一，所观察的工作应具有代表性。

第二，观察人员在观察时尽量不要引起被观察者的注意。在适当的时候，分析人员应该以适当的方式将自己介绍给员工。

第三，观察前应确定观察计划，观察计划应含有观察提纲、观察内容、观察时刻、观察位置等。

第四，观察时思考的问题应结构简单，并反映工作内容，避免机械记录。

采用观察法进行岗位分析比较客观、准确，但需要分析人员具备较高的素质。它适合分析外部特征较明显的岗位工作，如生产线上工人的工作、会计人员的工作等；不适合长时间的心理素质的分析，不适合分析工作循环周期很长的工作和脑力劳动的工作，偶然、突发性工作也不易观察，且不能获得有关任职者要求的信息。

实用案例 2—1—2

观察提纲示例（节选）

被观察者姓名：________　　日期：________

观察者姓名：________　　观察时间：________

工作类型：________　　工作部门：________

观察内容：

(1) 什么时候开始正式工作？________

(2) 上午工作多长时间？________

(3) 上午休息几次？________

(4) 第一次休息时间段？________

(5) 第二次休息时间段？________

(6) 上午完成多少件产品？________

(7) 平均多长时间完成一件产品？________

(8) 与同事交谈几次？________

(9) 每次交谈约多长时间？________

(10) 室内温度是多少？________

(11) 上午抽了几支香烟？________

(12) 上午喝了几次水？________

(13) 什么时候开始午休？________

(14) 出了多少次品？ ________________

(15) 搬了多少次原材料？ ________________

(16) 工作地噪音分贝是多少？ ________________

（二）访谈法

访谈法又称面谈法，是指岗位分析者就某一职位面对面询问任职者、主管、专家等对工作的意见和看法。面谈的程序可以是标准化的，也可以是非标准化的。

访谈可以采用个人访谈、群体访谈、主管人员访谈三种方式。无论采用哪种方式，最重要的一点就是，被访谈者本人必须十分清楚访谈的目的是什么，否则他们往往不愿意对自己或下属的工作进行较为准确的描述。

进行访谈时应注意以下问题：

(1) 明确访谈的意义。

(2) 建立融洽的气氛。

(3) 准备完整的问题表格。

(4) 要求按工作重要性程度排列。

(5) 访谈结果让任职者及其上司审阅修订。

面谈法的优点有：

(1) 应用广泛，能够广泛应用于岗位分析的各个方面，简单迅速地收集多方面的信息。

(2) 了解全面，通过访谈可以发现一些在其他情况下不可能了解的工作活动和工作行为。

(3) 为组织提供了一个良好的解释工作必要性及功能的机会。

面谈法的缺点有：

(1) 易把岗位分析看成是工作绩效评价或薪资调整的依据，故会夸大或弱化某些职责，造成信息失真。

(2) 需要专门的技巧，需要受过专门训练的岗位分析专业人员。

(3) 费力、费时，工作成本较高。

实用案例 2—1—3

访谈提纲示例（节选）

一、岗位设置的目的

(1) 此岗位的工作目标是什么？

(2) 从公司角度看，这个岗位具有什么意义和作用？

二、机构设置

(1) 此岗位直接为哪个部门或个人效力（行为或决策受哪个部门或岗位的控

制)?

(2) 哪些岗位与此岗位同属一个部门?

(3) 是否有直接的下属? 有几个? 它们分别是?

三、岗位描述

请详细地描述所在工作岗位的各项职责和为完成职责所进行的各项工作活动,包括所采取的方法、使用的辅助工具或设备等,以及工作标准。

四、内外关系

(1) 在公司内,此岗位与哪些部门或岗位有频繁的工作联系? 有哪些联系?

(2) 在公司外,此岗位与哪些部门或个人有频繁的工作联系? 有哪些联系?

(3) 你是否经常会与上司商讨工作或者向上司汇报工作?

(4) 上司对工作任务的完成情况是否起决定性作用?

五、工作中的问题(选问)

(1) 你认为此工作对你最大的挑战是什么?

(2) 你对此工作最满意和最不满意的地方分别是什么?

(3) 此工作需要解决的关键问题是什么?

(4) 你对哪些问题有自主权? 哪些问题需要提交上级处理?

(5) 你是否经常请求上司的帮助? 上司是否经常检查或指导你的工作?

(三)问卷调查法

问卷调查法是一种应用非常普遍的岗位分析方法。基本过程:首先设计并分发问卷给选定的员工,要求在一定的期间内填写,然后回收、整理、分析问卷,以获得有关的信息。这种方法主要用于获取关于某岗位的工作内容、工作特征和人员要求等方面的信息。

问卷调查法的具体实施步骤如下。

1. 问卷设计

设计问卷时要做到:

(1) 提问要准确。

(2) 问卷表格要精练。

(3) 语言通俗易懂,问题不可晦涩难懂。

(4) 问卷前面要有指导语。

(5) 激发被调查人兴趣的问题放在前面,问题排列要有逻辑。

2. 问卷发放

进行岗位分析问卷发放时,应该先集合各部门各级主管进行说明,说明内容有岗位分析目的、岗位分析问卷填答方法,并清楚告知此次活动的进行不会影响员工权益,确定各主管皆明白如何进行后,由主管辅导下属进行岗位分析问卷的填答。

3. 填答说明与解释

虽然在岗位分析问卷填答前有过详细的说明，也进行了问题解答，但是还可能有许多问题产生，因此，在此期间必须注意各部门的填写状况，并予以协助。

4. 问卷回收及整理

对于回收的问卷，首先必须检查是否填写完整，并仔细查看是否有不清楚、重叠或冲突之处，若有，便由岗位分析人员与人力资源主管进行讨论，以确认资料收集的正确性。

如果事先已请填写者将内容转换成计算机档案，则岗位分析人员只需对原档案进行修改，不需再花费许多时间将问卷内容转换成计算机文书文件，且只要资料确认无误，即可完成职位说明书的撰写。

问卷调查法的优点有：

（1）费用低，速度快，节省时间。

（2）调查范围广，可用于多种目的、多种用途的工作分析。

（3）调查样本量大，适用于需要对很多工作者进行调查的情况。

（4）调查的资源可以数量化，由计算机进行数据统计。

问卷调查法的缺点有：

（1）设计理想的、能够收集完整资料的问卷比较困难。

（2）问卷使用前，应进行测试，以了解员工对问卷中问题的理解程度。为避免误解，还经常需要分析人员亲自解释和说明，这在一定程度上降低了工作效率。

（3）被调查者一般单独填写调查表，缺少交流和沟通，因此可能不积极、不认真，从而影响调查的质量。

实用案例 2—1—4

调查问卷示例（节选）

调查问卷示例如下表所示。

<table>
<tr><td>职位名称</td><td></td><td>所在部门</td><td></td></tr>
<tr><td>职位定员
及人员来源</td><td colspan="3">（目前承担类似岗位职责的定员数和人员的来源）</td></tr>
<tr><td>直接上级
（岗位名称）</td><td></td><td>从事本岗位
工作时间</td><td></td></tr>
<tr><td>直接下级</td><td colspan="3">（列举目前直接下级的岗位名称、各岗位当前人数、人员来源）</td></tr>
<tr><td colspan="4">工作任务（请认真、详尽地描述所从事的工作及相应的百分比和发生频次。发生频次是指每年、每季度或每月发生的次数。每天发生为“日常”）</td></tr>
</table>

主要工作任务（即任务中较为重要的职责） 1. 2. 3. 4. 5.	百分比	发生频次
日常工作任务（即每日都需要从事的工作） 1. 2. 3. 4. 5.	百分比	发生频次
临时工作任务（即领导交办的或公司组织大型活动时所涉及的工作） 1. 2. 3. 4. 5.	百分比	发生频次

（四）工作日志法

工作日志法是为了了解员工实际工作的内容、责任、权力、人际关系及工作负荷，而要求员工坚持记工作日志，然后经过归纳提炼，达到岗位分析目的的一种岗位信息获取方法。

优点：所获得的信息可靠性很高，适用于获得有关工作职责、工作关系、劳动强度等方面的信息，所需费用较低。

缺点：使用范围较小，不适用于分析工作循环周期较长、工作状态不稳定的职位，且信息整理量大，归纳工作繁琐。另外，工作执行者填写时的态度会在一定程度上影响岗位分析的正常进行。

实用案例 2—1—5

提升小李工作绩效的工作日志法

在一家 IT 企业有十几名素质相差不大的业务人员，但业绩差异巨大。其中最明显的两个人是小王与小李，他们一个月的绩效有 5 倍之差（小王的绩效是小李的 5 倍）。但在对全部员工的调查问卷中，大家一致认为小李比小王更能吃苦，更认真。于是人力资源部对两个人做了一周 5 个工作日的跟踪，也要求两人连续一周每天都要认真如实记录一切工作活动。

小王与小李工作记录统计对比如下表所示。

小王工作日志记录统计	小李工作日志记录统计
8:21～8:26 上班（打扫卫生）	8:05～8:20 上班（打扫卫生，还会帮同事打扫）
8:26～9:40 电话联系新客户（平均打 21 个电话，成功找到负责人 15 个）	8:20～9:20 处理前一天老客户的业务事务
9:40～11:00 处理前一天老客户的成交单据，同时预约下午的老客户拜访	9:20～11:50 电话联系新客户（平均打 34 个电话，成功找到负责人 9 个）
11:00～11:40&13:30～14:30 开拓新客户（平均打 18 个电话，成功找到负责人 12 个）	13:20～17:10 走访老客户，平均走访 5 家，成功访问 1.2 家
14:30～17:00 外出进行客户的约定拜访，平均走访 4 家客户，成功见到负责人 3.6 家	
17:00～17:30 回公司处理一些杂务	17:10～18:30 回公司处理一些杂务
17:43 下班	18:35 下班
业绩小结：平均一天开拓新客户 27 个，成功率为 69%；维护老客户 3.6 个，成功率为 90%	业绩小结：平均一天开拓新客户 9 个，成功率为 26%；维护老客户 1.2 个，成功率为 24%
小王与小李的各类测试结果对比	业绩评比：小李＜小王 吃苦精神：小李＞小王 业务掌握综合测试：小李＝91 分＞小王＝84 分 沟通技巧面试评分：小李＝81 分＜小王＝89 分

小李电话访问的成功率为什么那么低？原来他开拓新客户的时间，正好是多数客户的负责人外出办事的时间，而小王打电话的时间，多数客户的负责人还在公司；小李走访客户没有事先预约，而小王的走访多是事先预约的。

根据这一结论，小李采用小王的工作时间分配形式。调整后，经过一周的磨合，到第二周，小李的成功率有了大幅度的上升，平均每天工作量有了一些下降。平均每天电话开拓新客户 36 个，成功 22 个，客户走访 5 家，成功 4 家。

两个月后，小李的业绩已经达到小王的 90%。

资料来源：边文霞：《岗位分析与岗位评价：实务、案例、游戏》，北京，首都经济贸易大学出版社，2011。

（五）关键事件法

关键事件法主要原则是认定员工与工作有关的行为，并选择其中最重要、最关键的部分来评定结果。它首先从领导、员工或其他熟悉工作的人那里收集一系列职务行为的事件，然后描述“特别好”或“特别坏”的工作绩效。对每一事件的描述内容包括：

（1）导致事件发生的原因和背景。

（2）员工特别有效或多余的行为。

（3）关键行为的后果。

（4）员工自己能否支配或控制上述后果。

在大量收集关键事件信息后，可以对其做出分类，并总结出工作的关键特征和行为要求。

优点：研究的焦点集中在工作行为上，能深入了解工作的动态；行为是可观察、可测量的，因此记录比较容易。

缺点：费时，需要花费大量时间收集关键事件并加以概括分类；关键事件是对工作绩效显著有效或无效的行为进行记录，有可能忽略“平均绩效”。

（六）各种方法的对比

以上方法都有其优缺点，只有根据组织的实际情况灵活搭配、综合使用，才能收集到真实全面的岗位信息，进而建立科学完善的岗位说明书体系。

各种方法对比如表 2—1—2 所示。

表 2—1—2　　各种方法对比

方法	优点	缺点	适用范围
观察法	更多、更深入地了解工作要求，不易受偏见和误解的影响	无法衡量脑力工作，不能处理紧急突发事件	重复性工作，体力为主
访谈法	迅速、有效地获得各种类型的工作信息	岗位分析者需要专门技巧，收集到的信息容易失真	对文字理解有困难的人
问卷调查法	费用低，速度快，调查范围广，调查样本量大，便于定量研究	不能体现具体情况，无法保证问卷填写质量，难以用于定性研究，回复率和有效率低	有一定文化程度的人
工作日志法	可靠性高，费用低	信息整理工作量大	工作循环周期短，工作状态无较大起伏
关键事件法	深入了解工作动态，收集的信息容易应用	信息整理工作量大，不适合于描述日常工作	工作流程和工作行为标准明确

二、岗位说明书的编制

岗位分析最重要的结果——岗位说明书，是人力资源管理的基础之一。从招聘、人员配置到绩效考核、薪酬管理，都必须以此为依据。岗位说明书明确了工作的职责权限、任职资格、工作特点、工作目标等重要因素，能够进行岗位工作的客观数据和主观数据分析，有助于整个人力资源管理逐步走向标准化、科学化。

实用案例 2—1—6

绩效管理岗位职责标准

一、岗位基本信息

职位名称：绩效专员。

所属部门：人力资源部。

直属上级：人力资源部经理。

二、任职条件

(1) 学历背景：人力资源、劳动经济、心理学、管理学或相关专业大专以上学历。

(2) 培训经历：接受过现代人力资源管理技术、企业管理、劳动法律法规和计算机运用等方面的培训。

(3) 工作经验：从事人力资源管理工作一年以上，对绩效管理工作有一定的经验。

(4) 技能技巧：

1) 熟悉国家人事政策、法律法规。

2) 熟悉各种绩效评价方法。

3) 熟悉绩效管理流程。

4) 人力资源管理理论基础扎实。

5) 熟练使用相关办公软件。

(5) 工作态度：

1) 良好的职业操守，细致、耐心、谨慎、踏实、稳重。

2) 强烈的敬业精神与责任感，工作原则性强。

3) 人际沟通、协调能力强，良好的团队合作意识。

三、工作内容

(1) 协调组织完成公司绩效评价标准的调整，使其更符合不同阶段的要求。

(2) 调查评价制度实施问题和效果，向领导提出改进建议。

(3) 改进、完善并监督执行公司考核体系和规范。

(4) 指导各部门主管开展评价工作，向员工解释各种相关制度性问题。

(5) 根据绩效评价结果实施对员工的奖惩工作。

(6) 组织实施绩效评价面谈与反馈。
(7) 协助上级完成其他相关绩效管理工作。

四、权责范围

(1) 对制定的绩效管理制度有解释权。
(2) 对绩效考核实施有监督、指导权。
(3) 对绩效不良或优异的部门和员工有奖惩建议权。
(4) 对现行绩效管理制度执行过程中出现的问题有建议改进权。
(5) 有要求相关人员配合工作的权力。

五、工作环境

工作场所：办公室。
环境状况：舒适。
危险性：基本无危险，无职业病危险。

实用案例 2—1—7

岗位说明书示例

岗位说明书示例如下表所示。

一、基本资料		
1. 职务名称：出纳	2. 直接上级：财务经理	3. 所属部门：财务中心
4. 工资等级：	5. 工资水平：	6. 分析日期：2011 年 5 月
7. 辖员人数：0	8. 定员人数：1	9. 工作性质：服务人员
10. 分析人员：	11. 批准人：	12. 批准时间：2011 年 6 月
二、工作概要 主要负责公司日常的现金收支管理、现金日记账管理、公司工资及福利核算、费用统计与分析		

三、工作内容

编号	工作内容及职责	权限	耗时
1	认真执行现金管理制度	执行	
2	严格执行库存现金限额，本公司现金限额为人民币 5 000 元，超过部分必须及时送存银行，不得坐支现金，不得以白条抵冲现金	负责	
3	建立健全现金账、银行存款日记账，严格审核现金收付凭证，现金必须做到日清月结，银行存款必须每日编制调节表	负责	

4	严格支票管理制度，对支票的收、领要建立支票收领登记簿，责任落实到具体经办人员，使用支票必须按规定填写支票领取单，经业务部门主管、总会计师、总经理签字后方可到财务中心办理手续	协助	
5	协助总会计师编制每日资金流量表、银行存款调节表	协助	
6	每月15日前，完成公司工资及福利核算	负责	
7	每月29日前，完成公司费用统计分析，并上交报表	负责	

四、工作关系

1. 所施监督：在规定的权限内，自行处理有关工作，遇到重要的事情，需请示领导
2. 所受监督：受部门主管的监督
3. 可直接升迁的岗位：部门经理
4. 可相互转换的岗位：会计、出纳、信用管理员、价格管理员

五、任职资格

1. 所需学历及专业：大专及以上学历，会计、经济管理专业
2. 所需技能培训：出纳、会计、企业文化等方面
3. 所需工作经验：一年以上相关工作经验，具有会计资格证书和经济管理专业初级以上职称
4. 基本素质：认同公司的企业文化和经营理念
   为人正直，作风正派，自律能力强，有很强的团队合作精神
   严格遵守公司各项规章制度
5. 个性特征：有责任心
   性格沉稳，办事老练
   善于协调，善于沟通
   心胸开阔

六、工作时间和场所

1. 工作时间：9:00～17:30，一周工作六天
2. 工作环境和条件：室内
3. 工作均衡性：比较忙碌

七、考核标准

1. 工作绩效：工作质量、工作数量
2. 工作态度：出勤率、协作性、责任心
3. 工作能力

（一）岗位说明书的内容

一般而言，岗位说明书编制内容包括以下几个要素。

1. 职位概况

注明企业中各职位名称、归属部门、隶属关系、岗位编号以及编写时间等。

2. 工作内容

主要描述该职位对一个合格员工而言，工作的具体内容与要求。

3. 责任范围

描述该职位所承担的主要责任及影响范围，包括职位权限、职位管辖范围。

4. 工作关系

根据职位在组织中的地位和协作职位的数量，描述完成此项工作需要与企业其他部门或人员的联系要求。

5. 任职资格

描述职位所需的相关知识和学历要求、培训经历和相关工作经验及其他条件。

6. 操作技能

描述完成该工作对任职者的灵活性、精确性、速度和协作性的要求，以及所需的技能水平。

（二）有效岗位说明书的制作关键

增强岗位说明书的有效性，关键在于前期准备、岗位说明书的设计和持续不断的工作指导。

实用案例 2—1—8

岗位任职标准的高低之争

某公司发现某一个部门经理 A 升迁以后，其部门经理的职位始终招聘不到合适的人选，虽然后来招聘了一个部门经理 B，但 B 主动提出调离岗位，说压力太大。有人说 B 领导素质不能胜任，有人说 B 领导管理水平太差，也有人说 B 领导沟通水平欠缺，其实最根本的原因是当时 A 升迁后，参与了部门经理的岗位说明书的描述，由于 A 经历过生产管理、经营管理、内控管理等方面的培训或历练，岗位标准按照最优的标准进行编写，导致岗位说明书的上岗资格要求过高。在这家公司里，几乎没有人能在生产管理、经营管理、内控管理等方面都得到培训，因此岗位标准成了空中楼阁，大部分人都无法满足。

资料来源：baike. baidu. com/view/453223. htm。

1. 前期准备

（1）了解组织。对组织的了解主要体现在组织架构、业务领域、目前发展状况、管理层、企业文化等几个方面。通过了解可以确认职位所在的部门情况、与相关部门内部协调情况、组织主要发展方向及管理者欣赏的工作行为和工作方式，以及什么样的人可能更适合组织氛围等问题。

(2) 了解问题。需要注意的是，职位的工作内容会很多，需要分清主次，找到重点任务，找到对组织目标达成起关键作用的工作。

(3) 了解关键胜任素质。通过关键胜任素质的了解，可以帮助管理者寻找更适合岗位要求的员工，这样才能在人才的使用和管理上做到有的放矢，目的明确。

2. 岗位说明书的设计

岗位说明书在组织管理中非常重要，不仅可以帮助任职者了解工作，明确责任范围，还可以为管理者的决策提供参考。在编写时应注意以下几个问题：

(1) 逻辑性。以符合逻辑的顺序来组织工作职责。常见的次序是按照各项的重要程度和所花费任职者的时间多少进行排列，将最重要的职责、花费任职者较多时间的职责放在前面，将次要的职责放在后面。

(2) 准确性。岗位说明书应清楚地说明职位的工作情况，描述要准确，语言要精练。

(3) 实用性。注意岗位说明书的实用性，尤其在工作职责、任职资格上下工夫。任务明确好上岗，职责明确易考核，资格明确好培训，层次明确能评价。

(4) 针对性。在描述工作时，不能忽视对绩效期望的描述，不仅要让员工确切了解工作内容和责任，还应了解组织希望这项工作做到什么程度，达到什么样的目标。

3. 工作指导

在实际工作中，管理者需持续关注员工的工作，及时了解有关工作进展情况、潜在的障碍和问题、解决问题的办法与措施、员工取得的成绩以及存在的问题、管理者如何帮助员工等信息，必要的工作指导是不可或缺的。

如果对各职责履行过程进行有效合理的规划，且任职者能够严格执行，可有效保障绩效目标得以实现。另外，通过工作指导规范工作流程，可有效避免组织在运营中出现的效率低、利润低等问题。

实用案例 2—1—9

戴尔，无情的印钞机

2000 年戴尔营业额为 270 亿美元，2001 年为 310 亿美元，2002 年为 360 亿美元，按照每年 15%的增长速度，2006 年正好可以实现 600 亿美元营业额的目标。在中国市场，2003 年，戴尔的市场份额从 5 年前的不足 1%升至 7.3%，总出货量同比增长 67%。戴尔中国公司总裁符标榜对《商务周刊》说："业务目标都是从实际量化中得出的，量化的计算渗透到公司所有业务流程中。"

符标榜的脑子里总是印着这些数字：从推出的每一种打印机新品需要增加的投

资额到每台机器的销售成本比例。戴尔的做法是，每种新产品在推出的各个环节上都需要严格计算成本，这使得戴尔的精力始终集中在最赚钱的产品上。

戴尔的传统是，所有产品都要求做到即刻推出即刻盈利，只有像服务器这种真正关系到戴尔未来命运的产品，才允许其在一年后盈利。高盛的分析师说："对那些不能带来利润的产品，迈克尔·戴尔是懒于花费心思的。"

作为最有神话色彩的企业家，身兼戴尔公司创始人、董事长和CEO的迈克尔·戴尔认为，自己的使命就是用严密的流程把所有配件精密组合，将戴尔公司的运转速度提高到登峰造极的地步。运营事业部是整个流程的中枢，这个部门将所有业务程序划分成具体操作，并制定出控制标准，然后调整每个部门的人力资源投入和分配的订单数量。

目前，戴尔中国公司的运营部已有两名"黑带"级运营大师，"黑带"是戴尔流程管理的最高职位。戴尔的高明之处在于将整体任务进行项目分解，对重点目标进行筛选，最终将运营流程中的时间和每个环节的资金降低到最低限度。在中国市场，"黑带"的最终使命是帮助符标榜盯住两个数字：运营毛利和纯利润。运营毛利随时提醒符标榜，他永远有义务将每个1美元的运营成本降到25美分。

对外，运营部的职责已延伸至戴尔的供应链中。各种不同原材料的供应商与戴尔的运转紧密交织在一起，就像是忙碌的电缆线。原材料需求经运营部监控的EDI进行虚拟整合后，最终为戴尔的直销客户服务。

"通常会有几百个厂家知道戴尔的客户需求，运营部每天都会显示出最新的物流计划，运营过程不能有错。"符标榜骄傲地说。

资料来源：biz. 163. com/40102/1/oBKVDIMN00020QEE. html。

三、编制和使用岗位说明书应注意的问题

为使岗位说明书充分发挥作用，在编制和使用岗位说明书时，应注意以下几个问题。

（一）与组织性质相适应

岗位说明书的编制与应用前提是与组织性质相适应。一份脱离组织性质的岗位说明书，是不可能发挥应有作用的。

（二）相关部门要配合

岗位说明书的编制主要由人力资源部负责，但不能缺少相关部门的配合。如果仅由人力资源部负责编写，很可能导致说明书的内容不能充分体现工作的实际情况。通用做法是人力资源部提供模板，为各部门讲解合适的方法并予以适当的指导，由各部门负责配合和详解整个工作流程。

（三）对事不对人

岗位说明书针对的是岗位，而不是个人。如果根据现在岗位任职人员的情况来

编制岗位职责和任职资格标准，常常会使岗位说明书偏离了工作特点，丧失了客观公正性。

（四）避免职责交叉

在编制岗位说明书时，要特别注意不要使岗位职责出现交叉，避免出现岗位与岗位之间相互推诿责任的情况。只有正确处理职责交叉，才能真正发挥协作效应，取长补短，提高工作效率。

（五）实行动态管理

一个企业的岗位并不是一成不变的，环境的变化、战略重心的转移、职能的调整和程序的再设计必然引起岗位的变动，岗位变动势必要连带岗位说明书一起变动，这样才能保证岗位说明书作用的有效发挥。因此，应建立动态的岗位说明书管理机制，及时根据岗位变动对岗位说明书进行更新。

任务实施

（1）公司上下没有对岗位分析工作重视起来。

（2）人力资源部设计的分析工具和使用的方法不适用于公司岗位的实际情况。

（3）实施方案。

1）划分学习小组，各小组分别针对某企业销售岗位进行调研。

2）学习小组负责设计访谈提纲和调查问卷。

3）各小组对访谈内容和调查问卷进行分析汇总，形成销售岗位的岗位说明书。

4）各小组派代表陈述本组的工作成果。

5）进行小组自评及教师总评。

任务三　目标管理，逐级分解落实

案例导入

某公司的年度工作会议

（公司会议室）

总经理：“经过公司领导班子研究决定，2013 年公司的工作目标为：第一，使公司植物药品的销售额占公司销售额的 50%；第二，开发一种以上国家一类新药品种，并进行临床试验；第三，公司的销售额增长 30%，达到 1 亿元。围绕公司年度目标，要求各部门经理组织本部门员工深入学习领会，并制定出部门以及员工个人的年度工作目标。”

(营销部办公室)

营销经理向部门人员传达公司会议精神，而后让部门员工进行讨论。

营销经理："目前公司实现利润的主要来源应是植物类新产品 A，而不是生物类老产品 B。因此，2013 年应主要推广产品 A，通过营销渠道的建立和市场推广，实现销售额 2 000 万元的目标；其次推广产品 B，在保持现有市场的基础上，实现销售额 1 500 万元的目标；其他类型产品的销售完成 200 万元。"

山西大区经理甲："大力推广产品 A，条件不具备，有难度，而产品 B 销售既快，又有利润，应主推产品 B。"

辽宁大区经理乙："客户还是比较认可产品 A 的，应主推产品 A。"

业务员："对产品 C 的推广驾轻就熟，A 和 B 两种产品推广起来很费劲儿，尤其是产品 B，竞争产品很多，费力不讨好。"

营销经理："这样怎么行呢？公司的目标和我们每个人的目标差得太远了！"

(公司会议室)

生产经理："我们生产部的目标是按时完成生产任务量，保证生产质量。我所担心的是，试制新产品，工人不熟悉生产工艺和操作流程，在一定时期内生产效率肯定会下降，会影响生产任务的完成。"

研发经理："我们部门今年还有一个新产品在进行临床试验，再进行新产品的开发真的是心有余而力不足，技术人员都已经加班加点工作了，再上新品真是吃不消了，还是将新产品研发先放放，完成自己的任务再说吧。"

财务经理："财务部的目标是保证财务安全。我们建议把给客户的预付款账期从 90 天缩短为 60 天。"

营销经理急了："账期缩短，代理商肯定不同意，大客户丢了谁负责呀？"

财务经理："应收账款收不回来，资金就没保障，我最关心的就是资产安全。"

资料来源：http://www.foodmate.net/hrinfo/kaohe/20610.html。

工作任务

(1) 什么是目标管理？该公司的目标管理总体上存在哪些问题？

(2) 结合公司的经营目标，制定营销部门的业绩目标。

任务引导

目标管理为企业绩效管理在组织层次的上下贯通提供了基础框架，以此为基础将绩效管理工作寓于企业战略管理过程之中。

通过本任务的学习，我们将了解目标管理的含义与优缺点，掌握目标分解落实的方法和步骤，为绩效指标体系的设立打下基础。

知识链接

一、目标管理的含义和优缺点

目标管理是被誉为“现代管理学之父”的彼得·德鲁克于1954年首先提出来的，现已被广泛应用。

（一）目标管理的含义

目标管理是以目标作为管理手段的一种管理方式。其基本思想是：让组织内各层次、各部门、各单位的管理人员，以及每个工作人员都根据总目标的需要，自己制定或主动承担各自的工作任务，并在实现目标的过程中进行自我控制。

目标管理的特点如下：

（1）强调结果导向。整个组织、各部门、员工个人事先有明确量化的指标，事中检查考评，事后奖罚兑现。

（2）分层制定目标。目标管理层次包括公司整体发展战略规划、公司年度计划、各部门目标计划、个人目标计划。

（3）强调自我控制。通过对动机的控制达到对行为的控制。

（二）目标管理的优缺点

1. 优点

（1）目标管理通过专门设计的程序，将组织整体目标逐级分解，转换为部门、员工的分目标。在分解过程中，权利和责任明确，目标方向一致、相互配合，形成协调统一的目标。

（2）通过目标管理可以改善上下级关系，在目标制定过程中，让员工充分参与，尊重员工意见，上下级之间是平等、相互尊重、相互信任和相互扶持的，会提高员工的满意度，进而提高组织绩效机能。

（3）在目标的约束下，组织所有的经营活动围绕目标进行，确保部门、员工绩效行为战略一致性，不至于偏离“轨道”。

实用案例2—1—10

目标管理的后果

2001年，北京一家著名的房地产公司由于工期要求很紧，制定了非常严格的奖罚激励制度，公司从上到下层层实行目标管理，要求必须按时完工。所有人在强大的压力下，日夜加班加点，总算按时完成了大楼的建设，成功地实现了公司制定的目标管理计划，成为公司成功目标管理的典范。

但是好景不长，半年以后该楼房一侧地基下沉了 30 厘米，楼体出现了大量裂缝，经技术鉴定是因为施工单位没有按施工要求施工。事实上，在目标管理的期限内，他们根本不可能用常规施工方法完成地基，再加上冬季施工，所以问题很快就暴露出来了。这栋楼成了这位老板挥之不去的一块心病，成了公司难以启齿的败笔，购买了这栋楼房屋的住户，心里更不是滋味，以各种方式表达他们的愤怒。

资料来源：http://info.china.alibaba.com/detail/5520458-2.html。

2. 缺点

(1) 目标管理强调结果导向，容易引起过程失控，出现投机主义倾向。

(2) 目标的制定往往有一定难度，许多目标难以量化。有些组织甚至会把老板的目标当成组织目标，与组织的资源和能力状况不匹配，导致目标的不现实。

(3) 因为长期、准确、能量化的目标很难确定，所以会出现员工只注重短期利益的实现，而忽视组织长期利益的现象。

二、目标管理的工作流程

其实施步骤一般如下：

(1) 制定组织的整体目标和战略。

(2) 在经营单位和部门之间分配主要的目标。

(3) 单位的管理者和他们的上级一起制定本部门的具体目标。

(4) 部门所有成员参与制定自己的具体目标。

(5) 管理者与下级共同商定实现目标的行动计划。

(6) 实施行动计划。

(7) 定期召开绩效会议反馈信息，对每个员工和部门、团队的目标完成程度和进度及今后改进方向等提出指导意见。

(8) 基于绩效进行奖励，促进目标的成功实现。

归纳起来，目标管理的基本步骤就是：

(1) 目标设定阶段：包括上述步骤中的 (1) ～ (4)，从上至下，由下往上，民主参与制定组织总目标、部门分目标和个人的具体目标。

(2) 目标达成阶段：包括上述步骤中的 (5) 和 (6)，首先是管理者与下级共同商定实现目标的行动计划，然后是实施行动计划，也就是在各自的职责范围内按照行动计划为实现各自的目标去努力。

(3) 成果评价阶段：包括上述步骤中的 (7) 和 (8)，定期或不定期地检查实现目标的进展情况，以便及时发现问题，调整计划进度和管理策略，从而更有效地实现目标，并根据目标的实现情况进行奖惩、总结，为实现更长远的目标打下基础。

三、目标制定的原则和目标的分解落实

实用案例 2—1—11

某公司销售部经理的个人目标卡

某公司销售部经理的个人目标卡如下表所示。

目标		成果	目标	截止日期
业务目标	销售量	商品 A 在西南地区销量增加	占有率升至 50%	至 2013 年年底止
	新办事处	在武汉寻找分公司地址	找办公地点并承租 5 年	2013 年 6 月 30 日前
发展个人能力型目标	领导力	加强对部门的领导力	参加领导力培训班 6 次	2013 年年底前
	改善力	改善公司目前的业务流程	订货后出货日期缩短为 3 天	2013 年年底前

（一）目标制定的原则

组织在制定自己的目标时，应充分了解组织的实际情况和外部条件，从实际出发，定出合适的目标。制定目标一般遵循 SMART 原则。

1. Specific——明确性

所谓明确，就是要用具体的语言清楚地说明要达成的行为标准。目标设置要有明确的项目、衡量标准、达成措施、完成期限以及资源要求，使考核人能够很清晰地看到要做哪些事情，计划完成到什么程度。例如，“提高用户满意度”这一目标应该修正成“通过用户服务调查将用户满意度提高 12%”。

2. Measurable——可衡量性

可衡量性就是指标可以量化，可以衡量。要杜绝在目标设置中使用形容词等概念模糊、无法衡量的描述。对于目标的可衡量性，应该从数量、质量、成本、时间、上级或客户的满意程度等方面来进行。对于不易量化的目标，可使目标工作流程化。

3. Attainable——可实现性

目标得是执行人通过努力能够实现、达到的。目标设置要坚持员工参与、上下左右沟通，使拟订的工作目标在组织及个人之间达成一致。既要使工作内容饱满，又要具有可达性。比如对于研发部门，将“通过用户服务调查将用户满意度提高 12%”作为目标有可能不现实。

4. Realistic——实际性

目标的实际性是指在现实条件下是否可行、可操作。可能有两种情形：一是领导者乐观地估计了当前形势，低估了达成目标所需要的条件；二是可能花了大量的时

间、资源，甚至人力成本，最后确定的目标根本没有多大实际意义。

因此，必须让每位成员参与到工作目标的制定中去，使个人目标与组织目标达成一致。

5. Timed——时限性

目标的时限性是指目标是受时间限制的。制定任何一个目标，都需要规定一个期限，规定在什么时间之内完成任务或实现目标。例如，对于“通过用户服务调查将用户满意度提高 12%”这一目标，就需要设定时间期限，改为“在未来 12 个月之内，通过用户服务调查将用户满意度提高 12%”。

（二）目标的分解落实

目标确定之后，为了便于实施，在付诸实施之前，要进行目标分解。它是目标决策与实施之间的一个重要环节，是使目标得以实现的基础。

目标分解就是将总体目标从上到下层层展开，在纵向、横向或时序上分解到各级、各部门以至每个人，形成自下而上层层保证的目标体系的过程。它将总体目标分解为部门目标，再将部门目标分解为个人目标，形成一个层层支撑，环环相扣，责、权、利明确的目标体系。

目标分解流程如图 2—1—3 所示。

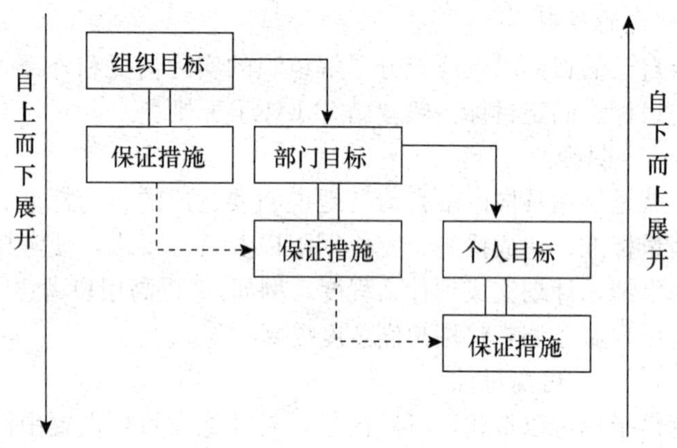

图 2—1—3 目标分解流程

1. 管理者向下属说明团队和自身的工作目标

在这一过程中，要增强下级的参与感，避免其产生被迫同意上级目标的感觉；充实下属各自应分担的工作，使每个人承担最大限度的工作量；对共同承担的任务，要明确每个人在其中的职责。

2. 重新审议组织结构和职责分工

目标管理要求每一个分目标都有确定的责任主体。因此预定目标之后，需要重新审查现有的组织结构，根据新的目标分解要求进行调整，明确目标责任者和协调关系。

3. 确立下级的目标

首先下级明确组织的规划和目标，然后制定下级的分目标。上级要尊重下级，耐心倾听下级意见，帮助下级发展一致性和支持性目标。分目标要具体量化，便于考核；分清轻重缓急，既要有挑战性，又要有实现的可能。每个员工和部门的分目标要和其他分目标协调一致，支持本单位和组织目标的实现。

实用案例 2—1—12

某企业个人目标分解

某企业个人目标分解如下图所示。

销售大区经理			
销售大区经理	目标	保健品销售额	1 500 万元
	措施	1. 开拓与推进 A 产品的代理 2. 开拓与推进 B 产品的直销	1 000 万元 500 万元

具体措施和手段

部属甲		
部属甲	目标	A 产品销售额 600 万元
	措施	1. 中部开发代理商 10 家 2. 产品一览表的修订与发送（7 月底）

部属乙		
部属乙	目标	A 产品销售额 500 万元
	措施	1. 开发成都代理商 5 家 2. 参加销售培训班（8 月中旬）

4. 上级和下级就实现各项目标所需的条件以及实现目标后的奖惩事宜达成协议

分目标制定后，要授予下级相应的资源配置权力，实现权责利的统一。写成书面协议，编制目标记录卡。

四、目标管理中应注意的问题

（1）能否实行目标管理要就组织的性质而定，不能一概而论。目标管理一般适宜在经营性的组织中实施。目标管理要求管理工作要尽可能量化，经营性组织的绝大多数工作都可以量化，如生产产品所需的原材料、工时、商品的销售量等。在非经营性组织，并非不能实行目标管理，但前提是要对管理工作尽可能量化，对于不能量化的工作，应尽可能提高定性描述的客观性，对工作成效的衡量应尽可能制定一套客观的标准，以尽量减少人的主观因素对管理工作的任意干扰。

（2）实施目标管理的关键是制定一个好的目标。完整的目标体系，必须建立在完善的目标要素基础上，要注意目标标准是否恰当可行、目标的重点是否突出、目标是否可衡量。

（3）注意目标之间的因果关系。从组织层面的总目标到部门目标再到岗位目标，应当是一个因果关系环环相扣的目标链。但是有的企业，目标分解过程停留在部门层面，部门负责人与下属在目标确定上缺乏有针对性的沟通，造成个人目标与组织目标之间没有因果关系。有的企业员工只根据岗位职责制定目标，强调自己职责范围内的工作，忽略自己督办和负责协调汇总的工作，因此从一开始就背离了目标管理的目的。

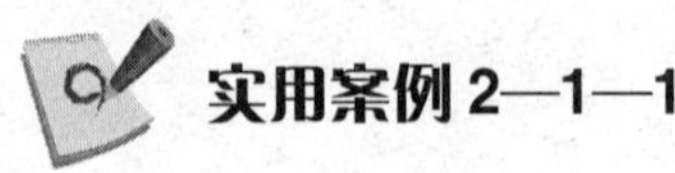

这叫目标管理吗

王勇曾经在一家有名的外商独资企业中担任销售部经理，成绩卓著。几年前，他离开了这家企业，自己开了个建材贸易公司，由于有以前的底子，所以生意一直很不错。年初，他准备进一步扩大业务，在若干个县级市中设立经销处，同时，扩大经营范围，增加花色品种。

面对众多要处理的事情，王勇决定将部分权力授予下属的各部门经理。他逐一与经理们谈话，一一落实要达到的目标。其中，王勇给采购部经理定下的目标是：保证每一个经销处销售所需货物的及时供应；所采购到的货物合格率需保持在98%以上；采购成本保持在采购额的5%以内。采购部经理当即提出异议，认为有的指标不合理。王勇说："可能吧，你尽力而为就是了。"

到年终考核时发现，采购部达到了王勇给他们规定的前两个目标，但采购成本大大超出，约占当年采购额的8%。王勇问采购部经理怎么会这样时，采购部经理解释说："有的事情也只能如此，就目前而言，我认为，保证及时供应和货物质量比我们在采购时花掉多少钱更重要。"

资料来源：缪兴峰：《现代管理学基础与应用》，广州，华南理工大学出版社，2006。

任务实施

（1）公司的目标管理存在体制性缺陷。目标管理应做好如下几方面：

1）注意目标分解中的沟通与协商，部门目标和员工个人目标的分解应是在充分理解组织目标的基础之上，结合部门和岗位的具体情况确定的。

2）目标的制定应与组织的总体战略相关联，如果目标偏离了公司的战略，会适得其反，做无用功。

3）在部门、岗位之间应形成良好的沟通机制，明确目标的内在关联性，平衡部门之间的责任摩擦，通过利益纽带将各部门、各岗位连接起来。

（2）具体分解步骤如下：

第一步：销售经理就公司总目标与本部门人员及相关部门展开充分讨论，形成本部门目标草案。

第二步：根据公司年度规划目标，销售经理制定出本部门下一年度工作目标。

第三步：在本部门目标制定出来以后，销售经理及时召集人员对该目标进行再次讨论，确定该目标以及个人目标是否与上级目标相一致。同时，上级对部门及总目标进行讨论检查。

第四步：销售部的目标得到了上司的确认之后，销售部需要列出存在的问题及解决办法。

第五步：列出实现所制定的目标需要的知识和技能。

第六步：为达到目标，列出所需要合作的对象及外部资源。

第七步：管理层制定出本公司目标体系，并再次检查各目标与目标体系是否相符。根据目标体系，确定目标完成日期，并进行协调，最后以书面的形式予以确认。

(3) 实施方案。

1) 划分学习小组，各小组分别针对销售部目标进行分解。

2) 制定销售部年度经营目标。

3) 分产品、分区域、分月份制定销售大区目标。

4) 各小组派代表陈述本组的工作成果。

5) 进行小组自评及教师总评。

项目小结

岗位分析和目标管理是绩效管理的基础工作。运用岗位分析和目标管理，可以使组织中各个职位的职责更加明确，员工之间不会互相推卸责任。在此基础上，可以根据明确的工作职责对组织目标进行分解落实，并对任职者的绩效情况进行评估。

通过本项目的学习，应该掌握以下内容：

(1) 岗位分析是对组织各项工作的性质、责任、任务以及从事该工作的工作人员所应具备的条件进行调查和分析，然后加以系统、科学的描述和规定的活动。岗位分析的内容具体分为两大部分：工作描述和任职资格要求。

(2) 岗位分析的流程分为准备阶段、设计阶段、收集分析阶段、结果表达阶段、结果形成阶段、运用阶段和反馈调整阶段。

(3) 岗位分析的方法有观察法、访谈法、问卷调查法、工作日志法、关键事件法等。

(4) 一份完整的岗位说明书包括职位概况、工作内容、责任范围、工作关系、任职资格和操作技能等。

(5) 目标管理是以目标作为管理手段的一种管理方式。其基本思想是：让组织内各层次、各部门、各单位的管理人员，以及每个工作人员都根据总目标的需要，自己制定或主动承担各自的工作任务，并在实现目标的过程中进行自我控制。特点是强调结果导向，分层制定目标，强调自我控制。

(6) 目标管理程序可分为目标设定阶段、目标达成阶段、成果评价阶段。

(7) 目标的设定应遵循 SMART 原则，即明确性、可衡量性、可实现性、实际性、时限性。

案例分析

A 公司的目标管理

A 公司目标管理执行的过程并不是很顺利，每个月目标管理卡的填写或制作成了各个部门经理的任务或者说是累赘，总感觉占了他们大部分的时间或者说浪费了他们许多的时间。每个月都是由办公室督促大家填写目标管理卡。财务部每个月的常规工作占据所有工作的 90%，目标管理卡的内容重复性特别大；另外一些行政部门临时性的工作特别多，每一个月之前很难确定他们的目标管理卡。

该公司的目标管理按如下几个步骤执行：

(1) 目标的制定。前一财年末，公司总经理在职工大会上作总结报告时向全体职工讲明下一财年的大体的工作目标。财年初的部门经理会议上，总经理和副总经理、各部门经理讨论协商确定该财年的目标；每个部门在前一个月的 25 日之前确定出下一个月的工作目标，并以目标管理卡的形式报告给总经理，总经理办公室留存一份，本部门留存一份。目标由各个工作的权重以及完成的质量与效率来决定。最后由总经理审批，经批阅以后方可作为部门的工作目标；各个部门的目标确定以后，由部门经理根据部门内部的具体的岗位职责以及内部分工协作情况进行分配。

(2) 目标的实施。目标的实施过程主要采用监督、督促并协调的方式，每个月月中由总经理办公室主任与人力资源部绩效主管共同或是分别到各个部门询问了解目标进行的情况，直接与各部门的负责人沟通，在这个过程中了解哪些项目进行到什么地步，哪些项目没有按规定的时间、质量完成，为什么没有完成，并督促其完成项目。

(3) 目标结果的评定与运用。目标管理卡首先由各部门的负责人自评，自评过程受人力资源部与办公室的监督，最后报总经理审批，总经理根据每个月各部门的工作情况，对目标管理卡进行相应的调整。目标管理卡，最后以考评得分的形式作为部门负责人的月考评分数，部门员工的月考评分数一部分来源于部门目标管理卡。这些考评分数作为月工资发放的主要依据之一。

最近，很多部门负责人反映不愿意每个月填写目标管理卡，认为这没有必要，而且在执行过程中，很多部门员工根本不了解自己本月应该完成的项目，每一个项目应该到什么样的程度。在最近的一次与部门员工的座谈中了解到有的部门员工对本部门的目标管理卡不是很了解，其中的原因主要是部门的办公环境不允许把目标管理卡张贴出来（个别的部门）。如果领导每个月不对本部门员工解释明白，他们根本就不知道他们的工作目标是什么，只是每个月领导叫干什么就干什么，显得很被动。

资料来源：杨飞：《绩效管理案例与案例分析》，北京，中国劳动社会保障出版社，2008。

思考：

（1）该公司目标管理存在哪些问题？

（2）针对以上存在的问题，公司人力资源部应该怎样处理？

子项目二　寻找关键成功领域和成功要素

任务一　认识关键绩效指标

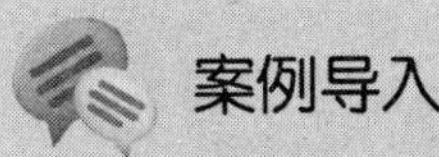

案例导入

某洗衣机厂的全面绩效管理

某大型家电集团下属的某洗衣机厂，1996—2000 年一直占据洗衣机市场全国销量第五位。2001 年，全国大商场统计数字表明，其洗衣机市场占有率下降了 20%。厂领导班子经过调研，发现消费者反映的问题集中表现在对产品的售后服务不满意。售后服务虽由各地经销商负责，但与各地办事处工作消极不无关系。

1998 年，该厂采取了绩效管理体系，重新用考评办法刺激销量增长，高额奖励使得营销人员全力实现当年目标，但与此同时重量轻质导致了对渠道的管理与控制疏漏，短期的突击使得 2000 年年底销售额增长较快，由此该厂提高了指标设置的基数。2001 年，由于洗衣机市场竞争变化以及渠道基础管理工作不扎实，各地销售额大幅度滑坡，营销部门对绩效考核的标准不满，置疑标准的合理性，认为其绩效标准高于生产部门与职能部门。而生产部门也开始埋怨营销部门根本没有预测到市场变化，导致制成品大量积压，造成资金周转困难、设备闲置率较高。

领导班子研究认为，之所以出现这种局面，与前几年片面追求增长，忽视战略规划与制定均衡发展的绩效管理机制有直接关系。于是该厂接受咨询公司的建议，决定在内部试行全面绩效管理制度的改革，在强调业绩增长的前提下，更重视战略规划的贯彻与均衡发展的实现。

具体方法如下：

第一步：由总部高层牵头，协调采购、生产、营销、人力资源、财务等部门的负责人成立厂绩效管理的专门部门，独立负责制定与落实全厂绩效管理方案，并报送集团公司备案。

第二步：由总经理与各主要部门负责人制定3年内进入全国市场占有率三强这一战略目标的具体规划与各年度的推进步骤，逐层分解战略目标与实施手段，将各层级的控制指标分为两大类：利润绩效管理类、均衡发展考评类。实施平衡计分卡体系。

第三步：将所有考量指标分解到各个部门或利润中心，由其负责人按时（月度）报送绩效报告，包括完成两类绩效目标的具体推进手段、目标完成进度图，并及时反馈上期未达到基础目标的原因与超越优秀目标的经验总结，确定纠偏措施。

第四步：各部门、利润中心根据各自特色制定流程改进方案，衔接整个作业链的上下环节，在报送计划中要明确对内部小组与个人给予明确扶持的方案。

第五步：作业链的下一环节即上一环节的“客户”，对上一环节部门的评价由下一环节给出。如采购部门的客户得分由制造部门给出，职能部门的客户得分由各直线部门给出。

第六步：根据市场变化情况，及时调整战略推进步骤。例如2002年年底，厂部在高端洗衣机市场采用新型材料，走低价位差异化产品的战略后，绩效管理部门及时进行市场价格倒算的成本核算，并将成本控制指标纳入采购、制造、营销各部门的日常考评中。

第七步：特殊市场以及行业出现情况导致指标异常变动的，与绩效管理部门协商，修正当期评价指标。

应用全面绩效管理的控制方式，主要是帮助企业的各层管理人员统一战略思想，甚至全员参与战略制定与实施，通过控制绩效实施全部流程，实现对企业战略推进过程的监控与灵活调整，使整个企业稳步发展。

资料来源：http://9512.net/read/10c82d17eb89c7cf29251105.html。

工作任务

（1）如何评价该厂的全面绩效管理方法？

（2）该厂绩效管理的难点在哪里？与该厂的战略是什么关系？

任务引导

许多企业都在按照错误的绩效评价指标开展工作，甚至还把一些指标错误地界定为关键绩效指标，阻碍了企业的发展。如何设计指标，指标到底从什么地方来，这些问题困扰着管理者。

通过本任务的学习，我们将了解什么是关键绩效指标，如何将企业战略与关键绩效指标联系起来。

知识链接

一、关键绩效指标的含义和作用

（一）关键绩效指标的含义

关键绩效指标 KPI 是基于企业经营管理绩效的系统考核体系。它把对绩效的评估简化为对几个关键指标的考核，将关键指标当作绩效评估标准。作为一种绩效考核体系设计的基础，可以从以下四个方面深入理解关键绩效指标的具体含义：

（1）关键绩效指标来自于对组织战略目标的分解，关键绩效指标所体现的衡量内容最终取决于公司的战略目标。当关键绩效指标构成组织战略目标的有效组成部分或支持体系时，它所衡量的职位便以实现组织战略目标的相关部分作为自身的主要职责，否则会产生分歧。

（2）关键绩效指标是用于考核和管理被考核者绩效的可量化的或可行为化的标准体系。即关键绩效指标是一个标准化的体系，它必须是可量化的，如果难以量化，那么也必须是可以行为化的。如果可量化和可行为化这两个特征都无法满足，那么就不是符合要求的关键绩效指标。

（3）关键绩效指标体现对组织战略目标有增值作用的绩效指标。因此基于关键绩效指标对绩效进行管理，就可以保证真正对组织有贡献的行为受到鼓励。

（4）通过在关键绩效指标上达成的承诺，员工与管理人员就可以进行工作期望、工作表现和未来发展等方面的沟通。

（二）关键绩效指标在绩效管理中的作用

组织的绩效管理要立足于关键绩效指标，关键绩效指标为企业绩效管理提供基础性数据，这些数据是客观的，受事后的人为因素影响。通过这些基础性数据，绩效管理可以达到绩效改进和价值评价的目的。为组织建立关键绩效指标体系，其意义主要体现在如下几方面：

（1）协助绩效管理有效地实施企业战略。组织在经营过程中，随着市场环境和企业内部状况的变化，在不同时期会设定不同的战略目标，关注重点也会有所区别，这种变化要通过关键绩效指标的变化和调整来引导员工将注意力集中于企业当期的经营重点。

（2）可以将组织的战略目标有效地分解到各个业务单元和个人，并使各个业务单元和员工都积极向着共同的目标努力。经过讨论找出业务重点即企业价值评估重点，并找出这些关键业务领域的关键绩效指标，分解到部门形成部门指标，然后结合岗位形成岗位绩效指标。整个过程本身就是统一各部门朝着企业战略目标努力的过程，使得个人目标、部门目标与组织目标保持一致，从而保证组织的长足发展。

（3）通过对指标完成程度的评价，可以促进绩效改进和提高，有利于提高员工的素质和能力，有利于激励和约束员工行为，为企业岗位评价与价值分配体系的建立提供依据。

二、关键绩效指标体系与一般绩效考核体系的区别

关键绩效指标体系与一般绩效考核体系有很大的区别，如表 2—2—1 所示。

表 2—2—1　　关键绩效指标体系与一般绩效考核体系对比

项目	关键绩效指标体系	一般绩效考核体系
假设前提	假定人们会采取一切必要的行动，努力达到事先确定的目标	假定人们不会主动采取行动以实现目标，假定人们不清楚应该采取什么行动以实现目标，假定制定与实施战略与一般员工无关
考核目的	以战略为中心，指标体系的设计与运用都是为组织战略目标的达成服务的	以控制为中心，指标体系的设计与运用来源于控制的意图，为更有效地控制个人的行为服务
指标产生	在组织内部自上而下对战略目标进行层层分解产生	通常是自下而上根据个人以往的绩效与目标产生的
指标来源	基于组织战略目标与竞争要求的各项增值性工作产出	来源于特定的程序，即对过去行为与绩效的修正
指标作用及构成	通过财务与非财务指标的结合，体现关注短期效益，兼顾长期发展的原则；指标本身不仅传达了结果（what），也传递了产生结果的过程（how）	以财务指标为主，非财务指标为辅，注重对过去绩效的考核（what），且指导绩效改进的出发点是过去的绩效存在的问题，绩效改进行动与战略需要脱钩

三、关键绩效指标体系的设计思路

（一）确立关键绩效指标应把握的要点

（1）体现企业的发展战略与成功的关键要点。

（2）强调市场标准与最终成果责任，并且可以对其进行测量与控制。

（3）责任明确的基础上，强调各部门的连带责任，促进各部门的协调。

（4）主线明确，重点突出，简洁实用。

实用案例 2—2—1

某公司关键绩效指标库——人力资源管理指标

某公司关键绩效指标库如下表所示。

序号	指标	指标定义	功能
1	员工增加率	(本期员工数－上期员工数)/上期员工数	检测周期内员工增加比例
2	员工结构比例	各层次员工的比例分配状况	检测人力资源结构的合理性
3	关键人才流失率	一定周期内流失的关键人才数/公司关键人才总数	检测公司关键人才的流失情况
4	工资增加率	(本期员工平均工资－上期员工平均工资)/上期员工平均工资	检测工资增加情况
5	人力资源培训完成率	周期内人力资源培训次数/计划总次数	检测人力资源部门培训计划的执行情况
6	部门员工出勤情况	部门员工出勤人数/部门员工总数	检测部门员工的出勤情况
7	薪酬总量控制的有效性	一定周期内实际发放的薪酬总额/计划预算总额	检测人力资源部门在薪酬总额控制方面的有效性
8	人才引进完成率	一定周期实际引进人才总数/计划引进人才总数	检测人力资源部门的招聘计划完成情况
9	考核工作完成的及时性与准确性	公司绩效考核完成得是否及时、准确	检测人力资源相关部门在绩效考核方面的有效性

（二）KPI 层次构成

（1）公司级关键绩效指标。

（2）部门级关键绩效指标。

（3）由部门级关键绩效指标落实到具体岗位（或子部门）的业绩衡量指标。

（三）设计思路

关键绩效指标的设计可以用“十字对焦、职责修正”一句话概括。在具体的操作过程中，要做到在各层面都从纵向战略目标分解、从横向结合业务流程进行指标提取。

1. 分解组织战略目标，确定组织级关键绩效指标

组织高层确立组织的总体战略目标，找出组织的业务重点，这些业务重点即为组织经营过程中的关键结果领域，由此确定关键结果领域的关键绩效指标，从而建立组织级的关键绩效指标。最常用的方式是鱼骨图方式，这种方式主要是对组织实现愿景目标的关键成功因素进行分析，并将这些因素与组织、部门、个人目标之间建立关联。鱼骨图方式的步骤如下所述：

（1）组织高层确立组织的总体战略目标。

（2）由组织（中）高层将战略目标分解为主要的支持性子目标。

（3）在企业的主要业务流程与支持性子目标之间建立关联。

实用案例 2—2—2

某食品企业主要业务流程与支持性子目标之间关联示例

某食品企业主要业务流程与支持性子目标之间关联示例如下图所示。

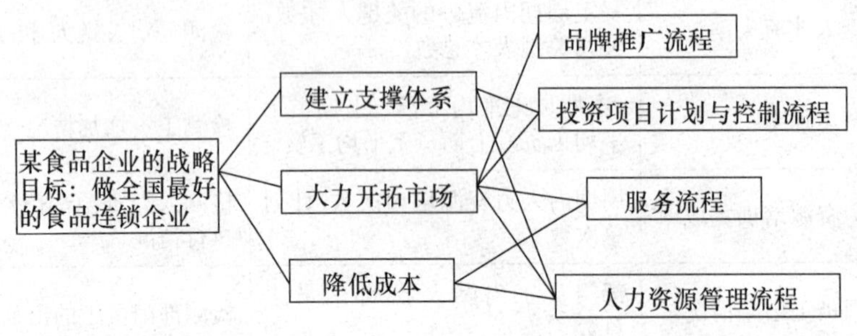

2. 确认各业务流程与各职能部门的联系

建立流程与工作职能之间的关联，从而在部门层面建立流程、职能与指标之间的关联，为组织总体战略目标和部门绩效指标建立联系。

实用案例 2—2—3

某食品企业确定业务流程与职能部门联系示例

某食品企业确定业务流程与职能部门联系示例如下表所示。

流程：新产品开发	各职能部门所承担的流程中的角色				
	市场部	销售部	财务部	研究部	开发部
新产品概念选择	市场论证	销售数据收集	—	可行性研究	技术力量评估
	—	—	—	—	—
产品概念测试	—	市场测试	—	—	技术测试
	—	—	—	—	—
产品建议开发	—	—	费用预算	组织预研	—
	—	—	—	—	—

3. 部门级 KPI 的提取

在确定组织级 KPI 后，部门主管结合部门职责，对本部门的关键绩效指标进行分解，分解出部门级的关键绩效指标；然后，各部门的主管和部门管理人员一起将本部门级 KPI 进一步细分，分解为更细的关键绩效指标及岗位 KPI。这样就确保了每一个组织级 KPI 都由一个或多个部门负责，每个部门都对组织 KPI 的实现负有责任。

实用案例 2—2—4

某食品企业部门级 KPI 提取示例

某食品企业部门级 KPI 提取示例如下表所示。

指标	测量主体	测量对象	测量结果
新产品上市时间	研发部、生产部、市场部、广告部	新产品（开发）	上市时间
生产成本率	生产部	生产过程	成本降低
客户满意率	市场部、生产部	产品与服务	满足程度
销售收入	财务部、市场部	销售过程	收入总额

4. 提取员工 KPI

根据部门 KPI、业务流程以及确定的各职位职责，将部门的关键绩效指标最终落实到每个人，使组织目标、流程、职能与职位统一。

实用案例 2—2—5

某食品企业 KPI 进一步分解到职位示例

某食品企业 KPI 进一步分解到职位示例如下表所示。

<table>
<tr><th colspan="2" rowspan="2">流程：新产品开发</th><th colspan="2" rowspan="2">市场部部门职责</th><th colspan="4">部门内职位职责</th></tr>
<tr><th colspan="2">职位一</th><th colspan="2">职位二</th></tr>
<tr><th>流程步骤</th><th>指标</th><th>产出</th><th>指标</th><th>产出</th><th>指标</th><th>产出</th><th>指标</th></tr>
<tr><td rowspan="4">发现客户问题，确认客户需求</td><td rowspan="4">发现商业机会</td><td rowspan="4">市场分析与客户调研，制定市场策略</td><td>市场占有率</td><td rowspan="4">市场与客户研究成果</td><td>市场占有率增长率</td><td rowspan="4">制定出市场策略，指导市场运作</td><td>市场占有率增长率</td></tr>
<tr><td>销售预测准确率</td><td>销售预测准确率</td><td>销售预测准确率</td></tr>
<tr><td>市场开拓投入降低率</td><td>客户接受成功率提高率</td><td>销售毛利率增长率</td></tr>
<tr><td>公司市场领先周期</td><td>领先对手提前期</td><td>销售收入月度增长幅度</td></tr>
</table>

四、在实际工作中 KPI 的应用

在 KPI 体系的建立过程中，尤其是在制定岗位的关键绩效指标时，需要明确的是建立 KPI 体系并不是工作目标的全部。在 KPI 的建立过程中，各部门、各岗位需对其关键绩效指标通过沟通讨论，达成共识，明确各部门和各岗位的关键贡献，并据此确定各部门和个人的工作目标。在实际工作中围绕 KPI 开展工作，不断进行阶段性的绩效改进，可以达到激励、引导目标实现和工作改进的目的，避免无效劳动。

在实际工作过程中如何应用 KPI 来改进工作，避免产生建立 KPI 与应用 KPI 脱节的现象？答案如下所述：

（1）KPI 是关键绩效指标，不是目标，但可以借此确定目标。

1）KPI 是反映部门或员工关键业绩贡献的评价指标，它衡量业绩贡献的多少，即衡量目标实现的程度。

2）组织阶段性目标或工作中的重点不同，相应各个部门的目标也不同，在阶段性业绩的衡量上重点也不同，因此关键绩效指标 KPI 存在阶段性、可变性或权重的可变性。

3）涉及岗位的员工绩效指标不一定是从部门 KPI 直接分解得到的，越到基层部门，KPI 越难与岗位直接相关联，但是应对部门关键绩效指标有贡献，不同岗位的绩效指标的权重要根据部门的阶段性目标而变化。

4）一旦各部门或职位的 KPI 明确后，相应的工作重点即阶段性关键的业绩贡献也就能够明确，结合所在部门的工作目标，每个人的工作重点就是清楚的，即每个人对所在部门的目标完成所做的关键业绩贡献就十分清楚了，避免了一些无效的、对目标达成没有意义的工作。

5）部门管理者给下属制定目标的依据来自部门的 KPI，部门的 KPI 来自组织的 KPI。这样保证每个岗位都朝组织要求的总体目标发展。

（2）绩效考核与绩效改进。

1）绩效考核是绩效管理循环的一个环节，绩效考核要实现两个目的：一是绩效改进，二是价值评价。面向绩效改进的考核重点是问题的解决及方法的改进，从而实现绩效的改进。

2）绩效管理最重要的是让员工明白公司对他的要求是什么，他将如何开展工作和改进工作；主管也要清楚公司对他的要求，对他所在部门的要求，即了解部门的 KPI 是什么，同时主管要了解员工的素质，以便有针对性地分配工作和制定目标。

（3）通过 KPI 的讨论与沟通，明确部门目标与员工目标的一致性。

主管在工作过程中与下属不断沟通，不断辅导和帮助下属，记录员工的工作数据或事实依据，保证目标达成的一致性，这比考核本身更重要。

（4）评价员工的绩效改进情况及绩效结果，KPI 是基础性依据，它提供评价的方向、数据及事实依据。

（5）考核不是目的，是激励的手段，促进绩效改进、提高员工的素质和能力才是考核的真正目的。

绩效管理及绩效改进是遵循 PDCA 循环来进行的，通过 PDCA 不断改进、提高工作质量和工作结果。

任务实施

（1）单一绩效考核的缺点是没有从全面战略协调发展的层面来衡量业绩，而如果全面绩效考核仍不注重这一点，则所谓的全面绩效考核只是众多单一绩效考核指标体系的机械相加罢了。

（2）信息经济时代所要求的全面绩效考核是站在战略高度来规划和建立绩效体系的，这种体系更注重企业各个部门间的利益关联性、平衡性和互动性。

（3）实施方案。

1）划分学习小组，采访某企业，了解该企业是如何进行绩效管理的。

2）分析该企业各部门绩效管理如何为企业战略服务。

3）针对调研企业绩效管理中存在的问题，提出改进思路。

4）各小组派代表陈述本组的工作成果。

5）进行小组自评及教师总评。

任务二 寻找关键成功领域，确定关键成功要素

案例导入

X 公司 KPI 应用

X 公司成立 6 年，由最初的一家店，逐渐成长为由 40 家店组成的中型内衣连锁集团公司，这 40 家店全部为直营店。2012 年，公司步入快速成长期，以每月 2～3 家的速度开新店。公司制定了在未来 8 年内开 1 000 家店，成为中国最大的内衣连锁集团公司的战略目标。

公司规模在迅速地扩大，但随着公司规模的扩大，问题也出现了，以往的管理模式与运营模式已不能适应公司快速扩张的需要。这主要体现在以下几个方面：内部的规章制度不完善，营运体系不健全；很多连锁店中，管理因人而异，即使是简单的店面布置，很多店的风格也不一致；货品管理比较混乱，因为公司以往没有信息系统，货品的管理完全依靠手工账，连锁店内货品销售的情况不能及时反馈到公司采购部门。对一个商业企业来说，信息的滞后将会导致货品流转不畅，库存周转率难以提高。此外，公司对累计采购金额在 500 元以上的客户采

用会员制，但是顾客采购时并不会总在一家店里，在不同的店进行购买的信息却不能共享，这也对公司快速扩张提出了挑战。

资料来源：http://www.docin.com/p-426552714.html。

工作任务

（1）在过去成功的关键要素中，哪些能持续使公司获得成功？哪些已成为持续成功的障碍？

（2）面向未来，公司面临着各种挑战与机遇，要持续发展，关键因素是什么？

任务引导

企业要在激烈的竞争中立于不败之地，需要有明确的发展战略，要对企业面临的市场和企业自身的条件充分了解。因此对于企业而言，营造和确定自身成功关键因素就显得尤为重要。

通过本任务的学习，我们将学习如何准确寻找关键成功领域，确定关键成功要素，为关键绩效指标的制定提供恰当的依据。

知识链接

一、明确客户关系，寻找工作产出

关键绩效体现了绩效对组织目标增值的部分，关键绩效指标的设定依据是对组织绩效目标起到增值作用的工作产出，因此设定关键绩效指标首先要确定组织内各个层次的工作产出。

（一）确定工作产出的原则

1. 增值产出原则

对有增值效应的工作产出设定关键绩效指标并进行考核和管理。工作产出必须与组织目标相一致。关键绩效指标体系设计流程如图 2—2—1 所示。

2. 客户导向原则

工作产出要从客户的需求出发。这里的客户不但是指组织外部的顾客和消费者，而且包括组织内部的员工等。组织价值链的上下游之间、流程与流程之间、工序与工序之间、部门与部门之间都可以看做内部客户关系。因此，定义工作产出不仅要从外部客户的需求出发，还必须从内部顾客的需求出发。

3. 结果优先原则

工作产出应该为某项活动的结果，当结果难以衡量或获取成本很高时，考虑选

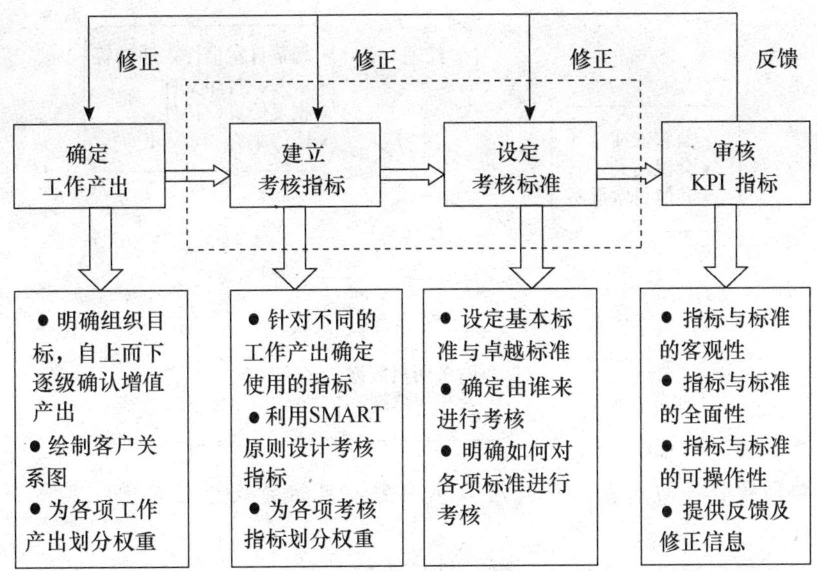

图 2—2—1　关键绩效指标体系设计流程

择工作过程中的关键行为。例如对研发人员的考核激励问题，研发价值不是当时就能判断准确的，研发结果的价值要在产品市场得到检验，这种情况下选择结果指标是延迟指标，这种指标可以对研发人员进行长期激励，但不能解决及时激励的问题；为了达到激励的及时效果，还要增加一些行为指标进行考核，比如技术资料的质量、技术文档的质量等。确定工作产出后，每一个工作产出都对应一个指标。

4. 设定权重原则

各项产出都必须有权重，权重根据各项产出在工作目标中的重要性程度来确定，而不以消耗时间多少为依据。

（二）绘制客户关系图，明确工作产出

一般而言，某个个体或团体的工作产出提供的对象可以看作是这个个体或团体的客户。客户关系图就是通过图示的方式来表现个体或团体对组织内外客户的工作产出。客户关系图不仅可以表示出为哪些客户提供产品，而且可以表示出对每个客户提供的工作产出分别是什么。这样，在进行绩效考核时，就可以考虑内外客户对这些工作产出的满意标准，以这些标准来衡量每个个体或团体的工作绩效。

实用案例 2—2—6

销售部秘书客户关系图

销售部秘书客户关系图如下图所示。

(1) 销售部秘书的主要职责有：

1) 协助销售部经理处理日常事务，包括起草文件、收发信件、接待客人等。

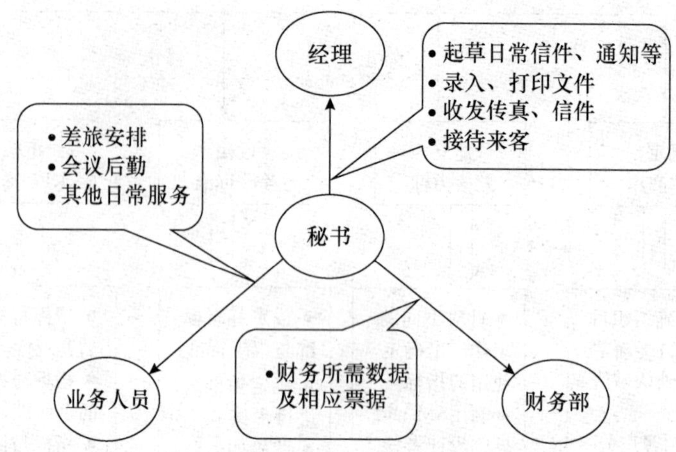

2）协助销售部的业务人员处理日常事务，包括会议、差旅费和其他一些日常事务。

3）汇总部门的财务票据和数据，提供给财务部门。

因此，销售部秘书所面对的客户主要有三类：部门经理、部门内的业务人员、财务部门的相关人员。

（2）秘书向部门经理提供的工作产出有：

1）起草日常信件、通知等。

2）录入、打印文件。

3）收发传真、信件。

4）接待来客。

在这里，经理是秘书的上司，在客户关系图中，也作为秘书的一个客户。那么，在衡量秘书对部门经理的工作完成得怎么样时，就可以考虑在上面这几项工作产出上经理的满意度。秘书的绩效标准就是这几项工作产出的质量、数量、时效性等，比如文件录入、打印的准确性如何，起草的文件是否能达到经理对质量的要求等。

（3）秘书向部门中的业务人员提供的工作产出主要有：

1）差旅安排。

2）会议后勤。

3）其他日常服务。

秘书向业务人员提供的工作产出主要是为业务人员的业务工作提供一些辅助性的支持。秘书为业务人员的差旅安排提供的服务主要有预订机票和饭店、安排车辆等。那么在这方面判断一个秘书的工作做得如何时，主要会考虑他的服务是否给业务人员的工作带来了方便，这主要通过业务人员的满意度来体现。

另外，出于该公司财务部门规定各项财务报销和费用支出都统一由部门秘书经手，因此部门秘书要向财务部门提供相关的数据和票据。因为财务部门是秘书所面对的客户，所以在提供工作产出时就需要按照客户的要求来提供，秘书在这个方面工作做得怎么样，就要由财务部门进行判断。

客户关系图的方法不仅适用于对个体的工作产出进行分析，而且适用于对团队的工作产出进行分析。

（三）客户关系图的作用

使用客户关系图的方式来界定工作产出，进而对绩效指标进行考核的好处在于：

（1）能够用工作产出的方式将工作绩效与组织内外其他个体或团体联系起来，增强每个个体或团体的服务意识。

（2）能够更加清晰地看到个体或团体对整个组织的贡献。

（3）这种直观的方式使企业能够全面地了解个体或团体的工作产出，不容易产生大的遗漏。

二、寻找关键成功领域，确定关键成功要素

实用案例2—2—7

1—10—100损失等级理论

世界顶级的丽嘉饭店有个理论，如果客人对饭店产品或服务有意见，提出要求或投诉，员工当场解决，对饭店来说，其损失为“1”；若员工请示领班、主管，其损失为“10”；若再请示上级经理，问题虽然解决，可损失变为“100”。因为此事几经周折，耽误时间，惹怒客人，其后果往往是客人不再光顾饭店，不良的口碑将会影响饭店的潜在客源市场。

这和喜来登集团提倡的“一步到位服务”类似，即客人在饭店任何一个服务点提出的要求，都应在第一时间内，以最快的速度得到满意的回答。

关键绩效指标通常采用关键成功要素分析法。关键成功要素分析法的基本思想就是寻找企业成功的关键要素是什么，通过寻找企业成功的关键要素，提炼出导致成功的关键业绩模块，再把关键业绩模块层层分解为KPI具体要素。为了便于对这些要素进行量化考核与分析，需将要素细分为各项指标，即KPI。

关键成功要素分析法选择KPI的步骤如下：

（1）通过鱼骨图分析，寻找企业成功的关键要素，即确定企业KPI维度，也就是明确要获得优秀的业绩所必需的条件和要实现的目标。

寻找企业成功关键，涉及三方面的问题：

1）该企业为什么成功？过去成功的关键要素是什么？

2）在过去那些成功要素中，哪些能使企业持续成功？

3）企业未来的战略是什么？未来成功的关键是什么？

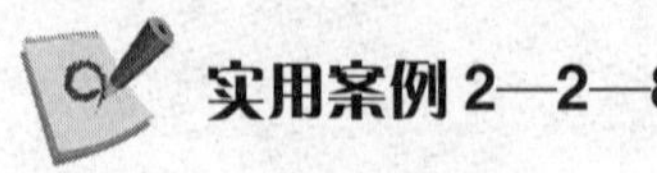

实用案例 2—2—8

某饭店的鱼骨图分析

某饭店的鱼骨图分析如下图所示。

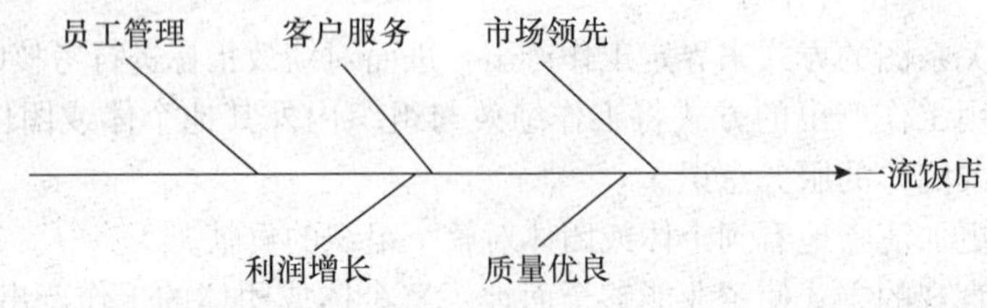

(2) 进一步分解，确定 KPI 要素。

找出企业成功的关键要素后，要对成功模块进行解析和细化，即确定 KPI 具体要素。如市场领先可以分解为市场竞争力、市场拓展力及品牌影响力；客户服务可以通过客户满意度来体现；利润增长可以分解为应收账款、费用控制和纯利润；而组织建设则具体分解为人员、纪律、文化三个大的方面。

实用案例 2—2—9

某饭店运用关键成功要素分析法实例

某饭店运用关键成功要素分析法实例如下表所示。

关键利益相关方	主要需求	关键成功要素
客户	产品多样 个性化产品 使用方便	装修或设施更新 举办美食节 提高产品附加值
	价格优惠 合理收费 物有所值	提高产品质量 控制采购成本 促销或优惠活动
	服务到位 态度 专业知识 反应速度 解决效果	提高服务意识和水平 加大培训力度 招聘优秀员工 举办服务竞赛活动 客户意见反馈表 客户满意度调查
	卓越品牌 知名度 社会形象	企业形象建立 产品市场宣传 品牌建设

（3）确定 KPI。

对于一个要素，可能有很多用于反映其特性的指标，但为了便于实际操作，需要对众多指标进行筛选以最终确定 KPI。对于一个成功要素，可能有众多用于反映其特性的指标，但根据考核方法的要求和考核人员实际操作的便利性，我们需要对众多指标进行筛选，以最终确定可量化的指标。如市场拓展力可以通过新客户数量和新业务营业收入增长两项指标来体现，市场竞争力可通过当期接待人次和当期营业收入来体现。

实用案例 2—2—10

酒店部门总监/经理考核的关键绩效指标（节选）

1. 酒店年度统一评估考核的指标

——营业指标：酒店有预算的目标。

——客户忠诚度（含暗访）：酒店开展的每年一度的宾客意见调查和暗访。

——员工忠诚度：酒店开展的每年一度的员工意见调查。

——关键员工流失率：人力资源部年终统计结果。

——消防/安全/卫生/标准：按集团公司制定的最低标准进行检查。

——民意测评：按酒店统一下发的测评表进行，酒店组织。

2. 建议酒店实施过程评估的基础考核指标

（1）财务类指标。财务类指标是体现酒店价值创造的最直接的效益指标。

——营收指标：保证酒店年度经营目标的实现。

——GOP 指标：满足酒店盈利性要求。

——成本率执行：加强成本控制。

——人均劳动效率：提高生产效率和经营效率。

——应收账款：保证合理的现金流量，防止财务危机。

——存货额度。

——能耗。

（2）客户类（顾客和员工）指标。客房类指标检视满足核心客户的关键方面，酒店应关注是否满足核心顾客的需求。

——顾客满意度：酒店定期调查。

——客户管理。

——目标市场占有率：相对竞争对手。

——员工满意度：酒店定期调查。

——员工流失率/核心员工流失率。

——人才培养与输送（接班人计划执行）。

——客户投诉。

——市场信息。

——员工投诉。

——客户维系/流失。

——客户开拓。

——离职面议/五必谈/员工定期面谈。

(3) 营运/执行类指标。营运/执行类指标是衡量为实现酒店价值增长的重要营运操作控制活动的效果，紧密结合不同岗位特色，体现其直接工作效果的指标。

——计划制定及完成。

——质量主题活动策划、执行。

——责任事故/安全生产。

——营销主题活动策划、执行。

——核心员工流失：保证酒店人才的稳定性，大专以上学历人员、中级以上职称人员、领班职务以上人员流失计算。

——设施设备保养计划、执行。

(4) 学习与成长类指标。学习与成长类指标用来评估员工管理、员工激励与职业发展等保持酒店长期稳定发展的能力。

——培训计划执行。

——培训满意度。

——人均受训时间。

——部门协作（信息传递）。

——员工技能抽查合格率。

设计良好的关键绩效指标是企业绩效管理成功的关键和保障，同时还能引导部门和员工关注企业的焦点，关注为了实现这些焦点所应采取的关键行动和措施，保证每个员工、每个部门按照企业提出的目标而努力。充分利用这种评价方法，能够充分发挥其战略导向作用。

任务实施

(1) 公司要想取得成功，必须做好以下几方面工作：准确高效提供的各类信息，不断刷新的销售业绩，源源不断的人力资源供给，质优价廉、适销对路且准确及时的配送，连锁店复制。

(2) 在分析主要因素后，公司可制定以下关键绩效指标：

1) 准确高效提供的各类信息——信息化建设完成率，即使用了信息系统的店在连锁店中所占的比例。

2) 源源不断的人力资源供给——培训计划达成率、关键职位空缺率、绩效管理有效实施情况。

3）质优价廉、适销对路与准确及时的配送——配货周期、滞（畅）销款占总销售额的比例。

4）不断刷新的销售业绩——销售额、利润与存货周转率。

5）连锁店复制——新开店的数量、新开店的盈利状况（营运体系建设）。

（3）实施方案。

1）划分学习小组，调查某企业经营情况。

2）调查分析企业在过去经营中哪些因素是其获得成功的要素，哪些阻碍了企业的发展。

3）针对企业存在的问题和未来发展的方向，提出下一步企业可能获得成功的路径和方法。

3）各小组派代表陈述本组的工作成果。

4）进行小组自评及教师总评。

项目小结

绩效指标体系的建立是绩效计划中的重点，KPI 管理的方法是目前企业广泛认同的一种考核方法。它是将企业的战略目标分解为可操作的工作目标的工具，是用于衡量工作人员工作绩效表现的量化指标，是绩效计划的重要组成部分。

通过本项目的学习，应该掌握以下内容：

（1）关键绩效指标体系的含义和作用。

（2）关键绩效指标体系的设计思路。

（3）关键绩效指标体系的设计流程。

（4）关键绩效指标体系在实际工作中的应用。

案例分析

基于 KPI 的企业部门绩效考核体系设计

G 公司是我国某能源总公司下属的一家子公司，成立于 20 世纪 90 年代中期，主要经营洗煤和发电业务。G 公司在总公司的领导下，依靠自身的技术优势获得了快速发展。目前，G 公司已经在省内的洗煤和发电行业占据 60%的市场份额。

为了在行业内继续保持领先地位，G 公司管理层于 2010 年开始着手建立一套现代人力资源管理制度，并且制定了一整套员工绩效考核制度，对员工进行定期绩效考核。在实际绩效考核过程中，管理层发现在主管给员工打分时出现了问题。员工认为主管打分不公平，而主管则抱怨自己工作量过大，没有时间填写大量的表格。两年多过去了，公司新制定的绩效考核制度并没有给公司和员工带来预期的效果，绩效考核也没有发挥其应有的作用。

1. 现状

(1) G公司下设10个部门，其设置的考核指标主要集中在生产技术、管理、费用三个方面，而且生产部门和管理部门之间的指标差异不大，没有充分体现出其职能和工作内容上的差别。

各部门的评价指标如下表所示。

部门	评价指标			
	生产技术指标	费用指标	管理指标	日常管理及当月布置的重点工作完成情况
安全生产部	√	√	√	
工程部	√		√	
磅房		√		√
办公室		√		
企业管理部		√		√
人力资源部		√		√
财务部		√		√
采购部	√	√		√
库房		√	√	
销售部		√		√

(2) 设定的绩效考核指标多是从定性的角度来评价，没有采用量化指标进行准确的衡量。

(3) 部门考核采用百分制，根据任务达标情况进行加减分，得分基本都是95～105分。考核得分与实际贡献脱节，考核结果又与奖金挂钩，使得考核变成了对奖金的攀比。

2. 解决方案

(1) 在设定考核指标之前，首先根据部门的工作特点和内容对10个部门进行归类。

(2) 选择财务、管理、技术和市场四个维度的考核指标，并根据部门类别分别选择不同的关键绩效指标进行考核。

(3) 将公司内部10个部门划分为5个类别，即生产作业类部门、营销类部门、采购库存类部门、综合管理类部门、财务类部门，分别选择关键绩效指标。以如下三类部门为例：

1) 生产作业类部门。生产作业类部门是承担生产任务的部门，下设安全生产部、工程部和磅房。该类部门的业绩主要体现在任务完成和安全生产两个方面。公司的主要产品包括精煤、大中小炭、中煤和煤泥，其生产任务的完成情况主要由产能和产品质量来衡量。由于该公司生产活动中存在危险性，因此安全生产是需要考虑的重要因素。鉴于公司处于一个竞争激烈的行业，生产成本控制也应是衡量生产作业类部门业绩的一个关键要素。产品质量的改进以及技术的先进性在很大程度上决定了企业的竞争优势，故也是需要考虑的关键绩效指标。

生产作业类部门的关键绩效指标如下表所示。

指标维度	关键绩效指标	指标要素	安全生产部	工程部	磅房
财务指标	成本控制	生产预算经费使用率	√	√	√
		设备使用率	√	√	√
管理指标	生产质量	成品一次合格率	√		
	安全事故	安全事故发生次数	√		
		安全隐患发现次数	√		
	生产能力	劳动生产率	√	√	√
		产出/耗能	√	√	√
		生产计划完成率	√	√	√
技术指标	产品升级	产品质量升级速度	√		
	核心技术地位	与竞争对手产品对比分析	√	√	
		设备维修平均时间	√	√	

2）营销类部门。营销类部门主要是销售部，承担着公司产品的销售任务和客户服务功能，其业绩主要体现为完成年度的销售目标程度和市场拓展能力。衡量销售目标的指标有销售量和销售额。同时，为了全面考核销售部的任务完成状况，也应对其开拓新市场和销售新产品的能力进行考核。销售利润方面最常用的指标就是利润额、利润率、货款回收能力和费用的控制水平。另外，销售部是直接与客户进行沟通的部门，因此客户满意度和客户管理水平也是必要的 KPI 要素。

营销类部门的关键绩效指标如下表所示。

指标维度	关键绩效指标	指标要素	销售部
财务指标	市场销售	销售额	√
	利润增长	毛利率	√
	货款回收	回款达标率	√
	费用控制	销售费用率	√
管理指标	客户服务	客户满意度	√
		每月客户投诉数量	√
	客户管理	客户档案更新频率	√

续前表

指标维度	关键绩效指标	指标要素	销售部
市场指标	销售目标	销售量	√
	市场拓展	新产品销售量	√

3）综合管理类部门。综合管理类部门是整个公司运作的支持性体系，主要负责公司日常的运营管理工作。办公室主要负责起草公司的文字材料，安全保卫工作，控制部门费用，信息化建设，办公、生产用车辆的及时调度等。企业管理部主要完成部门工作计划，管理基建工程等。人力资源部负责公司的人力资源招聘、选拔、录用、培训、考核以及薪酬管理等工作。

综合管理类部门的关键绩效指标如下表所示。

指标维度	关键绩效指标	指标要素	办公室	企业管理部	人力资源部
财务指标	费用控制	管理费用	√	√	√
		设备成本	√	√	
管理指标	文字材料完成情况	会议记录、计划完成率	√	√	√
	设备管理	设备更新频率	√	√	
市场指标	客户满意	其他部门满意度	√	√	√

（4）在对各部门设定了关键绩效指标之后，采用德尔菲法来确定各类指标在每个部门类别中所占的比重。管理指标、财务指标、市场指标和技术指标所占比重如下表所示。具体到每个部门的指标权重，也采用同样的方法加以确定。

指标维度	生产作业类	综合管理类	财务类	采购库存类	营销类
财务指标	20%	30%	30%	40%	30%
管理指标	60%	60%	60%	60%	40%
市场指标		10%	10%		30%
技术指标	20%				

资料来源：http://wenku.baidu.com/view/50a0931252d380eb62946dce.html。

思考题：

（1）G公司绩效考核指标改革前后有哪些不同？

（2）KPI设定的程序是什么？

（3）参照G公司的KPI设定程序，尝试为财务类部门制定恰当的考核指标。

（4）在绩效考核实践操作时应注意哪些问题？如何保证考核结果的公平、公正？

子项目三　关键绩效指标（KPI）的选取

任务一　绩效指标的确定

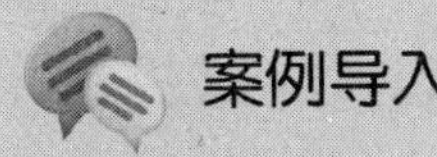

A公司考评问题

主管人员的绩效考评是企业人力资源管理工作的一项重要内容。A公司采取的主管人员考评程序是由被考评者在本部门作述职报告，然后由本部门职工对其进行无记名式问卷考评。同时，主管人员的直接上级和其他主管依据相应指标对其进行问卷考评。公司人力资源部按一定的权重比例综合分析，得出每个主管的考评结论。该方法因公司员工的参与度高，深受公司员工欢迎。

但是，大多数主管对此颇有看法。他们认为，第一，有些考评指标过于抽象，不能反映实际工作过程和客观结果；第二，年初制定工作任务指标时并未明确要进行考评，有些部门制定的指标明显不合理，却成了最终的考评依据，他们心里不平衡。针对这种情况，人力资源部取消了个别指标，却又引起其他一些主管的不满。由于考评引发了太多的问题，A公司总经理要求人力资源部不公开考评结果，以免引起新的矛盾。至此，轰轰烈烈的考评不了了之，不仅未达到考评的目的，反而引发了很多矛盾。

资料来源：http://wenwen.soso.com/z/q298033147.htm。

工作任务

关键绩效指标（KPI）考核的目的在于突出工作中的关键岗位、环节、职能或责任。关键绩效指标选取是否合理，直接影响考评结果的科学性和准确性，进而影响员工工作的积极性。因此，考评工作必须从指标的选取和确定开始，通过学习和实践，必须理解和把握确定关键绩效指标的基本准则。

任务引导

绩效管理和考核的目的在于调动员工的积极性，促进工作的长足进步。对于企业而言，绩效考核可采用的方法有很多种，KPI考核是方法之一。若要取得满意的工作过程和考核结果，根据不同性质的工作岗位确定关键绩效指标就成为非常重要的工作。

通过本任务的学习，主要了解关键绩效指标的类型、构成及选取原则，深入理解关键绩效指标的选取对于企业绩效管理工作的重要作用。

知识链接

一、绩效指标的构成及选取原则

（一）绩效指标的构成

绩效考核中，用以衡量员工绩效的依据称为绩效指标。绩效指标一般包括如下四个构成要素：

（1）指标名称：总体概括考核指标的内容。

（2）指标定义：对指标内容的操作性定义，用于揭示考核指标的关键可变特征。

（3）标志：考核的结果通常表现为将某种行为、结果或特征划归到若干个级别之一。标志就是用于区分各个级别的特征规定。

（4）标度：用于对标志所规定的各个级别包含的范围作出规定，用于揭示各级别之间的差异。

（二）绩效指标的选取原则

1. 一般绩效指标的选取原则

SMART 原则是选定绩效指标要遵守的首要原则。S（Specific）要求目标是具体的，而非“增加销量、提升利润”之类的口号式目标，要实化为“在今年（去年）的基础上，销量增加 30%，利润提升 2%”的目标；M（Measurable）要求指标具有时间、数量、质量、成本等方面的衡量标准，即可以数据化；A（Aligned）要求员工的目标与公司保持高度一致；R（Realistic）要求目标具有挑战性，其挑战性必须源于企业运作的现实情况，即考核指标是合理的，经过绝大部分员工的努力可以实现；T（Time-bound）要求目标具有时限性，既定目标的完成必须在限定的时间范围内。以 SMART 原则为基础，绩效指标的选取还应遵循以下原则：

（1）客户导向性原则。

企业生产经营的首要目的是实现客户的最大价值。因此，指标选取既应以内外部客户（消费者、股东）的价值实现为基础，又要以企业发展的现状为依据。

（2）聚焦重点原则。

指标要少而精，真正关注不同部门、岗位、人员的重要指标。一般而言，根据工作性质的区别，指标的数量最好不超过 5 个。

（3）由易到难原则。

指标的选取要根据实际情况循序渐进，切不可试图“跨越式发展”，尽量选取便于衡量、容易量化的产出作为考核内容；当缺乏该类产出内容时，选择行为方面的绩效指标；最后才选择能力、技能指标。具体如图 2—3—1 所示。

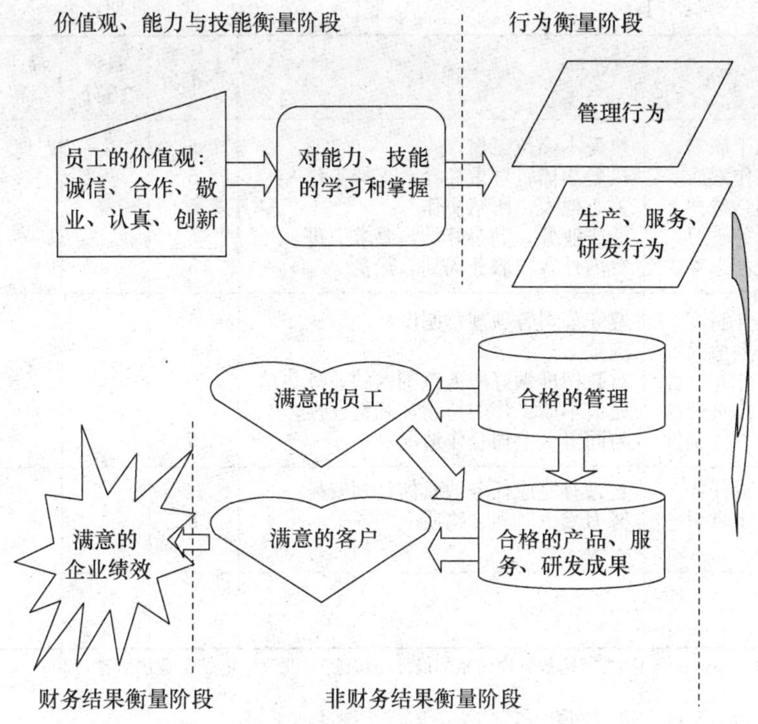

图 2—3—1 由易到难原则

注：图 2—3—1 按顺时针看，是企业价值创造的过程；按逆时针看，则是企业绩效目标分解的过程。可以看出，目标将逐渐脱离单纯的数据指标，而逐步变化为与数字关系不很密切的指标。处于不同层级的员工们的绩效目标也同步发生演变，直到看上去与最终产出似乎毫无关联。

资料来源：朴愚、顾卫俊：《绩效管理体系的设计与实施》，北京，电子工业出版社，2006。

（4）责权一致原则。

绩效指标必须是工作职责范围内可控的主要事项。例如，有些企业的定价权由市场部门统一管控，销售业务人员只能对销量负责，因而销售收入就不能作为其绩效指标。

（5）关联原则。

绩效指标应与提高本职位效率有直接密切联系，且能够提升员工的工作效能，否则其指标的选取就毫无意义。

综上所述，绩效指标的确定应该是简单而有效的，否则便失去了作用。

实用案例 2—3—1

不符合绩效指标选取原则的指标体系

不符合绩效指标选取原则的指标体系如下表所示。

姓名：　　　　部门：　　　　　　　　职位：　　　　考评日期：

考评项目	考评要素	考评内容	标准分	自评得分	考评小组得分	考评得分
职业道德 25	忠于职守 工作素质 团结精神 业务学习 服务态度	热爱本岗位工作 热爱集体，尊重领导，支持工作 关心他人，团结协作 钻研业务，勤奋好学，要求上进 对内外客户服务周到、热情	5 5 5 5 5			
工作态度 25	遵守制度 出勤情况 工作积极性 工作责任性 工作协调性	遵守公司各项规章制度 满勤 对高标准做好职务范围内的业务热情 完成本职工作的持续性和责任性 与同事、上司合作情况	5 5 5 5 5			
工作成果 32	完成任务 成本意识 ……	是否有完成任务的具体计划安排 努力减少时间、物质上的损失 ……	10 8 ……			
……	……	……				

资料来源：朴愚、顾卫俊：《绩效管理体系的设计与实施》，北京，电子工业出版社，2006。

上述指标选取失败的原因：

(1) 试图用一份表格对所有员工进行评价。

(2) 考评的内容设定未体现员工的自主作用。

(3) 考评的内容选择与工作的关联度不高，未考虑工作的个体差异。

(4) 考评内容缺乏可衡量的标准。

(5) 考评内容过于繁琐，没有重点。

不符合选取原则的绩效指标体系一定会给管理工作带来不良影响，因此，确定绩效指标时，要特别注意结合企业的实际情况，考虑工作岗位的特点、岗位工作职责、工作的主要内容、工作的效果目标等因素，让指标体系清晰、操作方便、考核有效果。关键绩效指标（KPI）的选取与此同理。

实用案例 2—3—2

评估招聘效果的六个要点

员工招聘是企业人力资源部门的一项重要工作。它不仅直接关系到新进员工的质量，而且会影响企业经营的效率和效果。从一定程度上来说，员工招聘的效果直接决定了员工和企业的绩效。因此，在人力资源管理工作中，招聘效果评估就显得尤为重要。一般来说，招聘效果评估包括对招聘结果、招聘成本和招聘方法等方面的考察，可通过数量、质量、时间、成本效益、招聘方法的信度和效度及需要关注的其他内容六个要点进行评价。

要点一：数量评估——人数招够了吗？

评估此要点的意义在于，通过分析在数量上满足或不满足需求的原因，找到招聘环节上的薄弱之处，通过人员录用数量与计划招聘数量的比较，为企业人力资源规划提供依据。此项评估指标主要从应聘比、录用比和招聘完成比三方面进行，可运用以下计算公式：

应聘比＝应聘人数÷计划招聘人数×100％

录用比＝录用人数÷应聘人数×100％

招聘完成比＝录用人数÷计划招聘人数×100％

应聘比在某种意义上可以说明员工招聘信息发布的效果，是正向指标。如果应聘比高，录用比低，表明企业人才选择的余地较大；如果应聘比低，录用比低，表明企业人才选择的余地较小。当招聘完成比等于或大于100％时，说明企业在数量上全面或超额完成了招聘任务。

要点二：质量评估——招的人合格吗？

招聘质量评估是对所录用的员工入职后的工作绩效行为、实际能力、工作潜力的评估，是各种测试与考核的延续，同时对招聘方法改进提供帮助，可以为员工培训、绩效评估提供必要的信息。常用的指标有录用合格比、基础合格比、录用合格比与基础合格比之差，计算公式如下：

录用合格比＝录用人员胜任工作人数÷实际录用人数×100％

基础合格比＝以往平均录用合格比

录用合格比与基础合格比之差＝录用合格比－基础合格比

其中，录用合格比一般用试用期结束后转正人数与同年批次总的员工录用人数之比来表示。基础合格比是反映以往招聘有效性的绝对指标，用以往平均录用合格比来表示。录用合格比与基础合格比之差反映当前招聘的有效性是否高于以往招聘有效性的平均水平，可以考察招聘有效性是否不断提高。

注意：新员工胜任工作的期限必须根据企业情况、工作岗位要求、工作复杂程度等具体情况而定，不能搞“一刀切”。

要点三：时间评估——招得够快吗？

招聘时间评估是指招聘的及时性评估或招聘周期评估。招聘周期是指提出招聘需求到新聘员工到岗之间的时间。一般来说，岗位空缺时间越短，招聘效果越好，但不同类型和层次的岗位，由于劳动力市场上的供求情况不同，其招聘的难易程度和招聘周期也会有很大差别，因而其周期长短的确定一定要结合主、客观两方面因素。

要点四：成本效益评估——招人花了多少钱？

招聘成本效益评估是指对招聘中的费用进行调查、核实，并对照预算进行评价的过程。通过成本与效益核算能够使招聘人员清楚地知道费用的支出情况，区分出哪些是应支出项目，以便降低今后的招聘费用。这是一个既包括绝对值又包括相对值的指标，可用招聘总成本效用、招聘成本效用、选拔成本效用、人员录用效用四个指标作为参考，计算公式如下：

招聘总成本效用＝录用人数÷招聘总成本

招聘成本效用＝应聘人数÷招聘期间费用(招聘成本)

选拔成本效用＝被选中人数÷选拔期间费用(选拔成本)

人员录用效用＝正式录用人数÷录用期间费用(录用成本)

以上指标在绝对数据上反映了招聘的效用情况，其评价结果是否符合客观实际，要综合考虑招聘企业的实际情况。

要点五：信度与效度评估——招聘的“招数”有用吗?

招聘方法的信度与效度评估指检验招聘过程中所使用的各种测评方法的正确性与有效性，有利于提高招聘工作质量。此项工作要求对招聘入职的员工进行较长时期的有关信度和效度方面的数据收集和积累，这样才会保证信度中的稳定系数、等值系数、内在一致性系数及效度中的预测效度、内容效度、同侧效度的准确性。

要点六：招聘还需要关注什么?

除上述内容外，招聘评估工作还需要关注招聘规划是否科学、招聘人员招聘期间的言行表现、招聘渠道选择的有效性、招聘程序是否严格按照规程和规范执行、策略方案的制定与执行是否符合要求、录用决策的速度及拒选态度是否适合等多方面因素。

资料来源：http://www.cfw.cn/zhoukan/v54033-1.htm。

2. 关键绩效指标（KPI）的选取原则

在一般绩效指标选取的基础上，关键绩效指标的选择还必须考虑以下原则，以保证关键绩效指标的真实、有效：

（1）紧密联系岗位职责。

关键绩效指标必须与员工的工作紧密联系，必须以员工的职位说明书（规范的、符合企业实际情况的职位说明书）为基础，避免类似“工作量”、“工作质量”、“工作积极性”等模棱两可的描述。

（2）必须体现员工的主要工作内容。

关键绩效指标必须是员工工作内容的关键所在，指标数量不在于多而在于精。在不同岗位上的员工，其工作内容可能有多项细分内容，不可能把所有工作都包含在KPI之中，必须选择其中3～5项最为关键的指标，抓住员工绩效指标中的关键所在。

（3）必须是企业整体战略的分解。

任何员工的绩效指标都是企业整体战略目标的分解，脱离了企业的整体战略，任何工作都没有意义。所以，在为员工制定 KPI 时，必须认真学习领会企业的整体战略目标，并对其做出切合实际的分解，落实到员工的关键绩效指标里。

（4）以企业文化、价值观为依据确定员工的行为标准。

行为标准更多体现为主观标准，因此，行为标准的确定应综合考虑企业文化、价值观等内容，促使员工的行为始终与企业的价值观相一致，帮助员工更好地完成绩效指标，获取更高的绩效水平。

（5）合理确定权重以确保指标的有效性。

根据通用原则，结合企业实际情况，以突出业绩指标为原则，确定合理权重。

实用案例 2—3—3

绩效考核系统

腾润公司是一家上市的小型高科技企业。在经历了一次成功的创业之后，公司决策层决定进行管理变革，期望逐步建立起科学而规范的管理机制。在人力资源管理方面，公司决定着手建立并推广以目标管理为核心的绩效考核系统，这将有助于员工绩效的改进以及更好地为公司人事决策提供依据。公司为此聘请了人力资源管理专家，以帮助公司进行绩效考核系统的设计与推广应用工作。不过，根据人力资源部门绩效主管的反映，新的人力资源管理系统在公司内部推广以来，效果并不如预期那么理想。具体表现在：绩效考核结果不能为公司决策提供充分依据，员工的工作绩效并未实现有效的改进，绩效考核的目标未能达成。经调查发现，以下几个环节影响了系统作用的发挥：

（1）绩效目标是由主管确定的，而不是经过与员工的持续沟通所形成的，绩效目标未能得到员工的理解，缺乏对员工应有的激励作用，员工对绩效目标没有相应的责任感。

（2）绩效主管缺乏对管理者角色的基本认知。

（3）绩效考核未能很好地与企业的战略目标相结合，没有与企业管理工作的其他方面形成良好的配合。

腾润公司绩效考核系统失败的经历告诉我们，绩效考核的关键不仅在于对考核方法的选择，还在于实际操作过程中准确把握所选择的考核方法的本质特征，经过改进与消化，尽可能与企业的实际运行情况相吻合。给人力资源管理工作者的提示：不同的绩效考核方法有各自的优缺点，方法的选择不在于方法本身的优缺点在数量上的比较，核心在于所选方法是否符合企业的实际情况。同时，在考核方法的执行过程中，要根据 KPI 的主要特征把握好实施的关键点。

资料来源：马作宽：《组织绩效管理》，北京，中国经济出版社，2009。

二、关键绩效指标的类型

不同类型的公司所制定的绩效考核表有一个共同的特征，即反映绩效结果的指标基本上被分成两大类，一类是业绩指标（Business Indicator），另一类是行为指标（Behavior Indicator）。这两类指标基本概括了一个员工的工作，从业绩上对员工的工作进行定位，从行为上对员工进行约束。

（一）业绩指标

1. 工作数量指标

工作数量指标提供的是发生频率、周期长短等计数方面的信息，其考核的重点是在一定时期内，在一定质量水平上，以合理的成本所实现的数量。例如，产量、销量、销售收入、销售价格、维修产品数量、接待顾客数量等。该指标主要从数量上衡量完成任务的量或未达标的量。

实用案例 2—3—4

X公司2012年重点市场销量指标（节选）

X公司2012年重点市场销量指标（节选）如下表所示。

主要区域市场计划销量		
区域市场	2012年计划销量（万套）	2012年预计销售额（万元）
新疆	10.0	550
陕西	5.0	275
山西	5.0	275
河北	10.0	550
河南	2.0	110
山东	4.0	220
湖北	5.0	275
东北三省	5.0	275
湖南	4.0	220
西南四省（云南、四川、贵州、广西）	6.0	330
内蒙古	2.5	138
合计	58.5	3 218

2. 工作质量指标

质量是企业竞争的基础，提高产品质量和服务质量是整个绩效管理的主要目标。质量指标既可以是客观的，也可以是主观的。应主要使用客观的质量指标对工作进行评价。质量指标包括很多种，比如产品合格率、废品率、返工率、留任率、准时交货率、客户投诉率等。质量绩效方面的数据，可以直接用来为质量改进决策提供科学的依据。

实用案例2—3—5

X公司生产管理质量审核标准（节选）

为贯彻落实公司的质量方针，实现持续改进、追求卓越、以优质产品服务用户的目的，现将质量目标量化、分解及衡量办法公布如下。

质量总目标

（1）产品出厂合格率100%。

（2）产品一次校验合格率98%以上。

（3）顾客满意率98%以上。

质量目标分解

（1）营销部：销售回款率×%以上。

（2）财供部：材料进厂一次校验合格率×%以上。

（3）生产技术部：产品一次校验合格率98%以上（第一车间×%以上、第二车间×%以上、第三车间×%以上、第四车间×%以上、第五车间×%以上）。

（4）质检部：检验设备校验计划执行率100%；错、漏检率×%以下。

（5）总经办：员工培训计划执行率100%。

质量目标衡量办法

（1）产品出厂合格率：每年6月、12月由质检部负责分别对公司上半年、下半年产品出厂合格率完成情况进行测量，测量方法如下：

(产品出厂总数—用户反馈不合格品数量)/产品出厂总数×100%

（2）产品一次校验合格率：每年6月、12月由质检部对各车间上半年、下半年产品校验合格率完成情况进行测量，测量方法如下：

(产品一次校验总数量—检验不合格品数量)/产品一次校验总数量×100%

（3）顾客满意率：每年6月、12月由营销部负责对公司上半年、下半年产品顾客满意率调查情况进行测量，测量方法如下：

顾客满意度总分数/回收有效顾客意见调查表总份数×100%

（4）销售回款率：每年6月、12月由营销部负责对公司上半年、下半年产品销售回款情况进行测量，测量方法如下：

销售合同已收汇款金额/销售合同应收汇款金额×100%

针对每一份合同/订单，销售款项应在三个月内到账，超过三个月则视为拖欠货款。销售期限不足三个月的可不在计算范围内。

（5）材料进厂一次校验合格率：每年6月、12月由财供部负责对上半年、下半年材料进厂一次校验合格率完成情况进行测量，测量方法如下：

$$\left(\frac{\text{原材料进厂}}{\text{检验合格批次数}}-\frac{\text{车间复核不}}{\text{合格批次数}}\right)\Big/\frac{\text{原材料进厂}}{\text{检验合格批次数}}\times 100\%$$

（6）检验设备校验计划执行率：每年6月、12月由质检部负责对上半年、下半年检验设备校验计划执行率完成情况进行测量，测量方法如下：

已校验的检验设备台套数/应校验的检验设备台套数×100%

（7）错、漏检率：每年6月、12月由质检部负责对上半年、下半年产品错、漏检率完成情况进行测量，测量方法如下：

$$\left(\frac{\text{用户反馈}}{\text{不合格品数量}}+\frac{\text{出厂复检}}{\text{不合格品数量}}\right)\Big/\text{产品检验总数量}\times 100\%$$

（8）员工培训计划执行率：每年6月、12月由总经办负责对上半年、下半年员工培训计划执行率完成情况进行测量，测量方法如下：

计划内已培训的员工数/计划内应培训的员工数×100%

培训应严格按照年度培训计划执行，不在计划内的员工培训和新员工进厂培训不在计算范围内。

3. 工作成本指标

产品成本和服务成本永远都是企业在市场中进行竞争的重要砝码，也是在同等条件下获取更多利润的有效途径。常见的工作成本指标有总成本、变动成本、固定成本、员工离职成本、录用面试成本等。

4. 工作时限指标

工作时限指标反映的是在数量、质量、成本基础上的工作效率。工作时限指标主要包括生产周期、研发周期等反映速度快慢的指标。

实用案例 2—3—6

X公司车间管理改善进度表（节选）

X公司车间管理改善进度表如下表所示。

时间	项目内容	实施地点	落实人	检查人	实施效果	备注
4月20日	动员大会	会议室	车间主任	生产经理		
4月25日	考试、复述	车间	车间主任	生产经理		
4月26日	示范操作	车间	技术能手	车间主任		

续前表

时间	项目内容	实施地点	落实人	检查人	实施效果	备注
4月26日	一对一辅导、纠正	各岗位	组长	车间主任		
4月27日	模拟填表	车间	填表人	车间副主任		
4月28日	展板、图表上墙	各岗位	车间副主任	车间主任		
4月28日	定检、巡检记录	各岗位	车间主任	生产经理		
月底	检查评比		车间主任	生产经理		

（二）行为指标

工作行为很难用精确的数字或金额来描述，常用频率或次数来评价，比如出勤率、事故率、访问客户人次、客户满意度等。

如果按照绩效考核指标的性质来区分，业绩指标属于事先确定的可以进行量化考核的定量指标，而行为指标则属于不能用定量数据衡量的定性指标。

实用案例2—3—7

人力资源部为何被抱怨

在A公司，人们一直认为绩效管理是人力资源部的人应该考虑和应该做的事情，而没有把它视为整个管理过程中的一个有效工具。绩效管理工作由人力资源部来推动，当然由人力资源部来做，其效果如何是人力资源部的问题。

年末，全公司开始实施绩效考核，为全年评优、绩效奖金的发放提供依据。生产部的张经理见到人力资源部的郝经理就开始埋怨："你们人力资源部设计的是什么考核表？叫我们怎么给员工评价？你们懂生产过程吗？你们知道我们要抓的重点工作是什么吗？考核了一些没用的东西！每年都做这些无用的事，不是在浪费纸张吗？"

郝经理回到办公室，召开人力资源部部门会议，就当年的绩效考核情况谈了谈他的想法和今后工作的打算。人力资源部的员工们纷纷反映公司绩效考核中员工的意见、批评和建议。

"技术部提出了很多问题，说我们的绩效考核不科学、操作性差。我们的考核等级有优、良、中、合格、不合格，并要求扣发不合格者的奖金，将被扣的资金发给评优的人。他们商量好了，大家轮流坐庄，他们说都挺不容易的，干嘛要得罪人啊！只是这样大家认为干好干坏一个样，贡献大小一个样，还有什么激励性可言？技术部本来就缺人，今年又走了两个，再这样流失下去，公司何谈发展后劲？"

"大楼里的管理部门也有意见，他们认为德、能、勤、绩是考核的重要方面，也很必要，但很难公平考核。老赵年年评优，因为他资历老，和领导关系好。这样下去别人哪还有进步的动力啊?”

资料来源：马作宽：《组织绩效管理》，北京，中国经济出版社，2009。

任务实施

（1）分析案例中存在的问题或可取之处，通过总结归纳，准确理解和把握 KPI 的类型及选取的原则，为将来使用 KPI 做好绩效管理工作奠定基础。

（2）实施方案。

1）划分学习小组，各组同学对案例进行讨论。

2）各小组派代表陈述本组的基本观点。

3）进行小组自评及教师总评。

任务二　绩效指标权重的确定

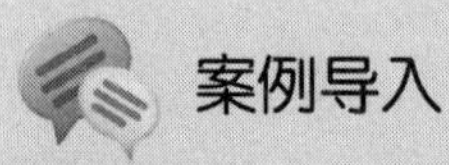

案例导入

天龙航空食品公司员工考评

罗云在天龙航空食品公司担任地区经理快一年时间了，她分管 10 家供应站，每站有一名主任，负责一定范围内的客户销售与服务。天龙航空食品公司不仅服务于航空公司，还向成批订购盒装中、西餐的单位提供所需食品，该公司根据客户要求的规格烹制所有食品。供应站主要负责订计划、编预算，监管指定客户的销售服务员的工作。

罗云上任的第一年，主要是巡视各供应站，了解业务，熟悉各站的所有工作人员。通过巡视，她收获很多，也增强了信心。

罗云手下的 10 名供应站主任中，资格最老的是马伯兰，他只念过一年大专，然后就进入了天龙航空食品公司，从厨房干起，三年前升到了供应站主任。通过近一年的接触，罗云了解了马伯兰的优缺点。老马很善于和他重视的人（包括他的下属和客户）搞好关系，他的客户都是“铁杆”，自老马当主任后没有投向竞争对手的客户；他的部下经过他的指点培养，有好几位已提升到其他地区经理的岗位上。

不过他的不良饮食习惯给他带来了严重的超重、心血管疾病等健康问题，一年中请了三个月的病假。其实医生早就警告过他，但他一则置若罔闻，再则爱表现自己，频于表明自己的工作业绩。他给罗云打电话的次数，远超过其他 9 位主任的总和。罗云从未接触过这样的同事。

由于业务拓展的原因，罗云需要配备一名助手。老马已公开说过，在站主任中他资格最老，该职位非他莫属。但罗云觉得老马的行事风格与她大相径庭，不适合做她的助手，而且老马的言行肯定会激怒地区和公司的工作人员。

年终考核快到了，公正地说，老马一年来的工作业绩不错。天龙航空食品公司的年度考核评分是10分制，分为10分（优）、7～9分（良）、5～6分（合格）、3～4分（较差）、1～2分（最差）五个等级。罗云不知道该评老马几分。评高了，他就更认为应该提升他；评低了，他肯定会吵闹着说对他不公平。

老马自我感觉良好，觉得和其他主任相比是鹤立鸡群。他性格豪放，勤于走访客户，通过亲自授艺与属下打成一片。通过和罗云谈过几次之后，他感觉到罗云讨厌他事无巨细，频繁电话邀功，讨厌他不听医生劝告，饮食无节制。但他为自己学历不高却成绩斐然而自豪，觉得罗云就应该选他作助理，而这只是他实现更大抱负的一个台阶而已。

考虑再三后，罗云给老马打了6分，她知道这分数远低于老马的期望，但她有充足的理由坚持自己的评分。然后她开始考虑给老马各考评维度的分项分数，并准备怎样和老马面谈，向他传达所给的考评结果。

资料来源：王怀明：《绩效管理》，济南，山东人民出版社，2004。

工作任务

为什么要确定绩效指标的权重？权重在考核中应起到什么样的作用？罗云的做法有问题吗？

任务引导

绩效指标的权重设置是否合理，直接影响员工在工作过程中的关注焦点，影响其工作积极性。一般情况下，企业组织会根据其不同时期发展战略或目标突出重点工作。而这些重点工作在很大程度上可以通过绩效指标的权重大小反映在工作过程中。因此，如何确定权重，当权重确定后如何执行，都成为权重确定时必须要考虑的问题。企业组织要结合本身的实际情况，选取适合的方法为自己确定合理的权重。这是本任务中的主要学习内容。

知识链接

在绩效考核中，权重的设计非常重要。权重不仅可以把不同的指标综合运用，还可以指明指标的重要程度。在企业实际运作中，主管和员工往往把重要程度低的指标赋予较高的权重，避免在考核中分数太低，这样的做法很显然与绩效管理的目的背道而驰，因此，绩效指标权重设计的科学性、合理性就显得意义重大。

一、权重的含义及确定的原则

（一）权重的含义

权重也称权数，是指对测量对象的不同属性进行权衡比较时的一种量上的区分判断，也可以说是对测量对象所属的各种要素的影响程度作出的量化限定。

权重是一个相对概念，是指该项指标在整体绩效考评中的相对重要程度，是每个绩效考核指标在整个指标体系中重要性的体现。各个考核指标相对于不同的考核对象来说，有不同的地位与作用。确定权数的过程称为加权，其准确与否将直接影响评价结果的客观性和可比性。因此，权重不能随意而定，必须运用一定的方法，在反复论证的基础上加以确定。

在评价研究中，常常根据测评的系统、对象、目的、时间和角度，对不同的指标选择不同的比例系数，即构成权重。相同指标的权重因系统不同而发生变化。因此，要根据不同的测评主体、不同的测评目的、不同的测评对象、不同的测评周期和不同的测评角度，以及各考核指标对考核对象反映的不同程度而恰当地分配与确定不同的权重。

（二）确定权重的原则

1. 针对性原则

被考核者的特征决定了某个考核指标对于该对象整体工作的影响程度，不同岗位其不同维度的考核权重也应该不一样，权重的设计应针对相应的岗位要求。

2. 系统优化原则

在绩效指标体系中，每个指标虽然是独立地描述被考核者的某一方面，但指标之间是存在相关性的。因此在确定权重时，不能只从单个指标出发，而要处理好各指标间的相互关系，遵循系统优化原则，权衡各个指标对整体的作用和效果，然后判断其重要性并合理分配权重。

3. 目标导向原则

绩效指标的权重设计应反映组织对员工工作和行为的引导意图与价值观念，通过加重某一指标的权重来彰显其重要性。

绩效指标的权重反映了环境的影响和组织的战略要求，对被考核者的行为产生强化性的激励，而权重设计的正确与否则直接决定绩效考核是否能准确反映被考核者的实际绩效，同时也对薪酬确定、岗位变动、晋升培训等方面具有基础性作用。

实用案例 2—3—8

潍柴经理人员年度考评体系及权重

潍柴经理人员年度考评体系及权重如下表所示。

序号	考评模块及权重		具体考评方式及含义		
	模块	考核指标	经营销售经理 业绩主导	技术研发经理 突出创新	职能经理 三者兼顾
1	任务绩效 ≥60%	业绩指标	≥45%	≥20%	≥20%
2		创新绩效		≥25%	≥20%
3		述职考评	≤15%	≤15%	≤20%
4	管理效能 ≤25%	能力素质	能力体验和团队士气评价		
5		学习提升	培训考试成绩、论文成果转化等		
6	公认度 ≤15%	上级评价	公司分管领导及直接上级评价		
7		同级评价	同级别经理人员（分系统）进行互相评价		
8		下属评价	所在单位职工代表、业务骨干评议		
9	战略重点导向	职责履行（扣分项）	根据职责履行情况、跨部门职能落实情况，以专项考核方式给予扣分或实行一票否决		
10		知识技能、国际化素质（参考项）	取得与岗位要求相适应的学历或技术职务等级及掌握外语提升国际化素质的评价		

资料来源：潍柴控股集团有限公司：《潍柴经理人员年度考评体系》，载《人力资源开发与管理》，2011（7），35页。

二、确定权重的流程和方法

（一）确定权重的流程

设置关键绩效指标权重时，重点考虑各指标对经济效益的影响、可控性、可测性三个方面的因素，以七个步骤来确定权重。

1. 确定分类权重

指标可分为财务效益、经营服务、人员管理、内部管理四大类。市场经营、运行维护、财务等部门，财务效益类指标权重要大些；职能部门，财务效益类指标权重要小一些。否决类指标不设权重。

2. 评定各指标对经济效益的影响

通过打分的方法来评定各指标对经济效益的影响，其分值大小由企业根据实际情况确定。

3. 评定各指标的可控性

指标的可控性要受到内、外部诸多因素的影响，对可控性评定主要分析指标的人为可控制程度。

4. 评定各指标的可测性

关键绩效指标的考核重点是不同部门和职位的关键工作，因此，其权重的确定在大多数情况下必须是可测定的。

5. 评定综合得分

根据“对经济效益的影响”、“可控性”、“可测性”三个方面对指标影响的大小，对评定分数进行加权，设定权重。

6. 循环论证

重复前五个步骤，得到各指标分值，反复计算各指标权重。

7. 综合调整

根据需要对各指标权重进行调整，最终确定各指标权重。权重调整遵循的基本原则是：单个指标的权重不宜出现过高或过低的现象，理论上说，一般情况下，指标权重最高不超过30%，最低不低于5%。

（二）确定权重的方法

权重有很多种确定的方法，组织中比较常见的主要有下述几种。

1. 专家意见法

该方法又分为专家个人意见法和专家集体意见法。

专家个人意见法，即组织高层管理者根据个人的管理经验和认知，对员工绩效指标确定不同的权重。这是一种简单灵活的权重确定方法，一般适用于小型组织或处于初创时期的组织。由于该方法集中于某个人的意志和智慧，如果面对较复杂的指标体系，则容易导致主观偏差，影响考核效果。

专家集体意见法一般通过组成专家考核小组，以小组讨论形式来确定绩效指标权重。专家小组可以由组织管理实践专家构成，也可以由组织管理实践专家与外聘的理论或咨询专家共同构成。该方法汇集多人的知识、经验、智慧和信息，具有较高的客观性和可信度。但该方法易受到专家的影响和压力，使决策屈从于某些权威或领导的意见，以致不能充分发挥集体成员的作用，从而影响权重决策的效果。

2. 德尔菲法

这是管理决策中常用的一种方法。

首先，将预测主题提供给专家，要求每位专家针对预测主题提供预测项目，并说明理由；其次，将专家的意见汇总整理后，进行适当的定量处理，把具有收敛特征的预测意见按照各位专家提供的理由和依据，再次寄给专家，要求专家进一步论证或补充意见。如此反复，直到达成统一认识，总结出预测结果为止。

3. 倍数加权法

首先选出最次要的考核要素，以此为基数1，再将其他考核要求的重要性与该考核要素相比较，得出重要性的倍数，进行归一处理。

实用案例 2—3—9

营销人员考核的倍数加权

第一步：对营销人员考核的六项要素（品德素质、工作实践、智力素质、推销技巧、销售量、信用）中，设定“智力素质”最为次要，其他要素的重要性与其相比，重要性倍数如下表所示。

序号	考核要素	与“智力素质”的倍数关系	权重
1	品德素质	3	0.176
2	工作实践	2	0.118
3	智力素质	1	0.059
4	推销技巧	4	0.235
5	销售量	5	0.294
6	信用	2	0.118
合计		17	1.000

第二步：将表中的重要性倍数加总，合计为：

3＋2＋1＋4＋5＋2＝17

第三步：计算各项考核要素的权重：

品德素质＝3/17＝0.176

以此类推。

倍数加权法的优点在于，它可以有效区分各考核要素之间的重要程度。另外，我们可以不选用最次要考核要素，而选用最具代表性的考核要素为基本倍数。

在绩效管理工作中，除上述确定关键绩效指标权重的方法外，还有权值因子判断法、等级序列法、对偶加权法、层次分析法等诸多主、客观方法。在人力资源管理工作中，企业可根据自身的实际情况选用适当的方法来确定指标权重。

任务实施

（1）通过案例导入、实用案例的学习与分析，深刻理解确定关键绩效指标权重的原则，掌握基本方法。

（2）实施方案。

1）以小组为单位对案例进行分析、归纳。

2）各组尝试设定关键绩效指标及权重。

3）对各小组的方案进行比较。

4）进行小组自评、互评及教师总评。

任务三　确定绩效标准

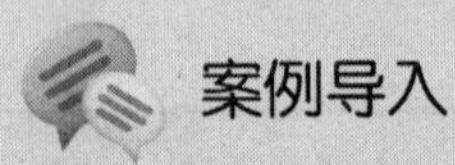

是小张错了吗

销售部的小张今年干得不错，他按照去年的考核方式，对照“销售业绩量化考核表”自己估算了一下，估计应该是全销售部得分最高的，想到资金兑现和一系列的奖励措施，心里美滋滋的。

但当小张拿到今年的“销售业绩量化考核表”时，脸色变了。原来表中的“销售收入”的权重变了，降得很低，使得小张今年的销售业绩在总分中所占的比重很低，即使他完成得好，对总分的影响也不大，仅此一项让他失去了很多分；考核表中增加了一项“老客户保持率”，这项指标对小张极其不利，他今年的大订单都是新客户，失分不少；考核表中还新增了一项“产品订货项数”，对小张也很不利，因为他的订单虽大，但都集中在几种产品上，如果按项数计分，小张又失分不少。

小张看着今年的考核表非常失落，自己辛苦了一年，如果按照去年的考核标准，肯定可以评“优”，不仅收入增加，而且个人价值也可以得到体现，但按现在的标准，评上“良”都很难。

小张很气愤，去年的标准说改就改，而且还是在年底考核的时候。但仔细一想也有道理，企业抓品种订单，是为了避免大家都以价值高的产品为主要销售品种，影响产品线的平衡；老客户是企业持续发展的保证，应该增强服务意识（但老客户也是由新客户转化而来的）。小张想来想去：“难道是自己错了？可是今年自己这么努力，如果连‘良’都评不上，不是太冤了吗？”

“为什么年初不确定考核指标或增减标准内容？为什么到了年底考核的时候才进行指标权重和内容的调整？”小张终于想通了，这不是自己的错，于是和销售部经理吵了起来。

企业改变量化考核指标和内容，肯定有其道理，小张按照去年的标准去努力也没有错，问题出在哪儿了呢？

资料来源：马作宽：《组织绩效管理》，北京，中国经济出版社，2009。

工作任务

（1）确定关键绩效指标的标准要考虑哪些因素？是要全面考虑还是要重点突出？

（2）关键绩效标准有定性标准和定量标准两种，分析和确定两种标准的适用领域。

任务引导

绩效考核最终所取得的激励性效果是否理想，一方面取决于关键绩效指标的选取是否符合企业及岗位的要求，另一方面则取决于指标权重及指标标准确定得科学、合理与否。可以肯定地说，关键绩效指标标准的确定在很大程度上决定了绩效管理工作的成功与否，因此，指标标准的确定必须综合考虑诸多因素，以客观、实际为基本原则。

通过本任务的学习，我们将了解指标标准的确定方法、绩效指标标准的确定依据。

知识链接

一般说来，绩效指标指的是从哪些方面衡量或评价工作，解决“评价什么”的问题；而绩效指标标准则是指在各个指标上分别应该达到什么水平，解决“被评价者怎么样做、做多少、做到什么程度”的问题。实际工作中，许多管理人员对绩效指标标准认识比较模糊，因而会给工作带来麻烦。

一、绩效指标标准的确定依据

绩效指标标准的确定依据，可概括为以下四方面。

（一）计划标准

以事先制定的年度计划、预算和预期达到的目标作为绩效标准。计划标准虽然主观性较强，人为因素较多，但如果制定得科学合理，激励效果也会很好。

（二）历史标准

以组织以往年度的业绩状况作为衡量的标准。这是一种自身最优判断方法，可以进行自身的纵向比较，具有排他性。

（三）客观标准

以其他同类组织的业绩状况作为考核标准。它是以一定时期、一定范围内的同类组织作为样本，采用一定的方法，对相关数据进行测算而得出的平均值。

（四）经验数据标准

经验数据标准，即根据经济发展规律和长期的组织管理经验而产生的考核标准。

上述四类指标的优劣与否不能一概而论，必须与组织的实际情况和岗位绩效特征结合起来评价。也就是说，可能对一些绩效指标采用计划标准，而对另外一些指标采用客观标准，这是制定绩效指标标准时所应注意的问题。

二、定性指标标准的确定方法

绩效指标可分为定性指标和定量指标，对这两类指标要分别进行标准的设定。

定性指标标准主要是指行为化指标的标准，它可以直接从任职资格的行为标准中抽取或转换得出。在使用相应方法确定定性指标标准的过程中，要尽可能详细地描述每项指标的等级，避免平均主义现象的出现。

（一）等级描述法

等级描述法是对工作成果或工作履行情况进行分级，并对各级别用数据或事实进行具体和清晰的界定，据此对被考核者的实际工作完成情况进行评价的方法。

等级描述法适用于考核那些经常或重复进行的工作，因为它能够很清楚地用数据或事实描述出各个级别的不同。具体操作中，建议分为优秀、良好、一般、合格、不合格五个级别，为了简化操作，可以只对合格标准和良好标准进行具体的描述，依照各个级别的递进关系，来区分五个级别。

实用案例 2—3—10

招聘制度的 KPI 标准

某公司招聘制度的 KPI 标准如下表所示。

等级	描述
优秀	比预定时间提前一个月；书面制定详细的招聘管理制度及实施方案和计划，制度体系完整，考虑全面，系统科学；在实际的招聘工作中充分发挥了作用；对书面制定的招聘制度能够做到积极推进、充分辅导，使之在实践工作中很好地落实并收到较好的效果
合格	在预定的时间内；书面制定详细的招聘管理制度及实施方案和计划，制度体系完整，考虑充分，系统科学；能够做到对书面制定的招聘制度进行推进和配合，使之能够在实践工作中发挥作用，收到招聘管理的效果
不合格	未能在预定的时间内书面制定详细的招聘管理制度及实施方案和计划；不能按照既定的计划开展招聘管理工作

资料来源：杨明娜：《绩效管理实务》，北京，中国人民大学出版社，2010。

等级描述法通过对各个级别的具体界定，使得考核时有了比较客观的依据，在一定程度上限制了考核者打分的随意性。更为重要的是，由于清晰界定了合格标准和良好标准，使被考核者明确了上级对其工作的要求，明确了努力的方向，有利于被考核者不断提高自己的绩效水平。

实用案例2—3—11

人事主办业绩KPI卡

人事主办业绩KPI卡如下表所示。

指标类型	指标名称	分值	考核标准	评分依据	得分
成本管理指标（5）	费用控制率	5	按照年度预算，控制招聘费用在2.5万元以内	财务费用报告	
业务管理指标（90）	招聘渠道有效性	10	1. 针对一般岗位建立对口院校5家（经贸、经济学院、河大，以及省外2家）（5分） 2. 网络渠道：各高校网站、毕业生网站、研究生网站、专业网站、各地市网站（3分） 3. QQ群1个、其他特殊渠道（2分）	渠道库台账	
	招聘需求完成率	40	1. 3月底招聘关键人才完成率为95%（30分） 2. 一般岗位的招聘完成率为90%（5分） 3. 临时离职岗位1个月内完成补充（5分）	招聘完成汇总表	
	招聘人员质量达标率	10	1. 各管理人员对招聘工作满意度达到85%以上（2分） 2. 实习生转正率70%，试用期员工转正率80%（8分）	测评、转正统计表	
	专业化面试	10	制定专业化面试方案，实施结构化面试、测评	面试记录	
	基础人事手续及时性、规范性	20	1. 员工基础信息台账按日更新及时、准确（2分） 2. 员工入、离职手续及时、准确、规范（5分） 3. 劳动合同签订及时、备案规范、无仲裁问题（3分） 4. 试用期转正手续及时、规范（3分） 5. 调岗、晋升等异动手续及时、规范（3分） 6. 薪资材料提供、保险申报（2分） 7. 档案调转及时（2分）	台账备案	

续前表

指标类型	指标名称	分值	考核标准	评分依据	得分
业务管理指标（90）	考勤管理规范性	5	落实《考勤休假管理办法》，月度员工考勤记录准确，休假管理审批备案完善，按月形成考勤汇总表，出具季度考勤报告	台账备案	
	员工满意度	5	加强新员工、岗位异动员工的沟通活动，基层员工个人沟通不少于30人次，按季度形成沟通记录及报告	沟通台账及报告	
其他管理指标（5）	管理流程及办法建立健全度	3	拟订招聘、基础人事管理流程、方案及办法	计划完成结果	
	6s落实	2	遵守6s规定，检查结果良好以上	公司6s报告及部门检查记录	

考评人签字：　　　　　　　　被考评人签字：　　　　　　　　日期：

（二）预期描述法

预期描述法是考核双方对工作要达到的预期标准进行界定，然后根据被考核者的实际完成情况同预期标准进行比较，来评价被考核者业绩的方法。

在实际工作中，有时要对新任务或新工作进行评价，此时考核双方往往没有或很少有先例可循，制定考核标准时也往往缺乏数据和事实的支持，在这种情况下，等级描述法显然不适用。比如某公司研发管理体系的预期标准是：能够通过培训、答疑等形式将有关制度和流程对相关人员进行有效宣传；能够将研发管理体系在公司内推行下去，试运行比较顺利；能够及时解决试运行过程中的一些问题，并根据试运行中的情况对原方案进行细化和完善；通过试运行，使得公司的研发管理工作能够比较规范和有序地开展，能够有力地促进研发工作，并初见成效。

虽然预期描述法只描述了一个标准，但比没有标准强，能在一定程度上限制考核者的随意打分。更为重要的是，通过对预期标准的制定，被考核者明确了上级的预期和要求，这在下属面对新工作或新任务时，无疑是十分重要的。

（三）关键事件法

关键事件法是针对工作中的关键事件，制定相应的扣分和加分标准，来对被考核者的业绩进行评价的方法。此方法适用于那些关键事件能够充分反映被考核者工作表现或业绩的情况。

三、定量指标标准的确定方法

制定定量指标标准时，需要考虑两个方面的问题：一是指标标准的基准点。基准点，即预期的业绩标准，其应处于衡量尺度的居中位置（部分特殊指标如重大恶性事故等，其基准点可能在最高等级），向上、向下均有运动的空间。当一个人的业绩水平达到基准点时，工作是称职的。二是等级间的差距。指标标准的差距可以是等距的，也可以是不等距的。一般情况下，指标标准的上行差距应越来越小，下行差距应越来越大。因为从绩效基准点提高绩效的难度会越来越大，边际效益呈下降趋势；在基准点以下，努力的边际效益比较大。有时为了控制员工绩效，增加他们的压力，也可以把基准点以上的差距加大，而把基准点以下的差距缩小。

定量指标一般有两种制定考核标准的方法，即加减分法和规定范围法。

（一）加减分法

采用加减分法确定指标标准，一般适用于目标任务比较明确、技术比较稳定，同时鼓励员工在一定范围内作出更多贡献的情况。

应该注意的是，采用加减分法计算指标值时，最大值应不超过权重规定值，最小值不要出现负数。

定量指标标准举例——加减分法，如表 2—3—1 所示。

表 2—3—1　　定量指标标准举例——加减分法

序号	指标	指标说明	权重	考核标准
1	媒体负面报道情况	反映公司被媒体负面报道的数量、范围和影响程度	10 分	考核期间没有任何负面报道，本项得分为 10 分；考核期间发生一次市级媒体曝光事件，扣 5 分；发生一次省级媒体曝光事件，本季度考核为 0 分；发生一次全国性媒体曝光事件，本年度剩余季度考核全部为 0 分
2	薪酬总额控制	上一考核期间薪酬总额发放情况	20 分	实际发放薪酬数额在控制数额内，本项目为 20 分；实际数额超过控制数额 5%，本项目为 10 分；实际数额超过控制数额 10%，本项目为 0 分
3	技术质量管理	考核生产中出现的技术质量问题或技术质量事故	10 分	初始分数为 10 分，考核期间发生一次技术质量问题，扣 2 分；发生一次严重技术质量问题，扣 4 分；发生一次技术质量事故，本季度该项指标为 0 分；发生严重技术事故，该项指标本年度为 0 分（发生质量问题或质量事故隐瞒不报者，该项指标一年内为 0 分）

（二）规定范围法

规定范围法是指经过数据分析和测算后，考核双方根据就标准达成的范围约定来进行考核。

定量指标标准举例——规定范围法，如表 2—3—2 所示。

表 2—3—2　　定量指标标准举例——规定范围法

考核指标	权重	考核标准			
		A	B	C	D
工作效率	20 分	工作或解决问题效率很高，能按计划或提前高质量完成工作	工作或解决问题效率比较高，基本能按计划完成工作，工作质量基本满意	不能及时完成工作或解决工作中的问题，或者即使按期完成，工作质量也不高	根本不能解决问题，无法完成工作，或者经常延期完成且质量很差
		15～20 分	9～14 分	3～8 分	0～2 分
表率作用	10 分	有很强的上进心和学习欲望，不断学习业务知识以提高岗位技能，并能将学习心得与同事交流分享	认识到学习业务知识和提高岗位技能的重要性，并能主动学习业务知识和提高岗位技能	工作有压力感、紧迫感，认识到学习业务知识和提高岗位技能的重要性，但很少主动学习	没有上进心，工作得过且过，业务知识和工作技能没有提高
		8～10 分	5～7 分	2～4 分	0～1 分

任务实施

（1）分析案例中存在的问题及可取之处。

（2）实施方案。

1）划分学习小组，各小组对案例进行分析。

2）学习小组设计定性和定量绩效指标标准。

3）各小组派代表陈述本组设定指标标准的理由。

4）进行小组自评及教师总评。

项目小结

关键绩效指标（KPI）考核是企业绩效管理工作中非常重要的、经常使用的对各级人员进行绩效评定的方法。运用 KPI 进行绩效考核管理的目的在于提高工作效率和工作质量。

通过本项目的学习，应该掌握以下内容：

（1）一般绩效指标的选取原则除 SMART 原则外，还包括客户导向性原则、聚集重点原则、由易到难原则、责权一致原则、关联原则。

（2）关键绩效指标的类型包括业绩指标（工作数量指标、工作质量指标、工作成本指标、工作时限指标）和行为指标。

（3）关键绩效指标选取时须注意其与工作的关联度、关键程度、与公司战略的相符度、指标的权重、有效性等问题。

（4）权重是指对测量对象的不同属性进行权衡比较时的一种量上的区分判断，也可以说是对测量对象所属的各种要素的影响程度作出的量化限定。权重的确定必须遵循针对性、系统优化和目标导向原则。

（5）权重的确定流程包括七个基本步骤：确定分类权重，评定各指标对经济效益的影响，评定各指标的可控性，评定各指标的可测性，评定综合得分，循环论证，综合调整。

（6）确定权重的方法包括专业意见法、德尔菲法、倍数加权法。

（7）绩效指标标准须依据计划标准、历史标准、客观标准、经验数据标准来确定。

（8）绩效指标标准的确定可使用定性方法和定量方法。定性方法，如等级描述法、预期描述法、关键事件法；定量方法，如加减分法、规定范围法。

在绩效考核管理工作中，关键绩效指标选取的范围、权重、选取的流程、指标标准的确定等要以工作岗位职责内容及岗位目标为起点，结合企业的具体情况而定，原则、方法、标准只是给出了工作的路径和方向，具体运用必须严格遵循“实事求是”原则。

案例分析

培训专员的绩效考核

A 公司是一家服装销售公司，公司成员 200 人左右，其中人力资源部成员 4 名，培训专员 1 名。培训专员主要负责公司的新员工入职培训、知识类培训、心态类培训（包括服务态度）、简单的陈列技巧及新款衣服上架培训。

培训专员的主要考核指标有：培训计划完成数、培训进度、培训满意度（有专门的满意度调查表）、培训资料归档情况。

服装销售具有季节性：旺季时，人员需求量大，新员工多，销售压力大，店员心态需要及时给予相应调整，因此培训专员经常忙上忙下，计划表排得满满的，但还是经常完成不了考核指标；淡季时，虽然知识类培训可能会多些，但其他培训数量减少，因此，很轻松就能够完成考核指标。

问题由此产生：旺季时，工作很忙但考核指标完成不了，绩效工资减少；淡季时，工作轻松，考核指标反而完成得很好，绩效工资拿足额。

人力资源部认为这是因为绩效考核指标制定得不合理，旺季时目标值定得太高，淡季时目标值定得太低，因此决定调整一下淡旺季的考核指标。但是总经理认为这样不妥，原因如下：旺季时，培训专员的确没有把工作做得很好，而淡季时，工作的确做得不错，考核结果还是能够反映出工作情况的。再者，目标值本身就是对其工作的要求，又没有脱离工作本身，所以不应该调整目标值。

不过，培训专员干多反而被扣多，干少反而拿多，确实不合理。人力资源部和总经理都觉得很迷茫，不知道培训专员的绩效考核该如何做才好。

资料来源：http://www.chinahrd.net/files/list-207-0-0-0-0.html。

思考题：

培训专员的绩效指标该怎样确定？

子项目四　明确绩效考核主体与考核时机

任务一　绩效考核主体的选择

案例导入

A公司的绩效考评

A公司有20多年的历史，年营业额在12亿元左右。其以往的考评内容一成不变，考评流于形式，不能真实地反映员工的工作绩效。因此，人事部门全面修订考评制度，重新编制了考评表。

2012年，新的考评制度开始实行。公司对普通员工的考评分为自我考评、上级考评和人事部门考评；对部门经理的考评分为自我考评、上级考评、人事部门考评和下级考评。每月初，部门经理在员工考评表上列出员工本月应当完成的主要工作，将考评表发给员工。

考评表除了列出本月的工作要求外，还有固定的考评项目，如工作态度、工作品质、纪律性、协调能力、团队精神等，每项都说明了含义和分值。

考评项目满分为100分，月末员工填写考评表为自己打分，交部门经理。部门经理在同一张考评表上为员工打分，交给人事部门。人事部门对员工进行最终的考评和分数汇总，并向员工通报当月的考评成绩。员工对考评结果有疑问，可直接向人事部门反映。

普通员工的考评中，自评占30%，人事部门评分占10%，部门经理评分占60%。部门经理的考评中，自评占30%，下级评分占20%，主管副总评分占40%，人事部门评分占10%。考评结果应用于薪酬、晋升、培训等各方面。

资料来源：http://www.studyez.com/news/201201/20/183721.htm。

工作任务

（1）案例中体现了考评制度设计的哪些内容？

(2) 该公司在绩效管理方面存在哪些主要问题?

任务引导

绩效考核主体是指员工绩效的评价者，确切地说，就是员工的绩效结果优劣由哪些人评判。显然，并不是随便一个员工就能承担起考评的重任，不同的绩效考核主体会产生不同的评判结果。从一定意义上来说，绩效考核者比考核更重要。

通过本任务的学习，了解绩效考核主体的选择原则，明确考核主体的责任要求，避免在考核中出现对目标管理误解的情况。

知识链接

一、绩效考核主体的选择原则

在制定绩效计划时，考核主体与考核内容相匹配是一个非常重要的原则。必须选择那些了解被考核者工作内容与工作表现的人作为考核主体。绩效考核主体的选择原则有以下四点。

(一) 熟悉绩效管理制度，掌握绩效管理方法

考核主体作为考核的操作者，必须掌握公司的相关政策，掌握绩效管理的方法与技巧。这样才能在考核时有法可依、有据可查、有理有据。

(二) 了解所考核岗位的工作要求

只有充分了解被考核者岗位的性质、工作内容、工作要求以及考核标准，才能在考核过程中客观公正地评价被考核者的绩效优劣。

(三) 做到考核公正公平

考核主体要做到客观公正，避免偏见，对原则问题要公正处理，不做老好人，对考核对象一视同仁。

(四) 根据考核内容不同加以区分

一般来说，工作业绩一般由直接上级、内外客户来评价；个人品质以相关同级评价为主；核心能力由直接上级、直接下级、相关同级全方面综合考核。

二、不同绩效考核主体的比较

绩效考核主体可以由多方担任，目前通用的绩效考核主体有直接上级、同级同事、自己、所属下级、客户等。不同的考核主体特点不同，在绩效管理中承担不同的责任，具有不同的管理权限，需结合绩效管理的需要加以选择。

(一) 直接上级

直接上级是绩效管理中的重要主体，他最熟悉被考核者的工作状态和结果，有责任监督员工的工作行为，指导下属改进绩效并促进员工的职业发展。因此，大多

数情况下，直接上级是最佳的考核主体人选，考核内容主要包括下级日常工作和重要工作两部分的业绩。上级考评是传统绩效考评制度的核心，也是目前最为常见的考评方式。但当上级不能充分了解下属全部工作活动或存有偏见时，可能导致考评缺乏公平公正性，会挫伤下属的积极性。此外，由于直接上级掌握着切实的奖惩权，考评时下属往往感到受威胁，心理负担较重。

（二）同级同事

同级同事一般是与被考核者工作关系紧密的同级别人员，他们对被考核者的工作技能、工作表现、工作态度最为熟悉，可以对员工业绩做出精确的评价。在工作中，被考核者会表现出自己较为真实的一面，同事能够比较容易地观察到员工的领导能力和人际交往能力。加入同级同事考评可以促进被考核者工作表现和工作态度的改变。

（三）自己

自我考评由被考评者对其自身工作绩效进行描述、评价和总结。通常，管理人员适用于工作述职，一般员工适用于员工自评。自评是员工对自己的主观认识，它往往与客观的考评结果有所差别。考评人通过自评结果，可以了解员工的真实想法，为考评沟通做准备。另外，在自评结果中，考评人可能还会发现一些自己忽略的事情，这有利于更客观地进行考评。

（四）所属下级

下级考评由下属员工对自己的上级主管进行考评。员工对上级主管的授权、计划、组织和沟通等方面的能力以及工作表现有切身体会，下级考评可能是上级的一面最好的“反光镜”，是其管理行为的最好反馈。目前，下级考评日渐引起分权组织的高度重视。

（五）客户

相关客户考评由有业务往来的企业内外部客户对服务质量进行考评。在服务营销风靡的今天，服务已成为产品的有机组成部分，甚至是其竞争取胜的决定性因素。同时，客户反馈在某些情况下可以为组织和个人提供重要的信息。因此，宜采用相关客户考评，以增强服务意识，提高团队合作精神。

不同考核主体的优缺点如表 2—4—1 所示。

表 2—4—1　　　　不同考核主体的优缺点

考核主体	优点	缺点
直接上级	● 直接上级对下级比较熟悉，容易进行观察 ● 有利于将考评结果用于奖励、提薪等 ● 有利于与下级进行沟通和交流	● 下级心理压力较大 ● 上级容易被假象迷惑 ● 上级有可能缺乏考评的技能 ● 上级有可能由于心理偏见而做出过高或过低的评价

续前表

考核主体	优点	缺点
同级同事	● 同级同事之间了解最全面、最真实 ● 同级同事之间的竞争具有促进作用 ● 同级考评提供了许多独立判断，有利于综合评价	● 同级同事之间可能因关系好坏而做出过高或过低的评价 ● 同级同事之间可能因利益竞争而互相贬低
直接下级	● 能够揭示上级的不足，帮助上级发展 ● 有利于权力制衡，在一定程度上制约上级的独断专行	● 下级不敢真实地发表意见 ● 可能引不起上级的重视 ● 下级对上级的评价可能带有过多的主观色彩
自己	● 比较轻松，压力小 ● 增强参与意识 ● 产生具有建设性的效果，有利于改进绩效	● 倾向于评价过高 ● 不适合作为奖惩、提薪、晋升等的根据，只能用于绩效的改善
客户	● 使企业重视企业形象 ● 比较客观公正 ● 强化消费者导向的观念	● 客户的考核标准不同，难以操作 ● 费时费力

三、全方位选择绩效考核主体

全方位绩效考核也称为 360 度考核或多源绩效考核，即从与被考核者工作联系较多的多方主体那里获得与被考核者有关的履职情况、任务完成情况及自身能力、态度等方面的信息，以此为依据对被考核者进行全方位、多维度的绩效评价。评价的主体一般包括被考核者的上级、下属、同级，以及自己和外部考核者（如供应商和客户）等。

如果使用得当，360 度考核对于促进员工的发展和增强组织的凝聚力等有着不可估量的积极作用。其积极作用主要体现在如下几个方面：

第一，有利于建立一种人才激励机制，鼓励先进，鞭策后进。

很多企业在使用 360 度考核方法时，都将考核结果作为员工职位调整、调薪、奖金分配和培训的依据。为了获得领导及同事的认可和肯定，也为了能有一个好的发展，员工会自觉地努力工作和提高业绩，从而起到激励的作用。

第二，有利于塑造一种相互信任、开放、透明、规范的团队文化。

360 度考核将每位员工置身于透明的团队之中，接受来自不同角度的评价。当然，这种评价是在彼此信任和开放的前提下进行的。同时，它将原来封闭的岗位、薪金调整黑箱打开，形成了一个规范、透明的过程。在考核结果反馈的过程中，被考核者可以就考核结果与上级进行开诚布公的讨论，明确优点，指出不足，并进一步制定绩效改进计划。

第三，有利于帮助员工制定绩效改进计划，促进员工绩效的改善和提升。

在 360 度考核过程中，绩效结果的反馈是一个非常重要的环节。绩效反馈是管理者与员工就绩效评价结果、如何提升未来业绩而进行的沟通过程。其重要意义在于帮助员工充分认识绩效差距。

第四，有利于员工做好职业生涯规划。

360 度考核体系不但关系到员工职位的升降和薪金的调整，还会对员工的职业生涯规划提供一个有效的工具。通过考核，可以使员工认清自己擅长什么，适合做什么，同时帮助员工认识环境，并规划自己如何在这个环境中成长，从而指导员工做好职业生涯规划。

但是 360 度考核在实际应用中，也出现了很多问题，主要表现为考核主体增多，增加了考核的成本和操作难度。

相关链接 2—4—1

360 度考核的水土不服

360 度考核法最早是由被誉为“美国力量象征”的典范企业英特尔提出并加以实施的。中国与美国存在着巨大的文化差异，比如中国人注重人际关系，可能因为关系的缘故使得考核的结果不真实，故中国在应用 360 度考核法时有必要加以改进。

很多中国企业在运用了 360 度考核法后，并没有得到准确的考核结果。360 度考核法被很多的中国企业用于管理方面，其实 360 度考核法应该更多地应用于员工的发展上。如果员工知道考核是用于管理的，且和绩效薪酬等方面直接挂钩，那么结果必定会出现误差，员工可能会有抵触心理，或者因为个人的恩怨故意对被考核者做出不符合真实情况的评价。所以，在开展 360 度考核之前要让员工明白考核是用于发展的，这样员工自然就会接受并且配合。

优势：第一，更多的信息沟通，有利于发现问题。多方的信息传达能及时发现问题，即使有对被考核者故意打低分的现象，由于信息的来源是多方的，当发现只有一方给的分数与其余给的分数出现较大偏差时，就可以知道问题的所在了。第二，来自不同的信息渠道，有利于被考核者接受考核意见，多方的打分者都指出问题所在更有说服力。

缺点：成本高，主要体现在开发成本和使用成本上，浪费时间，并且易成为员工之间公报私仇的工具。

资料来源：http://www.chinahrd.net/performance-management/assessment-methods/2012/1109/179276.html。

四、合理确定考核周期与考核主体，避免绩效考核中对目标管理的误解

目标管理（MBO）在实践中得到了广泛应用。特别是在绩效考核方面，目标管理使经营哲学从“工作本位”转向了“员工本位”。如果考核的执行者在目标管理与

绩效考核之间存在误解，就会不同程度地影响目标管理的实施效果。因此，在绩效考核中，考核主体必须在绩效考核周期内，以明确的目标为依据对被考核者进行客观公正的考核，避免出现对考核目标及目标管理工作的误解。

误解一：目标管理是万应灵丹。

目标管理作为绩效考核的基础，包含了人、财、物和时间等许多内容，的确具有很多用途，在确定目标之初，它像一个完整的工作计划；在后续的工作中，它像一张资源控制图，指导着员工向目标迈进；工作完成后，它又像一份回顾功过的工作总结。然而，目标管理并不是包治百病的妙药。有些管理者认为，既然在目标管理表中规定了每个人的工作，只要大家各司其职，工作流程自然会顺畅起来，权责问题就会迎刃而解。其实，目标管理最大的特点是侧重目标，而不是方法。目标管理的实质是通过有难度且明确的目标，激发出员工的主观能动性，起到的是方向引导的作用。若把目标管理当成一个管理平台，用其处理工作流程中的问题，考核主体只对结果进行考核，恐怕就走进了绩效管理和考核的歧途。

误解二：目标管理就是量化任务。

有些管理者认为，目标管理只要将任务量化，同时提高难度就能发挥目标与考核的效用，这种观点是片面的。量化任务的做法只适用于决策权力弱、不可控因素少的员工，对于研发人员或不可控因素多的工作，就很难奏效。在管理实际中，目标管理应该针对不同员工，给予他们不同的目标。一味追求量化任务的实现，不是目标管理的全部意义，绩效考核周期内对于员工和组织绩效的考核更不能仅仅局限在数量指标上。

误解三：目标管理是监督工具。

有些员工认为目标管理是绩效考核的工具，而且是一个监督工具。由此产生一个问题，他们在填写目标时，一定会把容易完成的工作定为主要目标。更为有害的是，为了体现业绩，用短期见效的目标取代意义重大但长期见效的目标。这是对目标管理的一种误解，目标管理的初衷是帮助员工提高效率从而增强满意度，而不是增加负担进而产生压抑感。大家可以通过目标管理实现彼此协调，减少资源浪费，尤其是时间资源。因此，作为管理者一定要把好目标的“权重关”，把工作按照重要性和迫切性划分为四个象限：既重要又迫切、重要但不迫切、迫切但不重要、既不重要又不迫切。目标管理强调“自我控制”、“自我突破”，但并非放弃管理，只不过用双向沟通代替了专制管理，以更有效地保证组织目标的实现。

任务实施

（1）A 公司出现了以下几个问题，需要在绩效管理过程中予以重视：

1）员工只参与评价，没有参与目标制定。

2）考核主体的选取和评价权重不合理。

3）人事部门考评角色定位有问题。

4）考评期限不合理。

5）考评反馈处理不正确。

（2）实施方案。

1）划分学习小组，各组同学收集企业绩效案例（成功、失败）。

2）对收集案例中绩效考核主体选择进行分析。

3）各小组派代表陈述本组的工作成果。

4）进行小组自评及教师总评。

任务二　明确考核周期

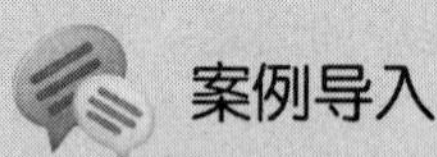

戴尔中国公司的职业发展

2003 年，John 从戴尔中国公司的培训部门转到销售部门的时候，总部派来了一位印度裔美国人 Rajeev 担任销售总监。第一次开会的时候，Rajeev 拿出了一份销售报表。报表显示：戴尔中国公司的外部销售人员每个季度的人均销售额只有大约 700 万元人民币，而在戴尔美国公司，大约是 250 万美元。

“我希望在两年内将人均季度销售额提高到 150 万美元。”会议结束时，Rajeev 提出了目标。

“可是，一个美国销售人员的薪水至少是我们的五倍。”一位销售经理提到。

“好，如果从现在开始，将你们的薪水提高五倍，你们可以每个季度做到 250 万美元吗?”

“不可能，我们使用的是中国的薪水表，这不能变。”John 了解公司的薪酬政策。公司的薪水策略是保持在同类公司的前三名，而且委托咨询公司通过市场调查得出了薪水表，现在的薪水体系已经非常有竞争力了，不需要付更多的薪水。

“既然不能改变薪水，我们可以改变提升优秀员工的速度。”Rajeev 眼珠一转，想出了新主意。

公司通常在年底进行业绩计划和评估，现在则不用等那么久。销售人员只要每个季度完成销售任务，并得到能力的认证，就可以被提升。以一位最初级的销售人员为例，他的月薪是 5 000 元，每个季度的销售任务是 500 万元，职务是销售代表。如果他在一个季度内完成了销售目标并且能力达到要求，就可以获得提升。职务被提升至高一级的客户经理，薪水随之提高 40%，达到了 7 000 元。同时，他的销售任务也要增加 30%，达到 650 万元。

此后，每个季度都有一批销售人员获得提升、嘉奖和加薪，并开始承担更大的销售任务。这样就形成了一个良性的循环，销售人员提高销售业绩，得到公司认可，然后承担更大的任务。此外，公司加强了员工的能力培养和能力考核，每个季度都进行技术知识和销售技巧的考核。当然，还有更加强化的销售过程的管理。

资料来源：http://www.yjbys.com/qiuzhizhinan/show-112027.html。

工作任务

戴尔中国公司是如何改变提升优秀员工的速度的？

任务引导

绩效考核周期也叫绩效考核期限，是指多长时间对员工进行一次绩效考核。由于绩效考核需要耗费一定的人力、物力，因此考核周期过短，会增加企业管理成本的开支；但是，绩效考核周期过长，又会降低绩效考核的准确性，不利于员工工作绩效的改进，从而影响绩效管理的效果。因此，在绩效计划阶段，应当确定出恰当的绩效考核周期。

知识链接

一、确定考核周期的依据

（一）按考核对象的职位层次确定

考核对象职位层次高，劳动复杂程度高，其素质、智力、能力的要求也高，其绩效反映周期就长，考核周期也长；反之，职位层次低，劳动比较简单，其绩效反映周期就短，考核周期也短。对高层管理者的考核往往以半年或一年为周期，对中层管理人员的考核一般以半年或一个季度为周期，对专业人员的考核一般以一个季度或一个月为周期，对操作类人员的考核一般以一个月为周期。

这种方法根据评估对象的工作周期和职务特点确定考评周期，层次分明，针对性强，但操作复杂，不利于考评的统一组织。

（二）按考核目的和用途确定

绩效考核的结果将应用于人力资源管理的各个环节。以调整薪酬分配为目的，考核周期需要长一些，往往以一年为期。以挖掘员工潜力为目的，着眼过程管理和问题解决，考核周期要适当短些。除此之外，特殊用途的考核，如任职能力考核、选拔、计划外培训等，则根据需要确定不同的考核周期。

考核目的与考核周期如表 2—4—2 所示。

表 2—4—2　　考核目的与考核周期

考核种类	评价因素	考核方法	考核周期	考核对象	考核目的
薪金考核	工作绩效 工作态度 工作能力	人事考评表	每年一次	全体员工	分配奖金 决定提薪
职务考核	职务熟练度	熟练度评定表	每年一次	符合评定资历者	调整职务
调动考核	工作能力 适应性	能力评定档案	不定期	职务调整对象	调整职务
晋升考核	工作能力 工作绩效 工作态度 适应性 人品	晋升推荐表 论文审查 面谈答辩 考评档案	每年一次	符合晋升资历、受推荐的对象	决定晋升

（三）按业绩反映期长短确定

根据企业的实际情况，可以业绩实现周期作为考核周期。根据实际情况，灵活设置考核周期。比如实行合同制的企业，可以把合同期作为考核周期，也可以将合同期划分为若干阶段作为评估区间。

二、考核周期的使用方式

（一）每期考核

每期考核指的是在规定的一个期限内进行考核。一般以 1 个月为标准，即每月考核。这种考核适用于具有以下特征的考核项目：

（1）一年内每期的目标计划相对比较平衡，波动比较小，即结果是可控的，如供应及时率和出勤情况。

（2）绩效数据跨期比较少，也就是说，每期或每个月都能得到一个准确的考核数据，如工资发放准确率。

（二）滚动考核

滚动考核指的是在对下期目标进行考核时，同时要将上期的数据进行平均处理，一般以季度或半年为滚动期。这种考核一般适用于具有以下特征的考核项目：

（1）考核项目前后跨度较大，如招聘合格率。

（2）制定计划时不确定因素较多，如市场部的市场费用投放有效性。

假设某企业市场部 3 月份投放 100 万元费用，4 月份投放 200 万元费用，5 月份投放 50 万元费用。可能会出现 3 月份销售额增长为 0、4 月份增长 2 万元、5 月份一下子增长 200 万元的情况。如果采用每期考核的办法，那么 3、4 月份的指标完成情况非常差，5 月份完成情况特别好，这是不符合实际的。所以，采用每期考核的方式不恰当，而应该采用滚动考核的方式，即考核 5 月份有效性的时候将 3 个月份的业绩进行平均处理。

实用案例 2—4—1

某公司的销售考核计划

某公司今年的销售计划是 8 000 万元，要把这个数据分到 12 个月去考核，无论如何是很难精确每个月的考核目标的，即便考虑到了销售的淡、旺季影响。这时可以采用季度滚动式考核。比如计划目标是一月份 60 万元，二月份 60 万元，三月份 80 万元，但是实际数据是一月份 40 万元，二月份 70 万元，三月份 90 万元。如果采用每月考核，则第一个月就很低了，如果按季度滚动考核就可以避免这种情况。一月份的目标完成率是 40÷60，到二月份的时候为 (40＋70)÷(60＋60)，三月份的就是 (40＋70＋90)÷(60＋60＋80)，然后到四月份的时候，则滚动二、三、四三个月的。这样就出现了一二三、二三四、三四五、四五六……每三个月一次的考核结果，这一结果可以避免因为计划不太准确而导致的考核误差。

资料来源：胡八一：《高绩效革命：提升公共部门绩效的钥匙》，北京，中国致公出版社，2010。

（三）叠加考核

叠加考核是对滚动考核方式的延伸，它一般以年为考核周期，以避免计划不准确导致的误差，如表 2—4—3 所示。

表 2—4—3　　叠加考核

项目	一月	二月	三月	四月	五月	六月	七月	八月
计划	J1	J2	J3	J4	J5	J6	J7	J8
实际	S1	S2	S3	S4	S5	S6	S7	S8

一月份绩效＝S1÷J1
二月份绩效＝(S1＋S2)÷(J1＋J2)
三月份绩效＝(S1＋S2＋S3)÷(J1＋J2＋J3)
四月份绩效＝(S1＋S2＋S3＋S4)÷(J1＋J2＋J3＋J4)
……

叠加考核与滚动考核的区别：叠加考核不再按照每段时间，比如三个月来滚动，而是将全年的数据进行叠加，以计算最后的目标达成情况。

实用案例2—4—2

某公司的库存考核计划

某公司的年销售额约6亿元，库存材料是3 800多万元。现在制定的目标是到年底库存下降到2 800万元。对于消耗1 000万元库存的目标，具体的计划是很难精确制定的。但是又不能中间不考核，而放到年底再考核，因为如果过程控制不好，是不能保证结果的。这时可以采用叠加方法进行考核。一月份降了多少，二月份降了多少，三月份降了多少，虽然考核数据以年底为准，但是这样的过程控制可以不断地提醒管理者计划的实现程度，然后根据计划的实现程度修正下月的计划，从而最终实现年底的目标。这种方法可以有效地解决由于计划不能够准确制定而带来的考核麻烦。

资料来源：胡八一：《高绩效革命：提升公共部门绩效的钥匙》，北京，中国致公出版社，2010。

三、不同的考核周期在绩效考核应用中存在的问题

按时间跨度区分，绩效考核可分为月度考核、季度考核、半年度考核和年度考核。另外，根据企业行业的不同，某些特殊的情况下还会出现按旬考核、按周考核和按项目结点考核。

月度考核一般适用于企业的基层员工。在考核的同时，配合绩效工资的发放，可以在短期内充分调动员工的积极性，起到对员工及时激励、对企业及时纠偏的良好效果。然而，这样频繁的考核在实际运作中也存在着一定的问题：首先，对基层员工的月度考核过于频繁会加重部门经理、人力资源部等相关考核统计人员和部门的工作量；其次，月度考核之后所对应月度绩效工资的发放，将对企业的短期现金流提出相对较高的要求；最后，对于普通员工而言，月度绩效考核将使员工更加重视自己的短期行为，而忽视自身的长期成长和发展。

季度考核一般适用于基层员工和基层管理者。对于大部分职能部门来讲，以季度为考核周期既可以避免月度考核工作量大的问题，又可以相对有效及时地反映出各个岗位在这段时间内的工作成效。然而对于业务类、营销类的基层岗位而言，三个月的统计周期就显得有些长，不能很好地起到响应市场的作用。

半年度考核一般适用于企业的中高层管理人员。考虑到中高层管理者既要对企业整体的战略负责，又要对企业的整体经营目标负责，对其考核的很多指标都只适合在中长期进行，采用半年度的考核对这类管理者很适合。不过以半年为单位进行考核也会存在一定的问题。主要问题自然是半年度考核的周期相对较长，不利于对被考核者的日常行为进行监控。

年度考核一般适用于企业全体员工。对所有的员工而言，年度考核是对一年工作的检查和校验。这其中不仅包含了对所有员工经营业绩完成情况的考核，还经常

包含有对员工一年的工作能力和态度的考核。所以对员工而言，年度考核一般是一个相对综合、相对全面的考核。这样的考核配合日常的月考、季考，从过程到结果都可以起到比较完善的监控作用。当然，年度考核也会存在一些问题，比如考核的工作量问题，年度考核经常会和最后一个月的月度考核、第四季度的季度考核在同一时间段进行，有大量的大同小异的表要填，这会影响工作的进度。

综上所述，不同的考核周期在企业日常绩效考核中有着不同的作用，同时也带来不一样的问题。在企业日常绩效管理中，针对不一样的职能序列、不一样的职务，采用不一样的考核周期，将问题最小化，价值最大化，这才是有效处理考核周期问题的最好办法。

四、绩效契约的内涵及设计步骤

（一）绩效契约的内涵

绩效契约是企业管理者与投资人、员工与上级管理者之间形成的实现绩效任务的约定。

1. 绩效契约的形式

绩效契约一般包括目标责任和阶段关键业绩绩效目标两种形式。

目标责任一般以年度为周期或按项目时间签订，可以称之为“年度目标责任”或“项目目标责任”。目标制定要有挑战性，同时还要有实现的可能，根据情况可以制定基本目标和挑战目标。目标确定后，上级和下级应就目标实现与否达成奖惩协议，同时明确实现目标责任所需的前提或条件，并赋予下级相应的资源配置权力，以实现责权利的统一。

将年度（项目）绩效目标进行分解，就可以得到阶段关键业绩绩效目标。

业绩协议、考核表、工作通知、口头通知、制度约定等都属于绩效契约。

2. 绩效契约包括的内容

（1）考核主体。

考核主体，即考核者和被考核者。契约是双方订立并执行的工作要求，应同时对双方具有约束力。

（2）考核周期。

考核周期体现了绩效契约的时效性，一般应注明起止时间。契约所约定的内容，仅在考核周期内有效，也仅反映了考核周期内的工作成效。

（3）考核内容及指标。

考核内容及指标详细说明了工作任务的要求。考核指标包括定性指标和定量指标，无论哪一种指标，都应在考核指标后附上详细的指标解释、评分标准、该项指标在考核表中所占的权重、在衡量指标时应单独考虑的因素等。

（4）考核得分的计算方法。

每一项指标应如何计算、各项指标的得分如何加总、最后的得分结果或等级等内容都应在契约中事先约定。

(5) 奖惩。

完成任务应如何奖励、未完成任务应如何处罚等应在考核之前明确说明。

(6) 双方责任、义务。

绩效契约应本着平等的原则，明确考核者和被考核者双方的权利、义务。权利和义务的出发点是工作职责或管理责任。

(7) 绩效契约的变更、解除和终止条款及其他事项。

绩效契约的以上各项条款可以在契约中单独写明，也可以将共性的部分以制度、方案和通知的形式体现出来。绩效契约一般需要考核者和被考核者双方沟通确定，以确保考核内容的可实现性。

(二) 绩效契约的设计步骤

1. 进行工作分析，制定行动计划

在执行绩效计划之前，员工需要明确工作内容、工作职责和努力方向，从而制定一个清晰、可执行的行动计划。

2. 选择优先实现的目标

在进行工作分析后，将行动目标进行分类，优先选择重要的、对结果达成产生直接影响的工作目标，并写入绩效契约。

3. 承诺实施行动计划以取得成效

需要制定切实可行的行动计划，以保证按步骤达成目标。

实用案例 2—4—3

某公司培训计划承诺书

某公司培训计划承诺书如下表所示。

目标和行动	行动计划实施情况	完成时间	责任人
目标： 培训达成率 20% **任务：** 为基层员工举行一次盈利模式培训 **时间：** 3月1日前完成 **地点：** 公司会议室 **净成本收益：** 通过培训提高员工工作能力，估计每年节约5万元	1. 确定培训课程目的 2. 进行培训需求分析 3. 确定培训课程目标 4. 进行课程整体设计 5. 进行课程单元设计 6. 实施培训课程 7. 进行课程总体评价 8. 进行培训效果检验	1～2天 5天 2～3天 5～7天 2～3天 2天 1天 3个月后	行政总监 培训专员 培训专员 培训讲师 培训讲师 培训讲师 各部门主管 人力资源部

4. 填写绩效契约

员工与主管明确分解目标后，结合个人行动计划，需要填写绩效契约，以契约的形式固定下来，作为未来工作的指导和绩效目标完成情况的检验标准。

实用案例 2—4—4

某公司人力资源部人事主办 2011 年度目标协议书（节选）

人事主办应按目标协议书的约定履行以下职责：人员招聘、选拔与调配，基础人事管理，员工关系管理。

一、目标内容

（一）成本管理目标

按照年度预算，控制招聘费用在 25 000 元以内。

（二）业务发展目标

(1) 根据招聘需求，构建各类有效招聘渠道，确保人才储备与供应。与对口专业高校（省内 3 家、省外 3 家）保持联系，在网络（专业网站 2 家、高校网站 6 家）上发布消息，参加交流会，建立人力资源交流群 2 个。

(2) 招聘信息发布及时率、准确率达到 100%。

(3) 2 月底关键岗位招聘完成率达到 95%以上，一般岗位达到 85%以上，招聘及时率达到 90%以上。

(4) 针对岗位胜任标准，制定客服、销售、中高层管理岗位专业化面试方案，并落实，运用结构化面试、测评等技术，确保引进人员的匹配性，新员工适岗度达到 85%。

(5) 入职、离职、转正、晋升、调岗、劳动合同、档案、保险、考勤等基础人事手续办理及时、准确、规范。

(6) 员工沟通人数不低于 50 人，形成沟通报告，落实率 90%以上。

（三）管理目标

(1) 为公司各部门提供职能支撑，满意度 90%以上。

(2) 草拟招聘、基础人事管理方面的办法、流程，并落实。

二、目标协议执行要求

(1) 目标协议制定以公司发展战略为基本依据，其约定的工作内容应贯穿于 2011 年全年工作中，是指导日常经营管理的纲领性文件。

(2) 为实现年度目标，人事主办应制定总体工作计划及各专项工作计划或方案，并经部门审核备案后贯彻执行。

(3) 在 2011 年度工作过程中，人事主办如对目标和工作计划进行调整，需以正式书面文件提请部门经理审核批准备案后执行。

(4) 目标协议结果应依据公司《绩效管理制度》的规定，按照各级绩效计划和专项工作方案的执行情况进行评价。

本协议一式二份，签约双方各执一份，签字盖章后生效。

发约方：　　　　　　　　　　代表人：

受约方：人事主办　　　　　　代表人：

---

5. 贯彻实施绩效契约

绩效契约签订之后，员工按照契约中的目标、任务要求予以执行。管理者要对执行中出现的各种情况进行监督指导，帮助员工达成绩效目标，促进组织与员工绩效的提升。

任务实施

（1）员工都希望得到更好的发展和福利待遇，前提条件是要有好的表现。销售人员的绩效考核主要将目标实际完成情况与绩效计划目标对比，因此表现不仅取决于销售的结果，还取决于每个人的目标。一位完成了800万元销售额的销售人员表现得也许不如另一位完成500万元的销售人员，地域、策略、级别的不同都会导致每个人有不同的指标。

案例中，戴尔中国公司采用以季度为周期的绩效管理，甚至将绩效评估也以季度进行，大大加快了员工发展的速度，他们在得到更好的待遇的同时，也承担了更大的责任，最终达到双赢的目的。

（2）实施方案。

1）划分学习小组，各小组收集企业绩效考核资料，分析其绩效考核制度的特点。

2）讨论对于研发人员的绩效考核周期如何确定，并设计出相应方案。

3）各小组派代表陈述本组的工作成果。

4）进行小组自评及教师总评。

项目小结

绩效考核主体和考核周期的确定是绩效计划中的重点之一。选择恰当的绩效考核主体可以保证绩效考核的过程与结果公平公正，同时要结合考核的目的和内容设置恰当的绩效考核周期。

通过本项目的学习，应该掌握以下内容：

（1）绩效考核主体的选择原则。

（2）不同绩效考核主体的特点。

（3）全方位绩效考核方法。

（4）绩效考核周期的确定依据。

（5）绩效考核周期的使用方法。

（6）绩效契约的内涵及设计步骤。

案例分析

H公司的绩效计划如何制定

作为河北省系统集成行业的领军企业，H公司依靠对客户关系、技术水平、施工质量的投入取得成功。随着竞争的加剧及公司在新业务领域的不断拓展，H公司近年来在技术研发上的投入不断加大，逐步建设了一支水平较高的研发队伍，成立了几个相关技术部门和一个技术支持部门、一个商务部门。但是，在绩效管理方面，H公司还是继续采取以前的模式。

每年的年底和次年的年初，都是公司人力资源经理曹女士最头疼的时期，总经理将绩效管理工作完全交给人力资源部负责。在2个月时间内，曹女士要将公司总体目标分解为市场体系、技术体系、财务体系等的分目标，并要和这些体系的主管副总、各个职能部门经理分别进行一对一沟通，达成一致意见，最后总经理拍板。在各大主要体系的绩效目标制定中，市场和财务体系相对容易，行政、商务及后勤体系次之，研发和技术体系最难。

为了达成公司目标，哪些指标是最重要的？哪些是次要的？各占多少权重？指标值设定多少才合适？跨部门的目标如何处理？研发体系很多东西很难量化，如何设定目标？很多部门对曹女士提出的指标有异议，甚至以人力资源部不懂业务为由拒绝接受。

这些都是整天萦绕在曹女士脑子中的问题。虽然这几年曹女士花了不少时间来了解各个部门的业务，包括技术、研发、市场等业务知识，但还是被各个部门主管认为是外行。

关于公司目标，公司一直没有书面文件，有时候也不是太明确，在每年的实施过程中，还会由于各种原因修改。

绩效目标的达成情况直接影响部门的考评，并直接和各个部门的工资、奖金挂钩，所以各个副总和部门经理对选取什么指标以及目标值设定都非常重视，都从自己部门的角度出发对指标的合理性进行“可行性研究”，尽量避免设定过高的绩效目标导致部门最终的绩效考核分数不高。

但是，这些指标最终要曹女士来综合衡量，以便和公司最终目标一致。虽然总经理有一些指示，但都是零散和不系统的，指标全靠曹女士和各部门的“诸侯”经讨价还价确定。由于研发部门及技术支持部门的指标不好量化，比如“客户问题解决率”、“技术支持响应时间”、“关键技术掌握程度”、“产品领先度”等，所以有时明知相关部门避重就轻，选择相对容易量化的指标且将指标定得很低，但苦于自己的专业知识不足，曹女士拿不出足够的理由来反驳。同时，迫于总经理对该项工作要求的时间压力，曹女士也是抱着完成任务的思想，得过且过。

最终，绩效目标定下来了。对于这份计划，曹女士及各副总都不满意，但都能勉强接受。总经理公务缠身，没有太多时间参与绩效计划的制定，在各副总和各部门都达成一致的情况下，签字同意，由人力资源部下达给各部门执行。各个部门再根据同样的方法往下传递。

每到季度考核和年度考核，曹女士的工作是采集各种绩效数据，计算出各部门的绩效考核结果后打分。通常情况下，各个部门都能达到目标，相应地每年的工资和奖金都稳步增长。一切都表明，绩效管理制度似乎运行得不错，指标完成率在优秀和良好之间，但是公司总体目标却总是达不到，总经理非常不满意，各部门之间也时有争执。

总经理明显感觉到公司的技术水平、研发能力、技术支持水平、新员工能力等方面提升缓慢，甚至开始落后于其他公司，但他也只能是发发火而已，曹女士也很无奈。

思考题：

H公司绩效计划制定中存在哪些问题？如何解决？

项目三　绩效实施

学习目标

知识目标

- 掌握收集绩效信息的途径、方法与内容
- 了解绩效信息收集过程中需要注意的问题
- 掌握绩效辅导的必要性及技能
- 掌握绩效管理培训的内容与方法
- 熟悉绩效面谈的准备工作
- 灵活掌握绩效面谈技巧

技能目标

- 能够设计绩效培训方案
- 能够设计绩效面谈提纲

员工工作信息的收集是绩效实施过程中的重要部分，所采集的材料应尽可能以文字的形式说明所有行为，应包括有利和不利的记录；所采集的材料应当详细记录事件发生的时间、地点以及参与者；所采集的材料在描述员工的行为时，应尽可能对行为过程、行为环境和行为结果做出说明。

绩效管理强调员工与主管的共同参与，强调员工与主管之间形成绩效伙伴关系，共同完成绩效目标。这种关系在绩效辅导阶段主要表现为持续不断的沟通。在绩效管理中，绩效考评者对绩效管理的理解将影响考核结果的公正性。绩效考评者是绩效管理中种种疑问的最终解释者，对他们进行重点培训是非常有必要的。通过培训不仅要让其真正明白绩效考核的意义，而且要将绩效考核的结果在对员工的日常管理中有效地运用起来。同时，消除员工对绩效管理工作认知上的偏差，也是培训要达到的重要目的。

根据工作的进展程度，绩效面谈可以分三类，即初期的绩效计划面谈、进行中的绩效指导面谈、末期的绩效考评总结面谈。管理者通过有效的绩效面谈，能够了解员工的内心想法，积极妥善地纠正员工的错误认知，消除员工的不公平感，积极引导员工独立思考，从而提高员工的工作效率和工作积极性。

本项目将围绕上述内容，从绩效信息收集、绩效辅导与培训、绩效面谈三个工作环节来完成绩效实施阶段的任务学习。

任务一　提供依据，收集绩效信息

案例导入

A公司的绩效沟通

A公司管理层的人员每年会接受一次小组评估。这个小组的组成人员有：被评估人的经理、经理的经理，以及另外一个部门里比被评估人级别高的经理。评估小组的会议由一位人力资源部的人员主持，不邀请被评估人参加。会议讨论的结果被记录下来，有时被用来作为评定绩效工资和决定培训发展计划的依据。

无论是召开评估会议之前，还是评估会议结束之后，小组都不会同被评估人进行沟通。至于与被评估人沟通是否会与规章相违背，组织并没有对此做任何明确的表示。而有一点倒是十分明确：被评估人绝对不会知道评估小组的总结报告、自己的绩效等级和潜力等级。

只有少数一些经理人会对即将进行的评估事宜进行商谈。有的经理人负责确定员工可能希望得到哪方面的反馈意见，确定员工对自己事业前景的看法和对培训的要求；有的经理人负责研究评估小组的总结报告；还有的经理人根据评估的结果为被评估人制定相应的培训发展计划。

公司实施的是同一套评估制度，但执行评估的经理人却有各自不同的方式，评估的真实性和公平性引起人们的质疑；被评估人从来都不知道自己绩效完成的情况，不知自己的优势和劣势在哪儿；员工弄不清楚自己的发展方向；员工只是一味地按要求工作，没有人征求他们的意见。

资料来源：http://wenku.baidu.com/view/33df1b2a3169a4517723a384。

工作任务

为什么要进行绩效信息收集？该公司的绩效评估存在哪些问题？

任务引导

绩效信息的记录和收集是绩效管理的一项基础工作，很多绩效管理失败的原因就在于绩效信息的不准确以及考核评价的随意性。准确、及时的绩效信息对绩效考核的顺利实施具有重要意义。

通过本任务的学习，我们将了解绩效信息收集的目的、内容和方法，为绩效评估的实施打下基础。

知识链接

一、绩效数据收集和记录的主要目的

（一）提供绩效评估的依据

绩效评估一般以年度、季度或月度为周期进行。在绩效评估时，需要对员工的各个关键绩效指标进行考核评价，因此相关的考核信息数据就是考核评价公正、客观的基础。

（二）提供改进绩效的依据

通过对员工的绩效进行记录和收集，可以发现员工绩效方面存在的问题。通过和其他优秀员工的对比，可以提出改进的绩效目标。例如，当管理者对员工提出改进要求时，就需要结合员工本人的具体事例以及优秀员工的事例来增强说服力，这样会让员工清楚地看到自己存在的问题以及与优秀员工的差距，有利于员工改进和提高绩效。

（三）发现绩效问题和产生有效绩效的原因

对绩效信息的记录和收集可以使管理者掌握绩效优异或绩效低下的关键事件，可以探询绩效优异或绩效低下的深层次原因。发现绩效低下的真实原因，并有针对性地进行培训，总结并推广绩效优异者的成功经验，可以提高整体员工的绩效。

二、收集绩效信息的途径与方法

绩效信息的记录和收集是绩效管理的一项基础工作，很多绩效管理失败的原因就在于绩效信息的不准确以及考核评价的随意性。下面我们将具体了解绩效信息收集的几种方法，为绩效评估的实施打下基础。

（一）观察法

观察法是指主管人员直接观察员工在工作中的表现，并记录员工的表现。例如，一个主管人员看到员工粗鲁地与客户讲话，或者看到一个员工在完成了自己的工作之后热情地帮助其他同事工作等，这些都是通过直接观察得到的信息。

（二）工作记录法

员工的某些工作目标完成情况是通过工作记录体现出来的。例如，财务数据中体现出来的销售额数量、客户记录表格中记录下来的业务员与客户接触的情况、整装车间记录下来的废品个数等，这些都是日常工作记录中体现出来的绩效情况。

（三）抽查法

定期或不定期对员工的生产、加工和服务的数量、质量等情况进行抽查，并由专人记录抽查情况。

（四）问卷调查法

若员工的某些绩效不是管理人员可以直接观察到的，也缺乏日常的工作记录，这时就需要派专人对员工进行多方面考察评定。例如，对于从事客户服务工作的员工，主管人员可以通过发放客户满意度调查表，以与客户进行电话访谈的方式了解员工的工作业绩。

（五）减分搜查法

按职位或岗位要求规定应遵守的项目，定出违反规定的减分，定期进行登记。

在数据收集和记录过程中，主管除了平时注意跟踪员工计划进展外，对于无法直接观察和进行日常工作记录的绩效情况，应当注意让相关人员提供相关数据，即采用他人反馈的信息。

有效的数据收集方法能为接下来的辅导提供坚实的基础。我们提倡各种方法综合运用，因为单一的方法可能只能了解员工绩效的一个或几个方面，而不能面面俱到。此外，主管必须清楚数据记录和收集一定是以绩效为核心的。

三、收集绩效信息的内容

收集绩效信息是一项非常重要的工作，但通常我们不可能将所有员工的绩效表现都做出记录，因此我们必须有选择地收集。

通常来说，收集绩效信息的内容（要确保与关键绩效指标密切相关）主要包括：

（1）工作目标或任务完成情况的信息。

（2）来自客户的积极和消极的反馈信息。

（3）工作绩效突出的行为表现。

（4）工作绩效有问题的行为表现。

对绩效管理本身来说，可能还要对下列情况做文档：

（1）目标和标准达到/未达到的情况。

（2）员工因工作或其他行为受到表扬和批评的情况。

（3）证明工作绩效或其他行为受到表扬和批评的具体证据。

（4）证明工作绩效突出或低下所需具体证据。

（5）对主管和员工找到问题（或成绩）原因有帮助的其他数据。

（6）主管同员工就绩效问题进行谈话的记录，问题严重时还应该让员工签字。

（7）关键事件数据。

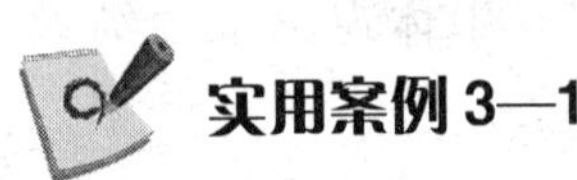

实用案例3—1

关键绩效指标

某公司的关键绩效指标如下表所示。

工作产出	指标类型	具体指标	绩效标准
销售利润	数量	年销售额	20万元～25万元
		税前利润率	18%～22%
新产品设计	质量	上级评估创新性	至少有3种产品与竞争对手不同
		体现公司形象	使用高质量的材料，恰当的颜色与样式代表和提升公司的形象
		客户评估性价比	产品的价值超过了它的价格
		相对竞争对手产品的偏好程度	在不告知品牌的情况下对客户进行测试，发现选择本公司产品比选择竞争对手产品的概率要高
		独特性	客户反映与他们见到过的同类产品是不同的
		耐用性	产品使用的时间足够长
零售店销售额	数量	销售额与去年同期相比增长率	5%～8%

针对上表列出的关键绩效指标，该表所要收集的信息基本可以分为三类：

第一类：来自业绩记录的信息。

例如，年销售额、税前利润率、销售额与去年同期相比增长率。年销售额和税前利润率是可以在销售记录和财务资料中查找到的。

第二类：由主管人员进行观察得到的信息。

例如，上级评估创新性、体现公司形象。这些主要是通过主管的直接观察得到的，主管人员需要注意收集与这些方面有关的信息。

第三类：来自他人评估的信息。

例如，客户评估性价比、相对竞争对手产品的偏好程度、独特性、耐用性。为了收集到这些信息，可以采用对客户进行问卷调查、访谈或召开专场座谈会的方式，了解客户对产品的评估。

四、收集信息应注意的问题

（1）让员工参与收集信息的过程。

（2）收集信息时要有目的性。

（3）可以采用抽样的方法收集信息。

（4）要把事实与推测区分开来。

在实际工作中，绩效沟通与数据收集和做文档是同时进行的，绩效沟通的过程也就是数据收集和做文档的过程。许多管理者会认为数据收集和做文档增加了其工作量，是一种额外的负担，而事实上，数据收集和做文档是完全可以而且必须和管理者们的日常工作联系起来的。要充分利用现有的文档、报表及工作程序来收集所需要的信息。如充分利用原有的每日例会、每周例会制度，充分利用现有的各种生产进度表，这些都是数据收集的方式和渠道。

很多企业的部门主管往往把绝大部分的时间花费在具体的技术工作和具体的问题解决上，忽略了自身的管理者职能。而管理者职能很重要的一个体现就是管理者要在日常工作中通过观察和沟通，收集被管理者的绩效表现数据和信息，协调被管理者之间的工作，带领他们完成工作任务，并引导他们和公司共同发展。数据收集和做文档工作的好坏是一个管理者成熟与否的标志之一。

任务实施

（1）绩效评估是以绩效表现为依据的，因此绩效信息的收集就显得尤为重要。通过记录员工日常行为表现、工作业绩表现，为绩效管理做数据及资料的准备，帮助评估者做出正确有效的评估结论。

（2）绩效考评不能凭印象进行，必须制定出一套科学严谨的绩效信息指标，用数字说话，以达到考评的公平、公正。假如你是分管人事的副总，就绩效信息数据收集途径及内容拟一份草案让下属执行。

（3）实施方案。

1）将全班分成 5～6 个小组，每组 7～8 人。

2）每组推选 2 人分别扮演人事副总与下属。小组其他人负责设计谈话草案。

3）小组针对绩效信息收集途径及内容，分别运用观察法、工作记录法、抽查法、问卷调查法、减分搜查法轮流进行模拟谈话，其他小组进行效果评价。

4）进行小组自评及教师总评。

任务二　加强沟通，实施绩效培训

案例导入

移动通信某分公司经理人员绩效管理培训

年底将至，又是一个总结以往成绩并设定未来目标的时节。移动通信某分公司人力资源部邀请西三角副所长从观念上、技术上对公司中层经理人员进行培训，帮助公司实现全面绩效管理的变革，实现人力资源管理水平的提升。

绩效管理水平的提升，既是上级主管单位的要求，也是其自身改善内部管理的需要。目前现行的绩效管理体系严格上讲只是一套绩效考评机制，公司的经营目标只落实到各个营业部一层，而没有用科学的手段向下分解给员工，各营业部经理承受了绩效考评的压力，下级员工没有被充分激励而发挥潜力，绩效管理陷入了考评—惩罚的怪圈。

通过为期三天的辅导式培训，该公司从以下几个方面解决了绩效管理的难题：

（1）观念改变：从职业经理人职责入手，阐释了经理人员要在快速发展的环境下转变观念，站在公司的角度去思考问题、承担责任和接受挑战，不要把绩效管理当作是额外的负担，而是作为实现管理目的、履行管理职责的一种方式和途径，从公司发展和个人发展两个角度接纳、理解并且认同公司全面绩效管理制度的推行。

（2）绩效指标分解：以公司绩效目标到各个部门业绩目标的分解为例，讲解了实现上一级业绩指标的措施才是下一级职位的业绩指标的来源，而不是简单的数量分解，另外还分析了绩效指标中业绩指标和行为指标之间的关联与区别——业绩指标是可量化的结果性指标，而行为指标是不可量化的任务结果指标，两类指标从指标设定和评价标准设定上都有不同的原则和方法。

（3）绩效考评方法：绩效考评是将实际绩效与计划的绩效目标进行对照考评的过程，也是评价结果应用的依据，因此绩效考评一直成为管理人员的难点。培训中介绍了一系列工具和方法，帮助经理人员理解并掌握如何平衡、解决考评时公正和人际关系的难题，保证绩效管理对员工起到有效的激励和行为导向作用。

（4）绩效面谈：绩效结果的反馈与达成一致是绩效管理的一个重要环节，在绩效面谈中经理人员要准确地把握员工的工作业绩、行为表现事实，更要控制绩效面谈的节奏与情绪。培训中以一对一角色扮演的形式模拟了绩效面谈中可能出现的矛盾、僵持，培训师对经理人员在绩效面谈中可能遇到的问题一一作了剖析，并实战演习了如何解决分歧、达成共识，鼓舞员工着眼于未来的改善与进步。

（5）实施指导：中层经理人员在全面绩效管理体系的推行中不仅应该做好执行者，还要扮演好宣传员的角色，如何扭转员工的畏难情绪，帮助员工转变观念并了解绩效管理体系是经理人员在实施前期就要面临的一个实际问题。培训中以集中讲授、个别答疑两种方式为经理人员解答了他们对于绩效管理实施的种种疑惑，使经理人员掌握了实施绩效管理的实战技能。尽管培训活动由于时间和干预程度等限制不能解决客户在绩效管理中的全部问题，但与会的经理人员都表示从观念上和技能上受益匪浅，相信他们能够在新的年度中成为更加优秀的绩效管理者和人力资源管理者。

资料来源：http://blog.hr.com.cn/html/07/n-2907.html。

工作任务

分析指出该公司本次培训的成功之处。

任务引导

绩效培训是否成功取决于以下两个因素：一是持续的绩效辅导，即管理人员就员工完成工作目标的过程进行辅导；二是绩效培训的内容与方法。

通过本任务的学习，我们将了解绩效辅导的方法和绩效培训的作用、内容及方法，从而能够有效地实施绩效管理的培训。

知识链接

一、绩效辅导

绩效辅导指的是管理人员就员工完成工作目标的过程进行辅导。现代的绩效管理与传统的绩效考评一个很重要的区别就在于：在绩效计划制定和最终绩效评价与反馈期间，绩效实施不再是员工或管理者单方面的事，而是管理者和员工不断反馈、反复沟通、共同完成的过程。这个中间环节是绩效管理过程中耗时最长、最关键的一个环节。在整个绩效期间，管理者和员工之间能否做好持续的绩效辅导与沟通决定着绩效管理的成败。在这里，管理人员扮演着辅导员的角色，帮助员工不断地改进工作方法和技能，解决工作中遇到的困难。具体来讲，这一过程主要包括两个方面的工作：一是持续不断的绩效沟通，二是数据的收集和记录。

通常，正式的绩效沟通方式主要有以下两种：定期的书面报告和管理者与员工之间的定期会面。其中，管理者与员工之间的定期会面又包括管理者与员工之间一对一的正式会谈和管理者参加的员工团队会谈。

（一）定期的书面报告

定期的书面报告主要包括年报、季报、月报、周报和工作日志等。

实用案例 3—2

季报

某公司季报如下表所示。

姓名：　　　　　　职位：　　　　　　　年　　月　　日——　　年　　月　　日

序号	工作计划（主管与员工共同制定）			完成情况及完成时间	备注
	工作任务描述	关键点/结果输出/衡量标准	完成时限		
关键事件（重大事件）说明	事件 1：				
	事件 2：				

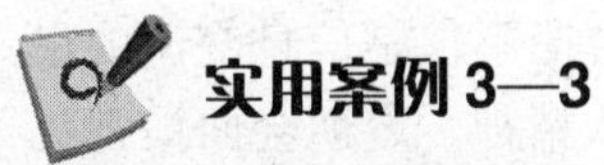

实用案例 3—3

月报

某公司月报如下表所示。

目标/工作任务	现状	困难与问题	解决建议	需要的支持	备注

实用案例 3—4

周报

某公司周报如下表所示。

本周工作任务	工作要点	准备完成时间	实际完成情况

实用案例 3—5

工作日志

某公司工作日志如下表所示。

姓名： 职位： 所属部门：

<table>
<tr><th>序号</th><th>开始时间</th><th>结束时间</th><th>活动内容</th><th>备注</th></tr>
<tr><td></td><td></td><td></td><td></td><td></td></tr>
<tr><td></td><td></td><td></td><td></td><td></td></tr>
<tr><td rowspan="2">关键事件（重大事件）说明</td><td colspan="4">事件 1：</td></tr>
<tr><td colspan="4">事件 2：</td></tr>
</table>

（二）一对一的正式会谈

由于书面报告的单向性无法使管理者和员工之间形成有效的双向沟通，管理者和员工之间的定期会面就显得非常必要了。这种面对面的会谈不仅是信息交流的最佳机会，而且有助于在双方之间建立一种亲近感，培养团队精神。定期会面最常见的就是管理者和员工之间一对一的会面，在每次会面的开始，管理者应该让员工了解这次会谈的目的和重点，并且将会谈的问题集中在解决员工个人所面对的问题上，以使会谈更具实效。

（三）员工团队会谈

无论是书面报告还是一对一的正式会谈，都有一个共同的缺陷，就是信息只在两个人之间共享。如果员工所处的是一个以团队为基础的工作环境，那么这两种方式都不能实现沟通的目的，这时就需要管理者参加的员工团队会谈这种方式了。

二、绩效管理培训

要保证绩效管理有效实施，绩效管理的培训不可缺少，因为员工对绩效管理存在认识上的偏差和误解，如果不消除这些误解和偏差，就会影响绩效管理的有效实施，并会使绩效管理的实施隐患无穷。

（一）消除误解和偏差

1. 员工对绩效管理可能有各种各样的想法

有的员工对任何形式的评估都会很敏感，认为是在找自己的麻烦，内心会感觉自己的品格和责任受到质疑。

有的员工希望绩效评估工作公正和公平，害怕自己受到不公正的评估。

有的员工可能因此产生升职和加薪的期望。

有的员工平时对上司缺乏信任感，内心容易产生抵触情绪。

有的员工把绩效管理本身看作衡量上司管理能力的指标，想看看上司的水平到底怎么样。

有的员工认为绩效管理是形式主义，走过场，抱着无所谓的态度。

2. 主管人员对绩效管理也有各种各样的想法

有的主管人员认为绩效管理是扩充自己权力的机会，可以整一下某些人，也可以拉拢一下某些人。

有的主管人员担心给某些员工打不好的分数会影响自己同他们的关系。

有的主管人员非常想借这个机会在部门内部树立一些榜样。

有的主管人员想借此机会与某些员工好好交流沟通。

有的主管人员认为绩效管理的关键责任在人力资源部门。

有的主管人员担心下属给自己打不好的分数。

主管和员工对绩效管理有这么多的误解和抵触情绪，如果不消除，实施绩效管理将存在相当大的难度和阻力。通过绩效管理培训，使员工对绩效管理有一个全面、正确的理解，并意识到实施绩效管理不但对组织有利，而且对个人也有益，从而主动积极地支持配合实施绩效管理。

（二）学习绩效管理的操作技能

绩效管理中有许多操作技能，例如如何操作绩效指标和标准，如何做工作现场的表现记录，怎样评分，如何进行绩效沟通等。如果实施绩效管理的人不能掌握这些技能，就很难保证他们正确地运用绩效管理的管理工具，绩效管理的目的也就无法达到。这些技能当中，有些是需要主管人员掌握的，有些是主管人员和员工都应该掌握的。

三、绩效管理培训的内容

（一）绩效管理的介绍

向员工解释组织为什么要使用绩效管理系统，它的目的是什么，有什么用途，以及组织中现在使用的是一套怎样的绩效管理系统等。举一些组织中的例子让学员了解绩效管理的目的和过程，消除其由于不了解绩效管理而带来的紧张和焦虑。

（二）绩效评估的介绍

与学员讨论和分析目前绩效评估中存在的影响准确性的因素，包括绩效评估方法的选择、工作描述的准确性和绩效标准设定中的问题等。通过实际操作性的活动，使学员学会如何做出好的工作描述。重点是绩效评估中的误差和偏差，可以使用角色扮演、案例分析等方法使学员掌握评估及避免误差的方法，使评估者了解自己的失误会对绩效管理操作过程产生的影响，以便更好地实施绩效管理。参加培训的人员一般为参加绩效管理的评估人员（主要是管理人员）。

（三）关键绩效指标的介绍

关键绩效指标的设定是进行绩效管理的基础。通过实际操作性的活动，使学员学会如何定义工作产出和关键绩效指标。培训主要是为了让被培训者：

（1）了解关键绩效指标的定义、内容，学会设定关键绩效指标。

（2）了解设定关键绩效指标的重要性。

（3）了解设定关键绩效指标的SMART原则。

（4）学会定义工作产出。

（5）学会设定关键绩效指标与标准。

（四）绩效评估工具的介绍

通过讲解、练习等方法，使评估者正确掌握评估工具的使用，并了解评估者对评估结果的影响。培训主要是为了让被培训者：

（1）了解绩效评估中常用的评估工具，学会正确使用这些评估工具。

（2）了解评估工具的设计。

（3）了解如何将评估者的行为对应到评估量表中。

（4）了解不同评估者评估的差异。

（五）绩效反馈面谈的介绍

通过讲解、练习等方法，使评估者正确掌握如何准备绩效反馈面谈，各个环节的时间分配等。培训主要是为了让被培训者：

（1）了解如何有效地准备绩效反馈面谈。

（2）了解绩效反馈面谈中所要做的活动。

（3）学会计划绩效反馈面谈的时间。

（六）实施绩效反馈面谈的介绍

通过讲解、练习等方法，使评估者正确掌握如何实施绩效反馈面谈。培训主要是为了让被培训者：

（1）了解如何有效地实施绩效反馈面谈，提高面谈技巧。

（2）了解非语言行为在绩效反馈面谈中的作用。

（3）掌握如何控制面谈的过程，使之不偏离预期的轨道。

（七）绩效改进的介绍

对于一名合格的主管和评估者来说，指导和咨询的技能是必备的基本技能。培训主要是为了让被培训者：

（1）了解绩效管理中可能出现的问题和障碍，并学会克服它们。

（2）了解员工在绩效方面可能存在的问题（知识、技能、兴趣、动机、努力程度等方面）。

（3）掌握针对各种具体问题给予督导和帮助的方法要领。

四、绩效管理培训的方法

绩效管理培训的形式有：直接传授培训（包括讲授法、专题讲座法、研讨法），实施型培训（包括工作指导法、工作轮流法、特别任务法、个别指导法），参与型培训（包括自学、案例研究法、头脑风暴法、模拟训练法、敏感训练法、管理训练法），态度型培训（包括角色扮演法、拓展训练法），科技时代的培训（包括网上培训、虚拟培训）等。

绩效管理培训常用的方法有如下几种。

（一）教学法

首先，通过讲演、讨论、会谈、讲评等方式，以语言启示；其次，进行讨论、沟通，树立正确的观念；最后，依人员与环境的各种情势作个别辅导或集体辅导，以适应其需要。故此法又分为集体教学法和个别教学法两种。

（二）情境法

情境法，即用情境的影响力进行培训，例如自然观察、社会调查、团体活动、文物展览等，使受训者在动态环境中体验、顺应，从而实现培训或训练的目标。

（三）案例研究法

此为美国哈佛大学企业管理研究所所创，目的是使受训者对工作实况的处理作广泛深刻的思考、研究和学习。其具体内容是提出实务问题或个案，由大家参与座谈讨论，提供意见及解决之道；其原理在于通过交流，提出各种不同看法，以交换经验、沟通思想。

（四）角色扮演法

受训者在培训教师设计的工作情境中扮演角色，其他学员与培训师为其作适当点评。角色扮演法信息传递多向化、反馈效果好、实践性强、费用低，因而多用于人际关系能力的训练。

（五）自学法

这一方法较适合一般理论性知识的学习。让具有一定学习能力与自觉性的学员自学是既经济又实用的方法，但此方法存在监督性差的缺陷。

（六）互动小组法

互动小组法，也称敏感训练法，此法主要适用于管理人员的人际关系与沟通训练。让学员在培训活动中亲身体验，以提高他们处理人际关系的能力。其优点是可明显提高人际关系与沟通的能力，但其效果在很大程度上依赖于培训教师的水平。

（七）网络培训法

这是一种新型的计算机网络信息培训方式，投入较大，但使用灵活，符合分散式学习的新趋势，节省学员集中培训的时间与费用。这种方式信息量大，新知识、新观念传递优势明显，更适合成人学习。因此，特别为实力雄厚的企业所青睐，也是培训发展的一个必然趋势。

任务实施

（1）明确绩效管理培训的目的、内容及方法，拟订培训提纲并确定培训讲师是否与公司需求相匹配。

（2）公司将举行一次管理人员的绩效管理培训讲座，时间是1天。经人力资源部研究，欲邀请某高校人力资源专家到公司进行授课。为保证培训质量，公司派人力资源部培训专员前去拜访该专家，并与之就培训的有关事宜进行沟通，以便最后决定是否聘其担任讲师。

（3）实施方案。

1）将全班分成5～6个小组，每组7～8人。

2）每组推选2人分别扮演专家与培训专员。小组其他人负责设计沟通谈话提纲。应了解以下信息：专家的擅长领域、企业培训经验、时间安排、上课方式、需用设备、交通方式及费用要求等。

3）小组轮流进行模拟谈话。培训专员应先向专家介绍公司情况、培训要求及培训对象情况等。其他小组进行效果评价。

4）进行小组自评及教师总评。

任务三　全面准备，掌握面谈技巧

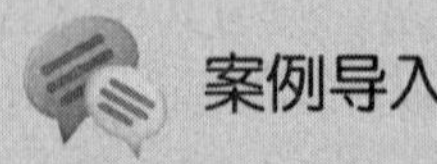

案例导入

一次失败的绩效面谈

经理：小A，有时间吗？

（评：面谈时间没有预约）

小A：什么事情，头儿？

经理：想和你谈谈，关于你年终绩效的事情。

（评：谈话前没有缓和气氛，沟通很难畅通）

小A：现在？要多长时间？

经理：就一小会儿，我9点还有个重要的会议。哎，你也知道，年终大家都很忙，我也不想浪费你的时间。可是人力资源部总给我们添麻烦，总要求我们做这做那。

（评：推卸责任，无端牢骚）

小A：……

经理：那我们就开始吧，我一贯强调效率。

于是，小A就在经理放满文件的办公桌的对面不知所措地坐下来。

（评：双方正对着的面谈容易造成心理威慑，不利沟通，双方最好呈90度直角面谈）

经理：小A，今年你的业绩总体来说还过得去，但和其他同事比起来还差了许多，但你是我的老部下了，我还是很了解你的，所以我给你的综合评价是3分，怎么样？

（评：评估没有数据和资料支持，主观性太强，趋中效应严重）

小A：头儿，今年的很多事情你都知道的，我认为我自己还是做得不错的，年初安排到我手里的任务我都完成了呀，另外我还帮助其他同事做了很多的工作……

经理：年初是年初，你也知道公司现在的发展速度，在半年前部门就接到新的市场任务，我也对大家做了宣布，结果到了年底，我们的新任务还差一大截没完成，我的压力也很重啊！

小A：可是你并没有因此调整我们的目标啊。

（评：目标的设定和调整没有经过协商）

这时候，秘书直接进来提醒经理会议时间已到。

经理：好了好了，小A，写目标计划什么的都是人力资源部要求的，他们哪里懂公司的业务！现在我们都是计划赶不上变化，他们只是要求你的表格填得完整、好看，而且他们对每个部门都分派了指标。

（评：人力资源部在考核的时候多注重形式而忽视了内容）

经理：其实大家都不容易，再说了，你的工资也不错，你看小王，他的基本工资比你低，工作却比你做得好，所以我想你心里应该平衡了吧。

（评：将评估与工资混为一谈）

经理：明年你要是做得好，我相信我会让你满意的。好了，我现在很忙，下次我们再聊。

（评：轻易许诺，而且有第三人在场）

小A：可是头儿，去年年底评估的时候……

经理没有理会小A，匆匆地和秘书离开了自己的办公室。

资料来源：http://www.chinahrd.net/performance-management/diagnostic-analysis/2005/1122/135666.html。

工作任务

分析绩效面谈的不足及成功之处。绩效面谈应该有哪些准备工作？基本流程是什么？

任务引导

绩效面谈是现代绩效管理工作中非常重要的环节。绩效面谈是通过面谈的方式，由主管为员工明确本期考核结果，帮助员工总结经验，找出不足，与员工共同确定下期绩效目标的过程。面谈是最直接的沟通方式，沟通程度较深，可以就某些不便公开的事情进行交流，员工容易接受，管理者可以及时对员工提出的问题进行回答和解释，减少沟通障碍，利于员工绩效与组织绩效有效结合。因此，主管和员工都应慎重对待绩效面谈工作。

通过本任务的学习，我们将了解绩效面谈的准备与实施流程。

知识链接

一、绩效面谈的准备

（一）主管面谈前的准备工作

1. 准备面谈资料

绩效面谈之前要做好充分的准备，最好事前做好演练，针对每个员工的绩效结果，结合员工的特点，事前预测员工可能对哪些内容有疑问，哪些内容需要向员工作特别的澄清说明。只有每项内容都准备充分了，才能更好地驾驭整个面谈的局面，使之朝积极的方向发展，而不是陷入尴尬的僵局或面红耳赤的争吵，僵局和争吵都会损坏与员工的关系，不利于以后工作的安排。

事前要收集以下资料：

（1）员工的绩效考评表。

（2）目标管理卡。

（3）岗位说明书。

（4）员工的绩效档案。

（5）员工绩效面谈记录表。

2. 确定面谈时间

选择绩效面谈时间非常关键。当主管拟订一个面谈时间后，一定要询问员工这个时间是否可行，这样一方面可以表示对员工的尊重，另一方面可以让员工这段时间不要有其他的安排。另外，还应该计划好面谈花费的时间，这样有利于安排好手头的工作，给绩效面谈留下足够的时间，避免讨论受到干扰。面谈的时间不宜太长，一般为 30 分钟至一个小时。

3. 安排地点和设备

最好选择一间单独的办公室或小会议室，面谈场所要完全与外界隔离，既要保证不受干扰，不被其他人看到室内进行面谈的过程，又要让面谈双方感到舒适、轻松。

在布置面谈场地时，主管可根据员工的职位、性别和个性安排好谈话者的空间距离和位置，以便于双方沟通。距离太远，沟通的双方无法清晰地获得信息；距离太近，会使双方感到压抑。

4. 通知面谈

通常一个主管有若干个下属，但不可能同时面对一群人来面谈，只能一个一个单对单地面谈。所以必须有一个统筹的安排，根据自己的工作安排，与员工进行适当的沟通之后，拟订一个行之有效的面谈计划，并告诉员工面谈的时间、地点、目的与准备事项，让员工有一个心理和行动上的准备。为表示慎重，面谈之前应准备好绩效考核面谈表。

实用案例 3—6

绩效考核面谈表

某公司的绩效考核面谈表如下表所示。

部门	职位	姓名	考核日期
			年　　月　　日
工作成功的方面			
工作中需要改善的地方			
是否需要接受一定的培训			
本人认为自己的工作在本部门和全公司中处于什么状况			

<table>
<tr><td>本人认为本部门和全公司中工作最好、最差的是谁</td><td></td></tr>
<tr><td>对考核有什么意见</td><td></td></tr>
<tr><td>希望从公司得到怎样的帮助</td><td></td></tr>
<tr><td>下一步的工作和绩效的改进方向</td><td></td></tr>
<tr><td>面谈人签名：</td><td>日期：</td></tr>
<tr><td colspan="2">备注：</td></tr>
<tr><td colspan="2">注：以下部分由人事部及总经理填写</td></tr>
<tr><td colspan="2">人事部评定：
1. 评语：____________________
2. 依据本次考核，特决定该员工：
[ ] 转正：在________任________职
[ ] 升职至________任________
[ ] 续签劳动合同自____年____月____日至____年____月____日
[ ] 降职为____________________
[ ] 提薪/降薪为____________________
[ ] 辞退
其他____________________
经理签字：________日期：____年____月____日</td></tr>
<tr><td colspan="2">总经理最终核准：____________________
总经理签字：________日期：____年____月____日</td></tr>
</table>

（二）员工面谈前的准备工作

只有经理本人做准备是不行的，面谈是经理和员工两个人共同完成的工作，只有双方都做了充分的准备，面谈才可能成功。所以，在面谈计划下发的同时要将面谈的重要性告知员工，让员工做好充分的准备。

1. 收集本考评期与绩效有关的资料

这些资料包括本期所做的工作和成就，对于完成得好的工作任务，需要以事实为依据具体说明。

2. 做好自我评估工作

绩效面谈注重现在的表现，更注重将来的发展。因此，主管除了想听到员工个人过去的总结和评价外，还希望了解员工个人的未来工作计划，特别是针对不足的方面如何改进和提高的计划。为了能更好地了解和检讨自己的工作，应先填好员工自我评估表。

实用案例 3—7

员工自我评估表

某公司员工自我评估表如下表所示。

姓名：	部门：	职位：
任职起算时间：	评价区间：　　年　月——　　年　月	
目标项目：		
具体内容：		
绩效的自我评价、反省与计划：		
主管的评价及意见：		

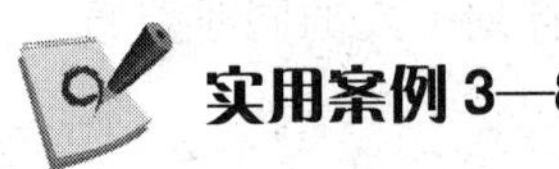

实用案例 3—8

年度考评自我鉴定表

某公司年度考评自我鉴定表如下表所示。

填报日期：　　年　　月　　日

姓名		岗位		部门	
入职日期		出生年月日		学历	
项目					
目前工作	(1) 你认为目前担任的工作对你是否适合？(□适合　□不太适合　□不适合)				
	理由及建议：				

<table>
<tr><td rowspan="4">目前工作</td><td>（2）工作的“量”是否恰当？（□太多　□适中　□很少）</td></tr>
<tr><td>理由及建议：</td></tr>
<tr><td>（3）在你执行工作时，你曾遇到什么困难？</td></tr>
<tr><td></td></tr>
<tr><td rowspan="3">工作希望</td><td>（1）你认为你比较适合哪些方面的工作？</td></tr>
<tr><td>（2）你不适合哪些方面的工作？</td></tr>
<tr><td>（3）你对现在的工作有什么期望？</td></tr>
<tr><td rowspan="5">薪资及职位</td><td>（1）你认为你的工作报酬与你对工作的付出是否成正比？（□成正比　□不成正比）</td></tr>
<tr><td>理由及建议：</td></tr>
<tr><td>（2）职位是否合理？（□合理　□不合理）</td></tr>
<tr><td>理由及建议：</td></tr>
<tr><td>（3）你的希望是什么？</td></tr>
</table>

<table>
<tr><td rowspan="3">培训</td><td>(1) 这一年内你曾否参加公司内部或外部举办的培训？(□曾参加　□未曾参加)</td></tr>
<tr><td>(2) 你希望接受哪些培训？你对本公司的培训有何意见？</td></tr>
<tr><td>(3) 你在本公司曾参与的培训有哪些？</td></tr>
<tr><td rowspan="2">工作分配</td><td>(1) 你认为你所在部门的工作分配是否合理？(□合理　□不合理)</td></tr>
<tr><td>(2) 什么地方需要改进？</td></tr>
<tr><td rowspan="2">工作目标</td><td>(1) 你的工作目标是什么？</td></tr>
<tr><td>(2) 这个目标你已做到什么程度？</td></tr>
<tr><td rowspan="2">特殊贡献</td><td>(1) 你认为本年度对公司有较特殊贡献的工作是什么？</td></tr>
<tr><td>(2) 你做到什么程度？</td></tr>
<tr><td>工作构想</td><td>对你担任的工作，你有什么更好的构想？</td></tr>
<tr><td colspan="2">说明：本表呈总经理或部门经理参阅后转办公室存档。</td></tr>
</table>

3. 准备向管理人员提出的问题

绩效面谈是一个双向沟通的过程，员工可主动向主管提出一些自己关心的问题。因此，员工可准备一些与绩效管理有关的问题，以便在面谈中向主管提问。

4. 安排好自己的工作

工作交代妥当，面谈时才能集中精力。面谈一般会占用1～2小时的时间，如果这段时间有急事，可与上司商量调整一下，或请同事帮忙处理。

二、绩效面谈的实施

（一）开场

开场白有很多种形式，可先谈最近发生的大事和新闻，也可先谈员工家里最近发生的小事或其引以为傲的好事，或者干脆单刀直入谈本次面谈的目的。到底采用何种方式开始面谈，取决于具体的谈话对象和情况。选择的开场方式，一定要是最自然且能营造最佳面谈气氛的。

（二）谈话过程与方式

（1）首先谈员工本期工作表现的优点，对成绩加以肯定，再谈不足和有待改进的地方。

（2）在提出自己的评价之前，先要下属说出他（她）的看法；或让下属把考评表上的所有项目看完，再逐项陈述。

（3）直接就考评表中的内容逐项与员工进行沟通，如果双方的认识一致，就进行下一项讨论；如果双方意见不一致，就通过讨论争取达成一致；对于实在无法达成一致的意见，可暂时放在一边，事后再做进一步沟通。

不论采用哪种方式，目的都在于双方能就如何提高工作绩效达成一致的看法。

实用案例3—9

一次成功的绩效沟通

8月下旬，又到了半年度绩效考核结果沟通的日子。对各级管理者来说，与员工进行绩效结果沟通是一件非常痛苦的事情。因为对于那些考核结果不理想的员工，管理者稍有不慎，轻则打击他们的工作积极性，重则导致他们“因对主管或公司过度失望而自暴自弃”，更有甚者可能造成员工“因强烈不满而向上级部门投诉或者干脆卷铺盖走人”，这样不仅会给主管的工作带来被动，还会给公司带来不必要的损失。

沟通的目标

根据5年来的管理工作经历，A认为，绩效沟通应实现以下目标：

（1）对绩效良好的员工，简单肯定其为岗位和部门所做的贡献，指出其工作中存在的不足和缺点，接着提出改进建议和完成期限，最后把绩效结果告诉员工，同时提出更高的工作期望。此时，由于绩效结果良好，员工一般都会非常愉快地接受主管提出的建议，并以感恩的心态向主管承诺按期或提前实现工作改进或更好的绩效。

(2) 对绩效不佳的员工，不要急于指出其工作中做得不到位的地方，更不要急于说出考核结果，而是首先帮助其分析工作中存在的问题，一起查找原因，共同得出解决问题的思路和办法。在此过程中，主管发挥了“辅导、帮助员工”的作用，员工因此会对主管产生一种感激心理（至少不会产生不满情绪）。然后，主管适时说出绩效结果，此时员工一般都会不同程度地接受下来。最后，也是很关键的一步，对员工提出更高的工作要求，期望其立足本岗位和本部门，在改进现有工作的基础上，主动争取更多的工作职责和工作范围，进而实现更大的职业价值。如果说第一步是辅导员工，则最后一步就是在培养员工了，让员工切实感受到主管的关怀，并相信在主管的指导和培养下，他（她）在部门和公司中会有良好的发展前景。

沟通的背景

2012 年 6 月 1 日，A 抵达地拉那，开始接手阿尔巴尼亚代表处财务工作。在不到 3 个月的时间里，A 主要忙于与前任财务经理的工作交接，熟悉需要与集团总部接口的工作，比如项目财务、货物出口定价等；本地员工主要依托当地法规完成会计核算、税务缴纳等工作。这样，在此较短时间内，A 并没有就本地员工所做的工作与他们进行非常充分的沟通。作为新到任的主管，A 希望通过此次面对面交流，不仅为员工指出工作的问题和努力方向，而且借此树立自己在本地员工中的威信。

今天沟通的员工名叫 Bardy，当地子公司财务部 AP 会计。Bardy 有近 5 年的工作经验，当地 CPA，来公司之前曾担任某企业财务主管。虽然是个 25 岁左右的大小伙子，但 Bardy 性格较温和，工作中显得激情不够、魄力不足。

沟通的过程

A 提前 10 分钟通过 e-space 给 Bardy 发了信息，他如约来到会议室。沟通开始后，A 首先“自我谦虚”了一把，对 Bardy 表示虽然他们已经在一起工作两个多月了，但 A 主要忙于其他事情，只跟他单独沟通过两三次，对他的工作支持不够。Bardy 微笑着表示理解。A 强调了他的工作岗位的重要性，肯定了其在部门和公司中的地位。在平和、友好的气氛中，A 谈起了目前 AP 工作中存在的不足和问题。

A 启发 Bardy 进行自我评价。Bardy 说：“AP 目前的主要问题是数据质量不高，但这一点无法通过财务部自身的工作加以解决，而是需要业务部门充分配合。”这个问题 A 之前已有所耳闻，但没腾出时间专门深究。A 明确表示此问题很严重，因为一旦数据不准，与之相关的一系列指标就会受到影响，AP 会计的工作质量和输出就大打折扣。接着，A 征求 Bardy 的意见：是否需要 A 出面约谈一下业务部门的主管？对此，他们达成一致意见：A 先跟业务部门的主管面谈一下，然后由 Bardy 召集一个会议，要求两个部门的主管及相关人员一起参加，明确各自的职责，最终解决此问题。然后，他们又一起谈了其他问题。在提供解决建议的同时，A 照例承诺会给予有力支持，帮助Bardy顺利解决问题。Bardy非常开心，微笑着向A表示感谢。此时，A看火候差不多了，就主动跟Bardy谈起考核结果的问题。A讲述了公司5个考核等级各自所代表的具体含义，并特别强调，对某一位员工的考核不会完全依据其自身的工作业绩，还要考虑部门其他同事的绩效和表现。对于Bardy本人的工作，A指出："作为一名AP会计，你上半年的工作还可以，业绩不突出，但也没有大的差错和问题出现，所以，在综合考虑之后，我们决定给你的考评为B。"虽然前面谈话的气氛很好，但一听到考核结果是B，A仍能明显感觉到Bardy心中的不满和眼睛里流露出来的异样的光芒。Bardy马上问A："你能否指出我在工作中还有哪些问题和不足?"A答道："在工作中，也许跟你的习惯有关吧，你有时候给我的感觉是无所事事，工作量不是很饱满。"Bardy点头承认。A接着说："作为一名AP会计，你较好地履行了自己的职责。但我还想对你说，作为我们公司的员工，你的表现不是很合格。"A向Bardy讲述了公司的优秀人才在工作中是如何表现的，并对他提出了自己的建议和期望："在工作之余，你可以加强一下业务学习。大的方面讲，作为一家世界500强跨国企业，我们有太多的财经制度和政策需要了解和掌握；小的方面看，除AP外，AR、收入、税务等各个模块的流程、制度，你都可以学习，并借此全面提升自己的业务水平。"对于上述一番话，Bardy表示同意。A趁热打铁："Bardy，不知你注意过没有，每次税务机关的工作人员到我们办公室来，我都喊你跟我和其他同事一起参与交流；对于子公司的ERP项目，只要有机会，我都会拉上你与我们一起开展业务研讨、一起跟咨询公司进行谈判等。你是否想过，这些事情其实都与你的工作关联度不是很大，但我为什么让你参与了呢?首先是因为我看好你的发展潜力；其次，作为主管，我觉得自己有义务培养你。"听到这里，Bardy已有些感动了。A最后拿出了"杀手锏"："跟你说句心里话，我们都是公司的员工，我认为我们应该在公司发展的同时提高自己的职业竞争力。还是以子公司的ERP项目为例，就算是你今后离开我们公司了，凭着参与ERP项目的工作经历，你的职业竞争力就比其他人高出一大截!"A说这句话的目的绝不是鼓励Bardy跳槽，而是让他明白A请他全面参与ERP项目，就是对他的重视和培养。当然，就工作本身而言，A也需要在当地培养1～2名全面熟悉和掌握ERP相关业务的员工。

话说到这里，Bardy的目光已经变得友善起来，甚至闪出一丝感激的光芒。他说："我在以前的那家公司，职位比现在高，待遇也不比现在差。但我为什么要离开并加入我们公司呢?就是因为我喜欢这里的工作氛围。比如现在你跟我的谈话，我就觉得很坦诚、很实在，没有任何拐弯抹角的东西。"A微笑着表示赞同。A明白，刚才与Bardy的沟通已达到了预期目的。

最后，A打开Bardy先前提交的下半年PBC承诺书，按照他们刚才达成的共识，依次就相关内容进行了增加和修订。整个过程由他们两个人共同完成，非常顺利。

资料来源：http://hi.baidu.com/central_asia01/item/4ac15dd0cdeb4f1ed80e44e7。

三、绩效面谈的结束

一般来说，在双方对绩效考评中的各项内容基本达成一致意见后，就可以结束面谈了。如果某些问题还未达成一致，面谈结束时要向员工提出自己的建议，并约定再次面谈的大致时间。

四、绩效面谈的技巧

主管面对不同类型的员工时，应因人而异，采取不同的面谈方式。下面是根据不同的分类方法列出的不同类型的员工绩效面谈的基本要求。

（一）根据考评结果

1. 考评为优秀的员工绩效面谈的基本要求

同考评为优秀的员工进行绩效面谈时，应肯定和感谢员工的贡献，并为其未来的发展规划出谋划策。告知具体的奖励意见，但最好不要向员工许过高的愿，以免日后不能兑现，反而打击员工的积极性。

2. 考评为合格的员工绩效面谈的基本要求

同考评为合格的员工进行绩效面谈时，既要鼓励员工上进，争取更上一层楼，又要帮助员工找差距和不足，并帮助其拟订下一阶段改进的方向和计划。对于雄心勃勃但绩效一般的员工，不要泼冷水，打击其积极性，应耐心开导，用事实说明愿望与现实的差距，勉励其继续努力，说明水到渠成的道理。

3. 考评为差的员工绩效面谈的基本要求

同考评为差的员工进行绩效面谈时，要帮助员工分析差距，诊断出不足的原因，还要帮助制定改进措施，但切忌不问青红皂白地兴师问罪。对于连续考评为差又无明显进步的员工，应开诚布公地让其意识到自己的不足，研究其是否适合该职位，是否需要调换岗位。

（二）根据入职年限

1. 老资格员工绩效面谈的基本要求

同老资格员工进行绩效面谈时，应特别尊重，不要使他们的自尊心受到伤害；对于他们过去的贡献应充分肯定，并表示理解他们对未来出路或退休的担心，询问是否有什么困难需要组织帮助解决的，鼓励他们继续为企业的发展贡献力量。

2. 入职 3～5 年的员工绩效面谈的基本要求

入职 3～5 年的员工有一定的工作经验，对自己和工作都有比较客观的认识，但阅历尚浅，比较浮躁。因此，在与这类员工进行绩效面谈时，应以工作为重，在肯定成绩之余，要帮助他们找不足，并协助他们规划今后的职业生涯。

3. 新入职员工绩效面谈的基本要求

同新入职员工进行绩效面谈时，既要帮助新员工认识自己工作中的不足，以及今后努力的方向，又要关心他们平时的学习与生活，让他们感觉到集体的温暖，帮助他们尽快融入新的工作环境，使其能快速成长。

（三）根据在组织中的位置

1. 核心型员工绩效面谈的基本要求

核心型员工指与主管关系密切，对企业忠诚，又很有才华的员工。同这类员工进行绩效面谈时，可直接表明组织对其的期望和要求，鼓励他（她）能做得更加出色。

2. 伙伴型员工绩效面谈的基本要求

伙伴型员工指与主管关系一般，对企业忠诚，但才华一般的员工。同这类员工面谈时，应多与他们进行情感交流，以进一步加强其忠诚度；还应帮助他们找问题和改进的措施，以便今后能委以重任。

3. 防范型员工绩效面谈的基本要求

防范型员工指才华出众但对企业忠诚度不高的员工。这类员工在企业中最令人不放心，但有时又是不可或缺的，所以，在面谈时要让他们感觉到组织对他们的重视，谈话内容应以关心个人的发展为主，以工作方面的问题为辅，尽量提高他们对组织的忠诚度。

4. 边际型员工绩效面谈的基本要求

边际型员工指能力不佳，与组织关系一般的员工。同这类员工面谈时，主要谈工作中的问题，并帮助他们找到改进的方法和措施。

任务实施

（1）明确员工类型定位，熟悉面谈工作流程，拟订面谈提纲并实施不同类型员工的面谈过程。

（2）实施方案。

1）将全班分成 5～6 个小组，每组 7～8 人，由教师设定每组不同的员工类型。

2）每组推选 2 人分别扮演主管与员工。小组其他人负责设计考评面谈提纲。

3）小组轮流进行模拟考评面谈，其他小组进行效果评价。

4）进行小组自评及教师总评。

项目小结

绩效实施是一个系统的、动态的管理过程。绩效信息收集、绩效辅导与沟通、绩效管理培训及绩效面谈的准备与实施，这一系列活动保证了绩效评估的公正与客观。

通过本项目的学习，应该掌握以下内容：

（1）收集绩效信息的途径、方法与内容。绩效信息的记录和收集是绩效管理的一项基础工作，很多绩效管理失败的原因就在于绩效信息的不准确以及考核评价的随意性。准确、及时的绩效信息对绩效考核的顺利实施具有重要意义。具体需要了解绩效信息收集的目的、内容和方法，以及绩效信息收集过程中需注意的问题，为绩效评估的实施打下基础。

(2) 绩效辅导与沟通的必要性及技能。绩效辅导是绩效管理的生命线，决定了绩效考核的成败。

(3) 绩效管理培训的业务技能。培训在绩效管理中起着非常重要的作用，应该对各级管理者进行针对绩效考核管理制度、流程的培训，使绩效考核者清楚绩效考核的操作过程。同时，要对各级管理者和员工进行针对绩效管理有关工具、方法和技巧的培训。

(4) 绩效面谈准备工作及实施。绩效面谈是现代绩效管理工作中非常重要的环节。绩效面谈是通过面谈的方式，由主管为员工明确本期考核结果，帮助员工总结经验，找出不足，与员工共同确定下期绩效目标的过程。

案例分析

A公司的绩效实施

A公司是一家以电话营销为主的销售公司，近一年来公司业绩逐步下滑。令张总头疼的是，每次绩效考核结束，员工总是抱怨声不断："平时公司没有任何举动，一到季末，公司就开始安排考核，考核结束，人力资源部就要对员工的工资进行调整。每到季末公司上下就会人心惶惶，无心工作，真不明白公司为什么要弄这绩效考核。"从效果来看，绩效管理实施一年来，公司绩效不但没有任何改进，反而员工的离职率越来越高。张总在无奈之下，聘请一家咨询机构为公司设计了一套绩效实施方案。

首先，咨询顾问会同部门经理对业务人员的日常工作进行了详细观察和记录，特别是对以往绩效较差的员工和绩效优异的员工的行为信息进行收集。收集信息的内容包括：打电话的数量、电话时长、电话用语、电话记录内容、客户台账以及部分客户对业务员的反馈信息等，目的是为以后的绩效评估、绩效沟通和绩效辅导做准备。

其次，对绩效较差和绩效优异的员工的信息进行详细比对和分析（如下表所示），发现影响绩效的因素有：每天电话数量、每天所打电话总时长、同一客户所联系的频率、电话记录内容完备程度和客情关系。通过分析绩效优异员工在这几项因素上的日常表现，将其作为成功经验对绩效较差员工进行绩效辅导，帮助他们不断改进工作方法和细节，使其逐渐养成好的工作习惯。

差异 因素	绩效较差员工	绩效优异员工	差距	因素关键指数
平均电话数量/天	32个	98个	平均每天电话总量相差66个	★★★★★

续前表

差异 因素	绩效较差员工	绩效优异员工	差距	因素关键指数
平均电话总时长/天	244min	368min	平均每天电话总时长相差124min	★★★★★
平均电话间隔	7.6min	3.8min	平均每个电话间隔相差3.8min	★★★★
同一客户两次电话间隔	16天	10天	同一客户两次电话间隔时间相差6天	★★★★★
话术	公司培训的标准话术	公司培训的标准话术	均是公司培训的标准话术	★
电话记录内容	80%的人员只对有购买意向客户有记录，对其他客户只简单记录“已打电话”、“暂无需求”或类似记录	全部有较详细的电话记录内容，通过不同的标志标出客户购买意向程度，并分别标明下次联系的时间、方式	电话记录内容的完善程度有较大差别，绩优者电话记录内容普遍较详细	★★★★
客户台账	有台账，但不太详细	有台账，非常详细	均有台账，详细程度不同	★★★
客户反馈信息	40%的客户不知道打电话的业务员的姓名，且不清楚公司的产品信息，如产品种类、优势、价格……	68%的客户能叫出打电话业务员的名字，知道公司的产品信息	绩优者与客户的关系相对较紧密，基本与客户确立了彼此了解的关系，为进一步沟通奠定基础	★★★

最后，当员工和经理都对绩效管理实施过程有了大概了解时，安排绩效管理的系统培训，通过形式多样的系列培训使公司上下对绩效管理有明确而统一的认识，消除认识上的误差。另外，咨询顾问与经理根据所收集的绩效信息重新提取员工的关键绩效指标，修订考核卡，并与员工本人进行沟通确认后实施。

三个月后对员工进行季度考核，结果显示，部门的整体绩效和个人绩效均有了很大提升。90%的员工完成了季度任务，部门超额完成季度任务（如下表所示）。经理并没有因此而沾沾自喜、停滞不前，而是在增强信心的同时，针对不同考核等级的员工认真准备了一次绩效面谈，特别是没有完成季度任务的员工。通过面谈，进一步找出了员工的其他不足，经理与员工共同寻找改进措施，达成一致意见后形成改进方案。由于双方对绩效管理认识比较统一，目的比较明确，都是为了个人和企业绩效的提升，因此，沟通起来非常顺畅。

单位：人

完成情况＼季度	第一季度	第二季度	第三季度	第四季度
100%以上	0	0	4	
80%～100%	2	2	14	
60%～80%	15	11	2	
60%以下	3	7	0	

注：公司规定，完成任务的80%即为完成任务。

三个月来，公司上下的变化，张总是看在眼里记在心里，考核结果进一步证明了公司绩效管理的变化。长时间困扰张总的问题逐步得到了解决，张总的脸上露出了久违的笑容，因为他知道，公司目前的绩效管理终于步入了正轨。

思考题：

（1）该公司是如何推进绩效管理的？

（2）在实施过程中可能遇到的问题有哪些？如何避免与改进？

项目四　绩效评估与反馈

学习目标

知识目标

- 掌握绩效评估的方法
- 了解各种方法的优缺点及适用范围

技能目标

- 能够运用各种评估方法实施绩效评估
- 能够对考核结果进行修正

绩效评估是企业组织根据员工的岗位说明，通过系统的方法、合适的工具来评定和测量员工在岗位上的工作行为和工作成果。绩效评估的结果可以直接影响薪酬调整、奖金发放及职务升降等诸多员工的切身利益。

绩效评估的实施步骤如下：

(1) 制定绩效评估计划。为了保证绩效评估顺利进行，必须事先制定计划，在明确评估目的的前提下，按照目标要求选择评估的对象、内容、时间。

(2) 确定绩效评估方法。为完成绩效评估任务，选择相应的、合适的绩效评估方法是至关重要的。方法得当不仅能大大提高评估的准确性，还可以提高评估工作的效率。

(3) 收集数据。绩效评估是一项长期、复杂的工作，对于作为评估基础的数据收集工作要求很高。使用生产记录、定期抽查等方法，注重长期的跟踪，随时收集相关数据，使数据收集工作形成一种制度，方便评估工具的使用。

(4) 分析评价。对所收集的数据进行分析、处理、汇总。

本项目将重点介绍绩效评估方法、绩效反馈与控制。

任务一　绩效评估方法

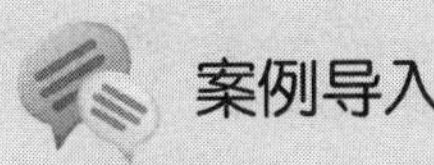

案例导入

A公司的绩效考核方法选择

A公司成立于20世纪50年代初，经过几十年的努力，在业内已具有较高的知名度并获得了较大的发展。绩效考核工作是公司基础管理重点投入的一项工作，公司的高层领导非常重视，人事部具体负责绩效考核制度的制定和实施。人事部在原有的考核制度基础上制定了《中层干部考核办法》。每年年底正式进行考核之前，人事部会出台当年的具体考核方案，以使考核达到可操作的程度。A公司的做法通常是由公司的高层领导与相关的职能部门人员组成考核小组。考核的程序通常包括：被考核者填写述职报告，在自己单位内召开全体职工大会进行述职，民意测评（范围涵盖全体职工），向科级干部甚至全体职工征求意见（访谈），考核小组汇总写出评价意见并在征求主管副总的意见后报公司总经理。

考核的内容主要包含三个方面：被考核单位的经营管理情况，包括该单位的财务情况、经营情况、管理目标的实现情况等；被考核者的德、能、勤、绩及管理工作情况；下一步工作打算及重点努力的方向。具体的考核细目侧重于经营指标的完成、政治思想品德，对于能力的定义则比较抽象。各业务部门（子公司）都在年初与总公司对于自己部门的任务指标进行了讨价还价。

对中层干部的考核完成后，公司领导在年终总结会上进行说明，并将具体情况反馈给个人。尽管考核的方案中明确说考核与人事的升迁、工资的升降等方面挂钩，但最后的结果总是不了了之，没有任何下文。

对于一般员工的考核，由各部门的领导掌握。子公司的领导对下属业务人员的考核通常是从经营指标的完成情况（该公司中所有子公司的业务员均有经营指标的任务）来进行的；对于非业务人员的考核，无论是总公司还是子公司均由各部门的领导自由进行。通常的做法是，到年底分奖金时，部门领导对自己的下属做一个笼统的排序。

这种考核方法，使得员工的卷入程度较高，颇有点儿声势浩大、轰轰烈烈的感觉。公司在第一年进行操作时，获得了比较大的成功。由于被征求了意见，一般员工觉得受到了重视，感到非常满意。领导则因为该方案得到了大多数人的支持，也觉得满意。但是，被考核者因为自己的部门与其他部门相比，历史条件和现实条件不同，年初所定的指标不同，觉得相互之间无法平衡，心里很是不服。考核者尽管需访谈300人次左右，忙得团团转，但由于大权在握，体会到考核者的权威，还是乐此不疲。

进行到第二年时，大家已经丧失了第一次时的热情。第三年、第四年进行考核时，员工考虑前两年考核的结果出来后，业绩差和业绩好的领导并没有任何区别，自己还得在他手下干活，便敷衍了事。被考核者认为年年都是那套考核方式，没有新意，只不过是领导布置的事情，不得不应付。

资料来源：http://mba.xdf.cn/201109/903865.html。

工作任务

案例中运用了哪些绩效考核的方法？在操作过程中是否有问题？若有，是步骤操作失误，还是方法选择的问题？

任务引导

员工的绩效评估是多维度开展的，内容包括工作能力、工作态度、工作效果等多个方面。评价者不仅要评价可以获取的客观结果，还要评价一些难以客观表述的“软”因素，因而增加了考核、评价过程的难度与复杂程度。

有了绩效指标和绩效标准，还需要采用一定的绩效评估方法来对绩效指标和绩效标准进行实际运用，以取得公正的考评结果。一套好的绩效评估方法，可以提供很多有用信息，为调资、调动、培训等提供信息来源。

知识链接

一、绩效评估方法

（一）分级法

分级法又可称为排序法，即按被考核员工每人相对的绩效优劣程度，通过比较确定每人的相对等级或名次。这是一种简单的评估方法，类似于“学习成绩排名”，根据其评估要素，将全体员工的绩效从好到坏进行排列。分级法可分为以下几种方法。

1. 简单排序法

简单排序法就是考评者根据员工工作的整体表现，按照优劣顺序依次排列。这种方法的特点是简单易行，花费时间少，减小考评结果过宽和趋中的误差。但是，这种方法属于主观比较，有一定的局限性，不同部门员工之间难以比较，业绩相近时难以比较。

在使用简单排序法进行绩效考核时，考核者简单地把一组中的所有员工按照总业绩的顺序排列起来即可。例如，部门中业绩最好的员工被排列在最前面，业绩最差的员工被排在最后面。这种方法的主要问题是，当个人的业绩水平相近时难以进行准确排序。

实用案例 4—1

直接排序结果

某公司某部门直接排序结果如下表所示。

顺序	等级	员工
1	好	张、王、孙
2	中	钱、李、周
3	差	吴、赵

2. 交替排序法

作为简单排序法的一种演变，交替排序法将每个员工的工作业绩与其他员工的工作业绩进行简单比较，获得有利的对比结果最多的员工，就在绩效考核中被排列在最前的位置上。有些人力资源管理者对这样一种考核方法持有疑义，他们认为员工所要达到的是他们的任务目标，而不是他们取得的成绩要比工作小组中的其他人更好。这种考核方法的使用事实上已超出了个人绩效领域，因此应在一个更广泛的基础上进行考虑。

通常来说，根据某些工作绩效考核要素将员工进行排序，要比绝对地对他们的绩效进行考核容易得多，因此，交替排序法也是一种运用得非常普遍的工作绩效考核方法。在需要评价的员工中，先挑出最好的和最差的作为第一名和最后一名，再在剩下的员工中继续挑出最好的和最差的作为第二名和倒数第二名，以此类推。

实用案例 4—2

工作态度的交替排序法

工作态度的交替排序法如下表所示。

运用交替排序法对员工绩效进行考核	
考核所依据的要素：工作态度	
1	11
2	12
3	13
4	14
5	15
6	16
7	17
8	18
9	19
10	20
注：针对你所要考核的每一种要素，将所有员工的姓名都列举出来。将工作绩效考核最高的员工姓名列在第 1 的位置，将考核最低的员工姓名列在第 20 的位置，然后将次好的员工姓名列在第 2 的位置，将次差的员工姓名列在第 19 的位置。将这一交替排序继续下去，将所有员工进行排列。	

3. 成对比较法

成对比较法，也称为配对比较法、两两比较法，就是把每一位员工的工作表现与同一组的其他员工一一做比较，选出每一对中较好的一位，再就别的考评内容进行成对比较。成对比较法使得排序型的工作绩效法变得更为有效。

其基本做法是：将每一位员工按照所有的考核要素（工作数量、工作质量等）与所有其他员工进行比较，根据配对比较的结果，排列出他们的绩效名次，而不是把被考核者笼统地排队。

实用案例 4—3

工作态度的成对比较法

假定需要对 5 位员工进行工作态度考核，那么在运用成对比较法时，首先应当列出一张表（如下表所示），其中要标明所有需要被考核的员工姓名。然后，将所有员工根据某一类要素进行配对比较，用“+”（好）和“—”（差）标明谁好一些、谁差一些。最后，将每一位员工得到的“好”的次数相加。在表中，E 的工作态度评价是最高的。

	A	B	C	D	E	汇总	排序
A		+	+	+	—	2	2
B	—		+	+	—	0	3
C	—	—		—	+	−2	4
D	—	—	—		—	−4	5
E	+	+	+	+		4	1

成对比较法由于需要将每一位被考评者与其他人相比，考评的误差较小。但该方法对于管理者来说比较耗费时间，并且随着组织变得越来越扁平化，控制幅度越来越大，这种方法会变得更加耗费时间。因此，这种方法适用于人数少的评估。

4．强制分配法

强制分配法就是考核结果并不完全依据绩效考核得分，而是按“两头小、中间大”的正态分布规律，先确定好各等级在总数中的比例，然后按照每人绩效的相对优劣程度，强制列入其中的一定等级，根据员工所在的不同等级进行赏罚，如图 4—1 所示。

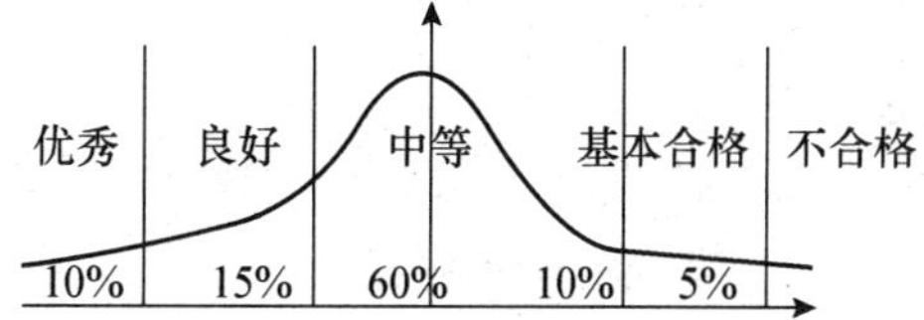

图 4—1 员工工作态度和工作绩效呈正态分布

这种方法基于一个有争议的假设，即所有小组都有同样优秀、一般、较差表现的员工分布。可以想象，如果一个部门全部是优秀员工，则部门经理可能难以决定把谁放在较低等级的小组中。

强制分配法与“按照一条曲线进行等级评定”的意思基本相同。使用这种方法，就意味着要提前确定按照什么样的比例将被考核者分别分布到每一个工作绩效等级上去。

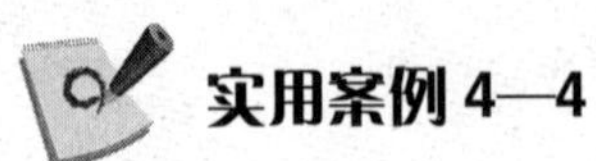

实用案例 4—4

强制分配法

某公司的强制分配法如下表所示。

等级	比率
绩效最高的	5%
绩效较高的	20%
绩效一般的	50%
绩效低于要求水平的	20%
绩效很低的	5%

这种方法的优点是有利于管理控制，特别是在引入员工淘汰机制的公司中，它能明确筛选出淘汰对象，由于员工担心因多次落入绩效最低区间而遭解雇，因而具有强制激励和鞭策功能。但如果一个部门员工的确都十分优秀，强制进行正态分布划分等级，可能会带来多方面的弊端。

（二）考核清单法

考核清单法借鉴了心理测试技术，将考核要素、标准隐去，着重评价员工的行为，适合素质方面的考核。

1. 简单考核清单法

考核者首先拟订考核清单条目，然后逐条对照被考核者的实际状况，将两者一致的地方打钩或作出是或否的选择。这种方法通常只考核员工的总体状况，不分维度考核。

实用案例 4—5

简单考核清单

简单考核清单如下表所示。

行为描述	评价
工作不认真，疏忽操作规则 严格遵守操作规则，并推动和改进操作规范 工作中显现出厌倦 工作勤奋，有时能超额完成任务 对上级的批评指导虚心接受 同事关系和睦，能主动关心和帮助他人 掌握工作需要的技能有困难 能力强，工作得心应手 ……	是　否 是　否 是　否 是　否 是　否 是　否 是　否 是　否 ……

这种清单可以很长，只要是与工作相关的行为描述都可以列入其中。考评者根据清单提示的考核内容，将日常工作中观察到的行为表现与之相对照再进行勾选，便捷易行。

2. 加权考核清单法

同一个工作评价维度对不同的员工绩效考评的重要性是不同的。例如，评价标准包括“工作纪律”和“创新能力”两个维度，对于管理人员和技术人员来说，后者的重要性大于前者，应给予“创新能力”更高的权重；对于操作人员来讲，前者的重要性大于后者，应给予“工作纪律”更高的权重。

将简单考核清单中的行为描述划归相应的考核维度，这些维度的重要性可根据要求确定，给予不同的权重，这样就建立起了加权考核清单，能更好地体现绩效评价的公正性和客观性。

实用案例 4—6

加权考核清单

加权考核清单如下表所示。

评价维度	行为描述	评价
工作态度	工作不认真，疏忽操作规则 严格遵守操作规则，并推动和改进操作规范 工作中显现出厌倦 工作勤奋，有时能超额完成任务	是　否 是　否 是　否 是　否
人际关系	对上级的批评指导虚心接受 同事关系和睦，能主动关心和帮助他人	是　否 是　否
工作能力	掌握工作需要的技能有困难 能力强，工作得心应手 ……	是　否 是　否

（三）量表考核法

量表考核法是最简单也是运用得最普遍的绩效考评方法之一，它是根据设计的考评量表对被考评者进行考评的方法。

实用案例 4—7

量表考核法

量表考核法如下表所示。

员工姓名： 职务： 考评日期：
工作部门： 工号： 评估人：

工作绩效维度	绩效等级				
	最差：1分	差：2分	中：3分	良：4分	优：5分
工作质量					
工作数量					
工作纪律					
设备维护					
创新意识					
考评意见： 员工签名： 员工意见：	考评人签名： 人资部审核： 负责人签名：		注： 最差：不能完成任务 差：勉强完成任务 中：基本完成任务 良：完成任务较好 优：完成任务出色		

针对每一位下属员工，首先从每一项考评要素中找出最符合其绩效状况的分数，然后将每一位员工所得到的所有分值进行加总，就会得到最终的工作绩效结果。

量表考核法适用于规模小、管理薄弱的公司。量表考核法操作简单、迅速，能使考核者在较短时间内完成对员工的考核。由于没有量化的标准，考核结果不精确，主观性大，考核容易流于形式。

（四）关键事件法

关键事件法是由美国学者弗兰拉根及其学生在对美国空军进行研究的基础上提出的，此后在绩效考评、心理学等领域得到了广泛应用。关键事件法，即收集在特定时期内员工在工作中表现出来的、能代表员工最有效绩效与最无效绩效的关键事件，并通过事件内容分析对这些关键事件进行绩效评价，据此在基本分的基础上进行加减分。

这一考评方法要求每一位需要考核的员工都有一本“工作日志”或“工作记

录”，上面记载的是日常工作中员工的与工作绩效密切相关的事件，既可以是极好的事件，也可以是极坏的事件。在记录时，主管应着重对事件或行为进行记载，而不是对员工进行评论。例如，应在某员工的记录中记载“6 月 6 日，某顾客对所购买的商品质量有疑问，该员工热情而耐心地对顾客进行解释，消除了顾客的疑虑，使其满意而归”，而不是抽象地记录“该员工工作非常认真负责”。在考核时，应以“工作记录”上的事实为依据，从而对员工作出可靠的评价。

1. 操作步骤

（1）收集关键事件。关键事件是指那些与绩效相联系的，能代表最有效绩效和最无效绩效的关键行为及结果，而员工履行其职责的正常行为、非工作行为及结果不应作为关键事件。收集关键事件可以采用管理者记录、个体访谈、问卷、员工工作日志等方式，其中管理者记录和员工工作日志是主要途径。

（2）由被考评者描述关键事件的起因、发展、后果、行为，反映事件的真实全貌，增强事件的可信度，保证公平。

（3）根据得到的所有相关信息对关键事件进行内容分析，归纳出事件背后的本质行为并进行描述。

（4）根据关键事件的重要性、操作上所需要的能力等确定加分、减分的幅度，并在基本分上进行加减分。

2. 优点

（1）可信度高，易于被员工接受。通过关键事件法得到的考评结果建立在行为和结果的基础之上，有确切的事实依据，能够得到被考评者的证实，具有很强的可信度，被考评者容易接受。

（2）在一定程度上减少了考评误差。关键事件涵盖了整个考评周期内的所有最有效和最无效的行为及结果，可以克服绩效考评中的近因误差等问题，在一定程度上保证了考评结果的准确度。

（3）记录优秀员工的工作行为，这样可以给员工提供好的工作范例，上级在给表现较差的员工设定工作目标时，也可以将范例作为工作样板。

3. 缺点

（1）针对性不强。只有一小部分员工才有处于绩效两端的关键行为，绝大部分员工则表现平平，这并不是因为这些员工能力不及，只是他们没有同等的机会或没有赶上机会去表现自己的能力。显然，如果只是单纯按照关键事件法进行考评，对有些员工可能是不公平的。

（2）考评误差仍然存在。任何重大事件，不管是最无效绩效还是最有效绩效，都是多方因素共同作用的结果，不考虑其他因素的作用，而完全归因于员工，就有可能造成考评误差。

（3）对员工行为引导作用不够。到底怎样的工作行为可以导致关键事件并不十分清楚，从而无法明确引导员工的行为。

（4）加分、减分主观性强。关键事件法最后的结果体现在基本分基础上的加、减分，具体加减幅度的确定带有很强的主观性，无法保证结果的完全可靠。

4. 适用范围

从考评目的来看，关键事件法是对代表最有效、最无效绩效的关键事件进行考察，所以当以强化（正强化或负强化）员工行为为考评目的时，更适合采用此方法；从工作性质上看，对于有详细操作规则的工作、不要求或很少要求创新的工作，更适合采用此方法。一般认为，关键事件法不宜单独使用，应该与其他绩效考评方法结合起来。

5. 遵循的原则与要求

依据STAR原则记录关键事件（如图4—2所示），可以有效把握关键事件的本质和核心。STAR原则（又叫星星原则）的详细内容如下：

“S”是Situation——情境，记录事件发生的情境。

“T”是Target——目标，记录事件发生的原因和目标。

“A”是Action——行动，记录员工当时所采取的行动。

“R”是Result——结果，记录员工行为所导致的结果。

图4—2 依据STAR原则记录关键事件

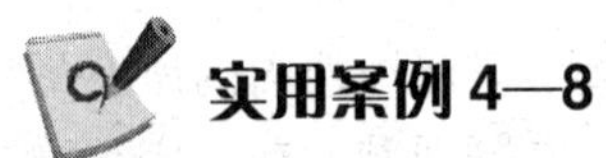

实用案例4—8

小王的关键事件记录

小王是公司的物流主管，负责将客户从海外运过来的货物清关、报关，并把货物提出来，然后按照要求运到客户那里。这家公司比较小，共有20位员工，只有小王一人负责这项工作。在刚进行完一月份考评后，小王80多岁的祖母突然病逝。小王由祖母带大，祖母的病逝使他很悲伤，他在料理祖母后事过程中生病了。碰巧第二天，客户有一批货从美国运过来，要求清关后在当天下午6点钟之前准时运到，这是一个很大的客户。小王把家里的丧事放在一边，第二天早上9点钟准时出现在办公室，同事们都发现，他的脸色铁青，精神也不好。小王办理着进出口报关、清关的手续，把货物从海关提出来，并且在下午5点钟就把这批货物发出去了，及时运到了客户那里。

用关键事件法的STAR原则把这件事记录下来：

当时的情境S是：小王的祖母刚病逝。

当时的目标T是：第二天把一批货物完整、准时地运到客户那里。

当时的行动A是：小王准时出现在办公室，提前1小时把货物发出去了。

当时的结果R是：客户及时收到了货物，没有损伤公司的信誉。

资料来源：魏爱新：《如何评估下属》，北京，北京大学出版社，2004。

STAR原则是记录关键事件的基本原则，用它可以记录好的关键事件，也可以记录不好的关键事件，但不管怎样，都要运用情境、目标、行动和结果这四个方面来记录关键事件。

在员工绩效管理过程中，为了更好地发挥关键事件法的作用，在应用该方法时，要掌握并遵循以下要求：

第一，所记录的事件必须是关键事件，即属于典型的“好的”或“不好的”事件。判断是否属于关键事件，其主要依据是事件的特点和影响性质。所记录的关键事件必须是与被考评者的关键绩效指标有关的事件。

第二，关键事件法一般不单独作为绩效考评的工具来使用，而应和其他绩效考评方法结合使用，为其他考评方法提供事实依据。

第三，记录的关键事件应当是员工的具体行为，不能加入考评者的主观评价，要把事实与推测区分开来。

第四，关键事件的记录要贯穿于整个工作期间，不能仅仅集中在最后的几个星期或几个月里。

第五，关键事件法是基于行为的绩效考评技术，特别适用于那些不仅仅以结果来衡量工作绩效，还注重一些重要行为表现的工作岗位。

（五）行为锚定法

使用行为锚定法，可以对源于关键事件的有效的和非有效的工作行为进行更客观的描述。它通过对具体工作行为特征的客观描述来表示每种行为标准的程度差异，从而统一考评者对标准的认识，达到减小考评误差的目的。

在行为锚定法中，不同的业绩水平会通过一张等级评价表进行反映。例如，进行员工绩效考核所选择的一个考核要素是“吸收和解释政策的能力”，那么对于这个考核要素，最积极的考核结果可能是“可以期望该员工成为组织中其他人新政策和政策变化的信息来源”；针对这个考核要素，最消极的考核结果可能是“即使对员工重复解释，该人也不可能学会什么新东西”。在最消极和最积极的层次之间可能存在几种层次。行为锚定法对各种行为进行了举例，而不仅仅是为检查业绩提供可能。

行为锚定法的一个突出特点是要建立等级评价表，即用一系列关键行为来描述等级差异，这是行为锚定法的关键所在。

1. 操作步骤

（1）收集关键行为。在工作分析的基础上，通过问卷调查、观察、员工工作日志、管理者记录、访谈等方法，收集尽可能多的有效或无效的工作行为。

（2）初步建立绩效指标。将收集到的工作行为分类，形成相应的绩效指标，并进行定义。

（3）分配工作行为。对照绩效指标，将每一种工作行为分配到各类绩效标准中。对那些在分类上存在歧义的工作行为，则可以删去。

（4）将同一类绩效指标中的工作行为细分到不同的等级标准中，并按等级标准从高到低或从低到高排列。

建立等级评价表是一个循环往复的过程，需要进行不断的调整，尤其是在建立绩效指标和分配工作行为的环节上。

2. 优点

（1）每个等级标准用具体的行为来确定，而不用那些含糊不清的定性评价，在一定程度上统一了考评标准，减小了考评误差，提高了绩效考评的信度。

（2）等级评价表中建立了明确的行为标准，为员工绩效改进确定了目标，从而能对员工行为起到很好的导向作用。

3. 缺点

（1）等级评价表的建立费时费力。从最初的收集关键行为到最后评价表的建立，都需要大量员工和专家的参与，并且需要不断进行调整以保证评价表切实有效，因此是一个非常费时费力的过程。

（2）有时一个员工可能表现出处在等级两端的行为，从而无法对其进行评价。

（3）很难把观察到的工作行为和等级评价表上的标准行为进行相互对应。

（4）由于在关键事件分类的过程中存在着相当程度的主观性，可能会导致最后的分类缺乏独立性，从而使等级标准之间相互交叉重复，并最终使考评者产生晕轮效应。

4. 适用范围

从工作特点来看，行为锚定法适用于那些对工作行为的正确性或准确性要求较高，而且结果难以用数量形式表现的工作；从绩效考评指标来看，行为锚定法适用于工作能力、工作态度指标，不适合工作业绩类指标。

实用案例 4—9

客户服务行为锚定等级评价表

客户服务行为锚定等级评价表如下表所示。

7 级	把握长远盈利观点，与客户达成伙伴关系
6 级	关注顾客潜在需求，能起到专业参谋作用
5 级	为顾客而行动，提供超常服务
4 级	个人承担责任，能够亲自负责
3 级	与客户保持紧密而清晰的沟通
2 级	能够跟进客户，有问必答
1 级	被动地回应客户，拖延和含糊回答

建立等级评价表通常要求按照以下五个步骤进行：

(1) 获取关键事件。对工作较为了解的人（通常是工作的承担者及主管人员）对一些代表优良绩效和劣等绩效的关键事件进行描述。

(2) 建立绩效评价等级。将关键事件合并成为数不多的几个绩效要素（如5个或10个），并对绩效要素的内容加以界定。

(3) 对关键事件重新加以分配。由另外一组同样对工作比较了解的人来对原始的关键事件进行重新排列。他们将会看到已经界定好的工作绩效要素以及所有的关键事件，然后他们需要做的就是将所有这些关键事件分别放入他们自己认为最合适的绩效要素中去。通常情况是，如果就同一关键事件而言，第二组中某一比例（通常是50%～80%）以上的人将其放入的绩效要素与第一组人将其放入的绩效要素相同，那么，这一关键事件的最后位置就可以确定了。

(4) 对关键事件进行评定。第二组人会被要求对关键事件中所描述的行为进行评定（一般是7点或9点等级尺度评定法），以判断它们能否有效地代表某一工作绩效所要求的绩效水平。

(5) 建立最终的工作绩效评价体系。对于每一个工作绩效要素来说，都将会有一组关键事件（通常每组中有6～7个关键事件）来作为"行为锚"。

二、影响绩效评估方法选择的因素

以上我们讨论了很多绩效评估方法，事实上并不存在一种占绝对优势的评估方法，各种方法都有其优点和不足，其各自的适应性也是有差异的。关键在于选择一种适合于自身特点的评估方法。在实际中，企业选择评估方法必须考虑以下各因素。

（一）绩效评价的目标

对企业来说，不同的发展阶段有不同的目标，企业的人力资源管理在不同时期对员工进行考核的目标也不尽相同。绩效评价的目标非常重要，它是绩效评估方法选择的决定因素。例如，当绩效评价的目标是提供反馈信息，以改进员工绩效时，配对比较法、排序法等强调员工之间比较的方法就不太适用，而关键事件法、行为尺度评价法、行为观察评价法则更为有效。

（二）绩效评价的费用

在选择绩效评估方法时，我们不得不考虑的一个要素就是成本与费用。很多方法，如行为锚定法，在很多情况下都是非常有效的，但实施与运用需要耗费大量的人力、物力、财力。所以，当企业财力有限，或仅是对普通岗位的一般工作人员进行绩效评估时，不宜选择过于复杂的方法。

（三）企业员工的知识层次

在一些企业中，由于知识型员工不断增加，需要采用参与式管理并对员工进行更多的授权。他们比从事物质生产的员工更注重自主性、个性化、多样化和创新精神，更重视自己的尊严和自我实现的价值，在参与企业的各项管理工作中，有更高的积极性。在进行绩效评估时，知识型员工的工作过程相对来说更难以直接监控，工作成果也难以直接衡量。不仅如此，知识型员工更加关注个人的贡献与报酬之间的相关性，这就要求企业选择公正、客观的绩效评估方法。

（四）被评价者的类型

被评价者的类型也影响评估方法的选择，不同的绩效评估方法对不同类型的员工有着不同的效果。例如，关键事件法更适合于管理人员的绩效评估，而配对比较法则更多地用于非管理人员的绩效评估。

（五）实用性

如果绩效评估工具应满足组织需要，那么它就必须实用。要求评估工具测量评估者不能观察到的那些行为，或是要比评估者所能提供的时间和精力更多，是不实际的。

（六）工作性质

对于某些工作来说，评估者无法观察到员工的工作行为。例如，学校校长不能准确地评定教师的课堂行为（除非他们听课）。故评价者只能使用二手材料，如学生评估表。

在竞争日益激烈的今天，企业必须选择有效的绩效评估方法，把员工的个人目标和企业的经营目标完美统一起来，真正实现多角度、准确、客观的评估，并以此来激发员工更大的工作热情。

任务实施

（1）A 公司需要分析绩效考核方法的选择是否合适。

（2）实施方案。

1）划分学习小组，各组同学共同策划组建自己的模拟公司。

2）各小组对 A 公司的绩效考核方法进行讨论并重新选择，制定相关实施方案。

3）各小组派代表陈述本组的工作成果。

4）进行小组自评及教师总评。

任务二　绩效反馈与绩效结果修正

案例导入

强制分配的结果

A 公司又到了年终绩效评估的时候，从主管到员工每个人都惴惴不安。由于公司采用的是强制分配法，即每个部门A、B、C、D、E五个等级各自所占的比例是预先规定好的，因此主管人员必须按照给定的比例将部门内的员工分配到各个档次上去。这是令主管人员非常头疼的事情，需要煞费苦心斟酌许久。

主管人员经常要向评定等级较低的员工解释一番："其实今年我们部门大家表现得都很不错，只是上面规定每年必须要有人被评为E等，上一次召开全体大会时只有你迟到了，所以这一次只好委屈你了，我也是没有办法。下次有机会，我们会有所考虑的。"

员工们更是在内心猜测着自己会被评为几等，甚至会对主管人员察言观色。如果看到这段时间主管人员对自己笑容可掬，心里就会猜想自己的评估结果应该不会差了；如果看到主管人员总是对自己板着脸，那自己说不定就成了绩效评估的牺牲品。

资料来源：http://wenku.baidu.com/view/1152afec5ef7ba0d4a733bc1。

工作任务

如何把握绩效面谈的艺术性？绩效结果应如何控制？考核分数应如何修正？

任务引导

绩效反馈是一种激励的重要手段，用得好，可以调动下属的积极性；反之，则成为障碍。绩效反馈就是将绩效评估的结果反馈给被评估对象，并对被评估对象的行为产生影响。

绩效结果的得分控制，其目的在于有效避免分数过于集中，强调绩效差异，突出绩优者的表率作用，有利于提高绩效考核的激励作用，同时能全面提高各层次员工的工作积极性。此外，还可以有效避免绩效工资总额失控的现象。

考核结果的修正，其主要目的是解决考核者宽严不一对考核结果的影响，使不同部门之间员工的绩效具有相互可比性。

知识链接

一、绩效反馈

绩效反馈的重要性长期以来都被忽视了。从管理控制理论的角度来讲，绩效计划属于前馈控制，绩效实施属于过程控制，而绩效反馈与面谈就属于后馈控制。缺乏了后馈控制这一关键环节，绩效管理的效果是可想而知的。绩效面谈与反馈的目的是让员工了解自己在本绩效周期内的业绩是否达到所定目标，行为态度是否合格，让管理者和员工双方达成对评估结果一致的看法；双方共同探讨绩效未合格的原因所在并制定绩效改进计划，同时，管理者要向员工传达组织的期望，双方对绩效周期的目标进行探讨，最终形成一个绩效合约。

绩效反馈就是通过考核者和被考核者（一般为管理者与员工）之间的直接对话，就考核结果进行有效沟通，以达到以下 5 点效果：

第一，考核者和被考核者就绩效考核结果达成一致。

第二，员工认识到自己的成绩和优点。

第三，员工认识到工作中有待改进的方面。

第四，共同制定出绩效改进计划。

第五，就下一个考核周期的绩效目标达成一致。

总之，绩效反馈的目的就是使员工下个考核周期的工作绩效更好。

（一）绩效反馈的方式

1. 语言方式

绩效反馈的发出者以语言形式对接受者的绩效进行反馈。此种方式的效果受到绩效反馈双方的情感、思想、态度、观点的直接影响。语言方式又可分为口头方式和书面方式。口头方式比较灵活，速度快，双方的情感、思想、态度、观点更容易交流；书面方式比口头方式更正式，可以长期保存，接受者可以反复阅读。

2. 奖惩方式

绩效反馈的发出者以奖励或惩罚的形式对接受者的绩效进行反馈。奖惩包括物质的和非物质的（如表扬、提升、给予进修的机会）奖惩。

3. 暗示方式

绩效反馈的发出者以间接的形式对接受者的绩效进行反馈。比如，可以通过与下属接近或疏远的方式暗示对下属的工作绩效的评价。

4. 绩效面谈

绩效面谈是一种非常重要的绩效反馈方式。绩效考核是对员工发展过程的“诊断”，绩效面谈则是对员工发展过程的“治疗”。通过面谈能增进组织与员工的沟通和理解，帮助员工找到自身的不足，是员工纠正问题、明确方向和目标的大好时机。

对于管理者来说，要选择最合适的方式把考核结果反馈给员工，这样才能达到考核反馈的效果。一般来说，一对一的绩效面谈可以使管理者和员工面对面地交流与沟通，反馈效果最好，是企业最常用的考核反馈方式。

实用案例 4—10

如此面谈

2012 年年底一个周三的下午，安徽合肥高新区某 IT 公司销售部员工张三被其主管赵经理请到了二楼会议室。张三进门时，看见赵经理正站在窗户边打电话，脸色不大好看。约五分钟后，赵经理匆匆挂了电话说："刚接到公司一个客户的电话……前天，人力资源部经理找我谈了谈，希望我们销售部能带头实施绩效面谈。我本打算提前通知你，好让你有个思想准备。不过我这几天事情比较多，而且我们平时也常沟通，所以就临时决定今天下午和你聊聊。"

等张三坐下后，赵经理接着说："其实刚才是蚌埠的李总打来电话，说我们的设备出问题了。他给你打过电话，是吧？"张三一听，顿时紧张起来："经理，我接到电话后认为他们自己能够解决这个问题，就没放在心上。"张三心想：这李总肯定向赵经理说我的坏话了！于是变得愈加紧张，脸色也变得很难看。

"不解决客户的问题怎么行呢？现在市场竞争这么激烈，你可不能犯这种低级错误呀！这件事等明天你把它处理好，现在先不谈了。"说着赵经理拿出一张纸，上面有几行手写的字，张三坐在对面没看清楚。赵经理接着说："这次的绩效结果我想你早就猜到了，今年你的销售业绩最差。小张呀，做市场是需要头脑的，不是每天都出去跑就能跑到业务的。你看和你一起进公司的小李，那小伙子多能干，你要向他多学着点儿！"张三从赵经理的目光中先是看到了批评与冷漠，接着又看到了他对小李的欣赏，张三心里感到了刺痛。

"经理，我今年的业绩不佳，那是有客观原因的。蚌埠、淮南等城市经济落后，产品市场还不成熟，跟江浙地区不能比。为了开拓市场，我可费了很多心血才有这些成绩的。再说了，小李业绩好那是因为……"张三似乎有满肚子委屈，他还想往下讲，却被赵经理打断了。

"小张，你说的客观原因我都能理解，可是我也无能为力，帮不了你啊！再说，你来得比他们晚，他们在江浙那边已经打下了一片市场，有了良好的基础，我总不能把别人做的市场平白无故地交给你啊。你说呢？"赵经理无奈地看着张三说。

"经理，这么说我今年的奖金倒数了？"张三变得沮丧起来。

正在这时销售部的小吴匆匆跑来，让赵经理去办公室接一个电话。赵经理匆匆离去，让张三稍等片刻。于是，张三坐在会议室里，心情忐忑地回味着经理刚才讲过的话。大约过了三分钟，赵经理匆匆回到了会议室坐下来。

"我们刚才谈到哪儿了？"赵经理显然把话头丢了。张三只得提醒他说到自己今年奖金的事了。

"小张，眼光要放长远，不能只盯着一时的利益得失。今年业绩不好，以后会好起来的。你还年轻，很有潜力，好好干，会干出成绩来的。"赵经理试图鼓励张三。

"我怎样才能把销售业绩做得更好呢？希望经理你能多帮帮我呀！"张三流露出恳切的眼神。

"做销售要对自己有信心，还要有耐心，慢慢来。想当年我开辟南京市场时，也是花了近一年的时间才有了些成效。那个时候公司规模小，总经理整天带着我们跑市场。现在我们已经有了一定的市场占有率了，公司知名度也有所提高，现在比我们那时候打市场要容易些了。"

张三正打算就几个具体的问题请教赵经理时，赵经理的手机突然响了，他看了一眼号码，匆忙对张三说："我要下班接儿子去了，今天的面谈就到这里吧。以后好好干!"说罢，匆匆地离开了会议室，身后留下了一脸困惑的张三。

资料来源：http://hr.manaren.com/jxkh/201002/2813_1.html。

（二）绩效反馈的原则

实用案例 4—10 中的绩效反馈不仅对于提高员工的绩效毫无用处，而且会使员工产生抵触和不满的情绪。为保证绩效反馈的有效性，实施者必须掌握"四必六忌"十大原则。

1. 四必

（1）时效性原则。绩效反馈应该及时，一旦考核实施阶段结束，考核结果统计出来，管理者就应该将其快速告知员工，并进行沟通。

（2）坦诚性原则。开诚布公的沟通可以消除员工紧张、抵触的情绪，有利于管理者和员工双方达成共识，使员工在以后的工作中积极主动地提高绩效。

（3）具体性原则。指明具体对象，明确具体行为，指向可控行为。

（4）发展性原则。在过去的事实中总结对未来发展有用的东西，不要一味强调过去。

2. 六忌

（1）切忌人身攻击。

（2）切忌做独裁者。

（3）切忌做演讲家。

（4）切忌做审判官。

（5）切忌像怀旧的老人，一味追究过去的过错。

（6）切忌做敌人。

二、绩效控制

在绩效考核过程中，我们常听到有人抱怨："你们人力资源部出的考核方案有问题，出来的结果大大出乎员工的意料，业绩好的员工得分反而低。"这种现象的出现，有两个原因：一是考核者的绩效标准和绩效考核方案中的标准存在偏差，如方案是闭门造车作出来的，没有按照组织内部的实际情况选择合适的方法实施考核，或者是考核者主观臆断，绩效标准只侧重了某一方面，而绩效方案中的标准相对全面或侧重点不同；二是考核者未能掌握科学的绩效评分方法，缺乏必要的过程控制意识和手段，导致了本可以避免的绩效考核偏差。所以，在分析考评结果时，对绩效考核的分数可以其他方式进行控制和检验。

（一）绩效控制的方法

绩效控制通常采用分值区间控制和等级比例控制两种方法。两种方法的目的都是将每个等级的人员数量控制在一定的比例，将组织内部的所有员工进行等级比例的划分，把控整个绩效考核的局面。

1. 分值区间控制

对组织或部门的员工的考核成绩采取强制分配，强制规定各个等级的分布比例。将考核的成绩进行排序，将排序情况纳入相应的考核等级。

实用案例 4—11

考核结果控制

某公司的考核结果控制如下表所示。

绩效等级	分值区间	人员比例
A	120 及以上	5%
B	110～119	20%
C	90～109	50%
D	70～89	20%
E	69 及以下	5%

该方法的优点：确保每个考核等级均有一定的比例分布，有效避免考核等级全部集中于前几个等级的情况；打破考核者老好人现象，迫使考核者区分员工绩效优劣，有利于激励先进，惩罚后进；促进组织的竞争，激发员工的潜力。

该方法的缺点：强制分配的理论基础是正态分布，但组织及部门的员工考核不一定呈正态分布，即不一定各个等级都存在一定的分布比例；强调组织内部的竞争，容易产生两种结果，一种是过度竞争，另一种是轮流坐庄；对于员工较少的组织，此方法没有意义。

2. 等级比例控制

根据得分所在的分值区间，确定考核等级。

实用案例 4—12

绩效考核等级

某公司的绩效考核等级如下表所示。

<table>
<tr><th>绩效等级</th><th>考核得分（分 9 级）</th><th>绩效等级系数</th><th>人数比例</th><th>备注</th></tr>
<tr><td rowspan="2">出色</td><td>A1（96～100）</td><td>1.30</td><td rowspan="2">不超过部门人数的 20%</td><td rowspan="2">超额绩效奖金</td></tr>
<tr><td>A2（90～95）</td><td>1.10</td></tr>
<tr><td rowspan="2">优良</td><td>B1（86～89）</td><td>1.00</td><td rowspan="2">不超过部门人数的 50%</td><td rowspan="2">基础绩效奖金</td></tr>
<tr><td>B2（80～85）</td><td>0.95</td></tr>
</table>

续前表

绩效等级	考核得分（分 9 级）	绩效等级系数	人数比例	备注
可接受	C1（76～79）	0.90	不少于部门人数的 30%	减额绩效奖金
	C2（70～75）	0.80		
需改进	D1（66～69）	0.70		
	D2（60～65）	0.60		
表现不好	E（59 及以下）	0.00		

该方法的优点：简单易操作；事先规定考核分数与考核等级的对应关系，可以使员工对于自身考核成绩有一定的预期，得知自己的成绩时能明确等级；明确各个等级标准，对员工的绩效行为有一定的引导作用。

该方法的缺点：考核者不愿将考核成绩分成三六九等，有中庸思想，容易出现考核分数过于集中的现象，失去等级分布意义；考核等级确定考核系数，决定绩效工资的发放，有可能导致绩效工资过高，总额失控；不同部门之间的可比性差，造成横向比较缺乏公平性。

（二）绩效控制应注意的问题

1. 合理安排绩效评分时间

绩效考核部门通常给考核者预留了一定时间实施绩效评分，如何对这段时间进行合理安排和分配，将间接影响绩效考核偏差的大小。通常来说，将考核评分过程安排在相对集中的时间段较为合理，这样可以避免由于不同时间、地点、环境、个人情结等因素造成主观判断差异，同时相对集中的时间段便于进行被考核者间的横向比较。

2. 融入差异检验的评分过程

对多个考核对象进行考核评分时，可以取消针对单个员工的考核表格。

将同一级的考核对象在绩效考核汇总评分表中进行集中评分，或将同级考核对象的评分结果汇总在该表中。

参照指标量化方法和指标说明，完成对所有考核对象的评分后，利用表格排序功能，就每一项指标得分进行排序。

利用排序结果进行差异检验，即看排序结果与自己掌握的员工在该项指标上的表现是否一致。对出现差异的员工，修正其评分，直到一致。

当出现一项指标得分相同时，可采用细化指标的两两比较，以提高评分精确度，体现个体差异，然后依据比较结果修正评分。

当加权总分出现相同时，筛选出需要重新评分的指标或就所有的指标两两相比，然后依据比较结果修正评分。

三、考核分数的修正

各级主管将下属员工的绩效评估结果上报给上级经理审阅，上级经理提供对于绩效评估的意见，并和评估双方进行最终评估结果认定。

常用的考核分数修正方法有如下几种。

（一）调节系数修正法

先将部门考核结果强制划分为考核等级，每个部门考核等级对应一个调节系数，将调节系数与员工的考核成绩相乘，即得员工的最终考核成绩。

实用案例 4—13

部门等级、分布比例及调节系数表

部门等级、分布比例及调节系数表。

<table>
<tr><th colspan="2">部门等级</th><th>先进部门</th><th>良好部门</th><th>合格部门</th><th>基本合格部门</th></tr>
<tr><td colspan="2">分布比例</td><td>10%</td><td>30%</td><td>50%</td><td>10%</td></tr>
<tr><td rowspan="2">调节系数</td><td>负责人</td><td>1.8</td><td>1.5</td><td rowspan="2">1.0</td><td>0.6</td></tr>
<tr><td>其他员工</td><td>1.5</td><td>1.2</td><td>0.8</td></tr>
</table>

该方法的优点：

（1）用部门考核成绩修正员工的考核成绩，使部门与员工利益捆绑，增强部门绩效凝聚力。

（2）部门负责人的调节系数大于其他员工的调节系数，突出了部门负责人和员工对部门绩效的贡献差异性。

（3）有效引导员工关注部门整体绩效的提升，形成向心力。

（4）部门绩效是员工联合绩效的体现，部门考核与员工考核挂钩的方法，可以有效削弱和解决部门与员工考核结果不一致的问题。

该方法的缺点：

（1）部门考核的有效性决定了该方法的有效性，部门考核的成败决定了员工考核成绩修正的有效性，一旦失败，员工的考核成绩将失去客观性。

（2）使员工的考核结果进一步放大或缓冲。优秀部门，优者更优，差者不差，部门内部存在搭便车的现象；较差的部门，优者不优，差者更差。

（二）考核修正方案法

实用案例 4—14

某公司的考核修正

部门考核结束后，人力资源部对各部门员工的考核成绩进行汇总（如下表所示），提交公司绩效考核委员会。

部门	最高分	最低分	平均分	修正系数区间	修正系数
生产技术部	110	76	98	0.5～1.5	
人力资源部	108	84	96	0.5～1.5	
营销部	112	85	105	0.5～1.5	
……					

绩效考核委员会对部门考核成绩进行综合评定，根据各部门员工之间考核成绩的宽严不一给出修正系数。对于考核尺度严格的部门，给出大于1的修正系数；对于考核成绩偏高的部门，给出小于1的修正系数。

部门最终考核成绩＝部门考核成绩×修正系数

员工最终考核成绩＝员工考核成绩×修正系数

这种方法通过确定部门修正系数，在一定程度上可以修正在考核评分过程中，由于不同考核者考核尺度宽严不一而造成的员工之间的分数差异，从而使员工的考核成绩具有相对的公平性和可比性。

这种方法的不足表现在：修正系数是绩效考核委员会通过对考核成绩汇总表情况的分析主观确定的，因而修正系数的合适与否、偏离程度决定了该方法的效果。

（三）中位数修正法

实用案例 4—15

某公司的绩效考核结果修正方案

为解决部门之间、员工之间考核分数宽严不一的问题，使考核更趋于公平，某公司特制定了绩效考核结果修正方案。

部门考核结果修正：

（1）将各部门考核得分由高到低进行排序。

（2）确定部门分数的中位数。如部门数量为奇数，则中位数为排序处于中间位置的部门分数；如部门数量为偶数，则中位数为最趋于平均分的部门分数。

员工考核结果修正：

（1）计算各部门员工考核的平均分，得到各部门平均分。

（2）将各部门平均分进行排序。

（3）确定部门平均分的中位数。如部门数量为奇数，则中位数为排序处于中间位置的部门分数；如部门数量为偶数，则中位数为最趋于平均分的部门分数。

（4）计算部门平均分与中位数分数的差数。

（5）部门内员工考核分同时加或减此差数，得出修正后的员工考核分。

实用案例 4—15 中，先将部门考核成绩排序，确定部门考核成绩的中位数，将部门考核成绩与中位数相除得出部门修正系数，用于调整部门考核成绩。计算部门内部员工考核平均分与中位数的差数，用于调整员工的考核成绩。这就是中位数修正法。

将中位数用于部门考核结果的修正，即将部门的考核成绩中位数假定为部门平均应达到的绩效水平。部门考核分数与中位数分数的比值即部门修正系数，该修正系数可以确定部门绩效在全体部门绩效中的相对位置。通过部门之间绩效的相对比较，而非部门自身绩效水平与绩效标准的比较，可以解决部门之间工作的不可比性，降低部门之间的竞争意识，同时可以使绩效工资总额得以控制。

员工考核结果修正存在一个假定，即部门员工平均绩效水平与公司全体员工的绩效水平应该是一致的。实用案例 4—15 将各部门员工平均分排序来确定中位数，以此中位数作为公司员工平均绩效水平，以部门内员工考核平均分作为部门员工绩效水平，二者之间的差数假定是考核者的主观作用造成的。部门内员工考核分数与此分数相加减，可消除主观因素的影响，从而使各个部门之间员工的绩效水平具有可比性。

这种方法也有一定的不足：计算方法略显复杂；部门员工与组织内部全体员工的绩效水平不一定一致，会导致结果修正分数不一定客观、合理。

四、考核结果的申诉和处理

（一）申诉受理机构

（1）员工知晓考核分数、等级及评语之后，在 3 日内，被考核人如对考核结果不清楚或者持有异议，可以采取书面形式向人力资源部申诉。

（2）考核管理委员会是员工考核申诉的最终处理机构。人力资源部是考核管理委员会的日常办事机构，一般申诉由人力资源部负责协调、处理。

（二）提交申诉

员工以书面形式向人力资源部提交考核申诉表。

实用案例 4—16

考核申诉表

某公司的考核申诉表如下表所示。

申诉人		职位		部门		直接主管	
申诉事件：							

<table>
<tr><td>申诉理由（可以附页）：

</td></tr>
<tr><td>申诉处理意见：

部门负责人签名：
日期：</td></tr>
<tr><td>申诉处理意见：

人力资源部负责人签名：
日期：</td></tr>
<tr><td>申诉处理结果：

总经理签名：
日期：</td></tr>
</table>

（三）申诉受理

（1）人力资源部接到职工申诉后，应在2个工作日内做出是否受理的答复。对于申诉事项无客观事实依据，仅凭主观臆断的申诉，不予受理。

（2）受理的申诉事件，首先由人力资源部对员工申诉内容进行调查，然后与员工所在部门主管进行协调、沟通。不能协调的，人力资源部上报考核管理委员会处理。

（3）总经理有申诉的最后决定权，各相关人员须按照其指示进行处理。

（四）申诉处理答复

（1）人力资源部应在15个工作日内明确答复申诉人；人力资源部不能解决的申诉，应及时上报考核管理委员会处理，并将进展情况告知申诉人。

（2）考核管理委员会在接到申诉后，一周内就申诉的内容组织审查，并将处理结果通知申诉人。

（3）遇特殊情况或属公司管理层员工的，可由总经理主持考核委员会复议。复议决定的成绩即为最后核定的成绩。

任务实施

（1）设计一套绩效考核修正和分数控制的方案，并说明理由。

（2）实施方案。

1）各小组对 A 公司的绩效考核制定结果修正和分数控制方案。

2）各小组派代表陈述本组的工作成果。

3）进行小组自评及教师总评。

项目小结

绩效考核只是绩效管理的一个环节，管理者不是单纯为了评判员工的好坏来实施它的，而是为了完成这一完整的管理活动，从而达到促进员工、团队和组织绩效共同提升的目的。绩效评价的方法有很多，企业在选择评价方法时，一定要综合考虑各种方法的影响因素及企业的具体要求，选择最适合企业的方法。绩效反馈结果的控制，要在双方沟通探讨的基础上完成，只有这样才能将绩效结果顺利地运用在后面的绩效管理环节中。

通过本项目的学习，应该掌握以下内容：

（1）绩效考核的方法。

（2）绩效评估结果反馈与结果修正。

案例分析

某公司的绩效评估

某公司是一家有 11 年发展历程的知识服务型国有企业，高层管理者一向重视绩效评估工作，目前已经形成较为完善的绩效管理制度，并以半年为考核周期进行综合评价与管理。

又到了半年绩效考核时，按绩效考核制度，在当年 6 月份的第 3 周，人力资源部拟订了绩效考核方案，对考核时间、内容、方式等做了具体部署。于是考核工作轰轰烈烈地开始了。

该公司的考核方法主要以 MBO 结合 KPI 为主，360 度考核为辅。中高层的考核由公司考评小组进行，按照 KPI 考核卡的完成内容进行评价，主要是考察管理人员半年来的目标完成情况、态度以及能力的提升状况。由于考核过程非常细，角度也比较多，形式又多样化（比如对于沟通能力指标，该公司要对员工的上级、相关部门的同级，均进行测评表的调研；对于员工满意度指标，需要工会发动全体员工进行调查等），因此考核一般会持续至少两周。各部门按考核方案实施所管辖员工的考核工作，考核完毕，公司要求每位管理者与员工进行考核面谈，对考核结果进行反馈和沟通，提出员工下一步的改进方向，并要求员工在面谈表上签字。

在考核过程中，会出现一些突发事件。例如，一次考核结束后，某转型业务部门的一名员工对考核结果有异议，向人力资源部提出了申诉。人力资源部根据申诉，组成审核小组，根据该员工的绩效指标完成结果重新进行了审核，发现其中有两项指标的完成结果没有十分确凿的证据而给予了减分。

附：公司2012年上半年绩效考核方案

一、考核方法

主要采取以目标管理考核为主的方法，从态度、能力、业绩三方面对员工半年来的绩效表现进行评估。

其中，态度能力占30%，业绩占70%。态度能力考核采用行为锚定法和关键事件法，业绩考评以量化考评为主。

二、考核时间安排

2012年7月1日—2012年7月15日。

三、考核方式

实施逐级考核，总经理对副总进行考核，副总考核部门经理，部门经理考核员工。

四、考核准备要求

(1) 根据年初设定好的绩效考核卡中的指标及要求，进行信息数据的收集、整理和分析，与考核指标一一对应。

(2) 各级人员要提交半年度绩效报告，体现绩效成绩、绩效问题和改进思路三方面。

(3) 各管理人员要对过程评估资料进行收集、整理、分析，公平客观地进行评价。对于公司层面的考核，由相关部门提供考核依据材料。

五、考核实施

实行逐级考核，成立考评小组。以总经理、各级经理为主，相关联系部门及部分员工旁听。

(1) 被考核人进行绩效总结述职。

(2) 考核人根据关键绩效指标及要求进行提问，被考核人作答，并提供相关证明，由被考核人审阅。

(3) 考核人根据过程信息资料的分析结果及被考核人的回答，进行评分。

六、绩效考核结果上报

(1) 各级经理将考核结果分成相关等级，形成考核汇总表，上报人力资源部。

(2) 考核结果要求如下表所示。

<table>
<tr><th>绩效等级</th><th>分值区间</th><th>绩效考核系数</th><th>人员比例</th></tr>
<tr><td>优秀</td><td>90及以上</td><td>1.1</td><td>20%</td></tr>
<tr><td>良好</td><td>85～89</td><td>0.9</td><td>10%</td></tr>
<tr><td>称职</td><td>70～84</td><td>0.8</td><td>60%</td></tr>
<tr><td>基本称职</td><td>60～69</td><td>0.7</td><td rowspan="2">10%</td></tr>
<tr><td>不称职</td><td>59及以下</td><td>0.5</td></tr>
</table>

七、绩效结果沟通与反馈

各级经理需将考核结果当面与员工进行沟通与反馈，对业绩给予肯定，对问题提出改进意见，帮助员工提高绩效。对于绩效结果不能认可的，可以提请公司申诉。公司于申诉后三日内进行复核，修订考核结果。

思考题：

该公司绩效考核存在哪些问题？如何改进？

项目五　绩效改进与绩效结果应用

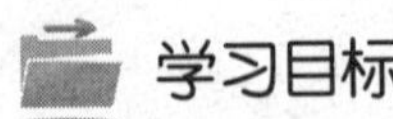

学习目标

知识目标

- 熟悉绩效改进的指导思想
- 掌握绩效改进流程
- 掌握绩效结果应用

技能目标

- 能够应用绩效改进的指导思想进行绩效改进
- 能够进行绩效结果应用

绩效管理的最终目的是提高生产率和效率。因此，绩效管理需要与激励机制挂钩，这样才能体现绩效管理的价值。对员工的绩效考核结果进行合理应用，是保证绩效考核激励作用的主要手段。绩效管理的流程主要包括绩效计划、绩效实施、绩效反馈、绩效结果应用四个方面。绩效结果应用是流程中的最后一步，是绩效管理发挥应有作用的重要环节，应该给予充分重视。

本项目主要包括两部分内容：一部分是绩效改进，对员工与企业在绩效管理中出现的问题进行分析，并提出改进计划；另一部分是绩效结果的具体应用，将体现在人力资源管理的职能上。

任务一　绩效改进

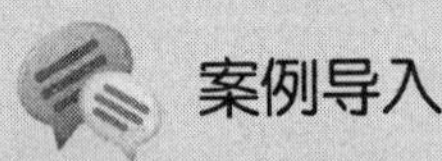

案例导入

处分，但不惩罚

康宏公司人力资源部制定了处理绩效问题的全新办法：非惩罚性处分。其核心思想是倡导责任和尊重的处分，认为每个员工都是成熟、负责、可以信任的成年人。如果企业像成年人那样对待他们，他们就会表现得像个成年人。

这种新的绩效改善方法强调不使用惩罚，取消了警告、训斥、无薪停职，着眼于要求个人承担责任和决策。公司管理层还进行了非常大胆且令人吃惊的改革——取消传统的最后处分步骤——无薪解雇，代之以大胆的新方法——带薪停职处分。新的绩效改善方法的最后处分是通知员工第二天将被停职，他必须在停职日结束时回来做出决定，要么解决当前问题并承诺在各方面工作中做到令人满意，要么另谋高就。公司负担停职日的工资，以表示希望看到员工改正并留下来的诚意。但是，如果员工再次犯错就会遭到解雇。何去何从，主动权完全掌握在员工自己手里。

非惩罚性处分从非正式会谈开始。如果会谈未能产生效果，就会采取进一步的处分措施。当非正式的会谈过程和绩效改进讨论不能成功地解决员工的绩效或行为问题时，主管所采取的第一级正式处分措施是“首次提醒”，也就是讨论员工存在的问题，提醒员工注意自己有责任达到组织的标准。

如果问题继续存在，主管就进而给予“二次提醒”。主管将再次跟员工会谈，争取他同意解决问题。会谈后，主管将讨论内容正式编写成备忘录，交给该员工。“提醒”一词不同于“警告”或“训斥”。首先，提醒员工注意现有绩效和期望绩效之间的具体差距；其次，提醒员工有责任表现合格，做好该做的工作。

如果正式处分措施的初始步骤不能成功地说服员工解决绩效问题，就需要果断采取行动——带薪停职。

通过这种新的绩效改善方法，公司紧张的气氛得到缓解，员工消极怠工等现象得到了遏制。

资料来源：http://edu.21cn.com/renli/g_142_316794-1.htm。

工作任务

分析公司如何进行绩效改进。

任务引导

绩效管理的主要目的是持续改善和提高员工的绩效，最终实现企业的战略目标和员工的发展目标。

通过本任务的学习，我们将了解企业如何进行绩效改进。

知识链接

一、绩效改进的指导思想

（1）绩效改进是绩效考核的后续工作，绩效改进的出发点是对员工现实工作的考核，不能将这两个环节的工作割裂开来考虑。

（2）绩效改进活动必须自然地融入部门的日常管理工作当中，这样才有其存在的价值。

（3）帮助下属改进绩效、提升能力，与完成管理任务一样都是管理者义不容辞的责任。

二、绩效改进流程

（一）绩效诊断与分析

绩效诊断与分析是绩效改进流程的第一步，也是绩效改进最基本的环节。

绩效诊断与分析就是找出员工绩效的差距，分析绩效不良的原因。可以将绩效考评标准与员工实际绩效表现进行比较来确定绩效差距。

实用案例 5—1

绩效诊断与分析表

绩效诊断与分析表如下表所示。

制表时间：　　年　　月　　日

姓名：　　　　部门：　　　　职位：

序号	考评项目	绩效标准	实际绩效	差距原因	是否改进	改进策略
被考评者签字：		直接主管签字：		部门主管签字：		
备注：本表必须交人力资源部备案。						

一般而言，绩效不良并不能简单地归咎于员工工作不努力，而应从员工、部门经理及环境因素 3 个方面分析原因。

1. 员工

从员工身上找原因，主要有主观和客观两个方面。具体原因分析如下：

（1）知识。有做这方面工作的知识和经验吗？

（2）技能。有应用知识和经验的相关技能吗？

(3) 态度。有正确的态度和自信心吗?

(4) 外部障碍。有不可控制的外部障碍吗?

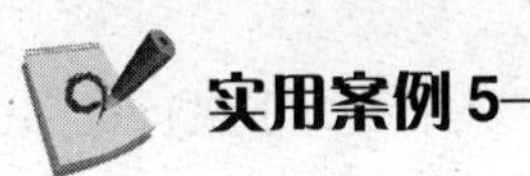

实用案例 5—2

某员工绩效诊断

某员工绩效诊断如下表所示。

知识 √缺乏管理知识和经验 √缺乏时间管理知识	技能 √缺乏管理技能 √缺乏商业谈判技能 √分不出工作优先顺序
态度 √喜欢技术工作，不愿放弃 √顾虑管理岗位的不稳定性 √个人发展方向不明确	外部障碍 √工作负担过重 √属下员工培训不够 √外部用户的压力

2. 部门经理

工作上缺乏沟通，对员工没有提供足够的帮助和支持，没有给员工适当的激励，这些都是部门经理的责任，不能把责任都推给员工。

3. 环境因素

企业内部资源的缺乏，比如制度不完善、岗位变动等都将影响员工的工作效率和工作质量。企业外部环境，如宏观经济的变动、国家新政策的出台、整个行业的萎缩等，员工个人的力量是无法抗拒的，甚至连企业也无能为力。在这种情况下，企业要做的不是绩效改进，而是对绩效目标进行调整。所以，我们在行动之前，要先查明原因，看清方向，避免徒劳无功。

确定具体绩效差距，找到绩效不良的原因之后，我们还应该考虑是否有必要采取改进措施来消除差距。因为绩效差距有大有小，我们应该把时间和精力花费在纠正重大的绩效差距上。

(二) 制定改进策略

既然产生绩效问题的原因有很多，那么，解决问题的方法或策略也应该因事而异。直接主管应与下属一起讨论并制定绩效改进策略，可以采用“头脑风暴法”和“鱼骨图”的方法，找出所有可能的改进办法，最好能按照员工、部门经理等职位，划分不同项目，列出一张详细的绩效改进表格。

(三) 制定改进计划

一份完善的绩效改进计划应该符合下列要求:

(1) 计划内容要切合实际。拟订的计划内容必须与待改进的绩效相关，拟订具体的行动方案，比如参加脱产培训、经验交流、在职培训、实际观摩与指导等活动。

（2）计划要有明确的时间性。计划的拟订必须有截止日期，而且应该有分阶段的时间进度表。

（3）计划要获得认可。主管人员和员工都应该接受这个计划并致力于执行，都应该保证计划的达成。为此，人力资源部应派专人检查监督。

（4）制定绩效改进计划要确定改进目标，包括工作绩效改进目标和个人能力提升目标，目标要求明确、具体、难度适当。

（5）明确资源方面的保障。明确绩效改进所需要的外部资源和内部资源，这些资源包括组织与上级、同事、客户、培训讲师、企业培训制度等。

（6）计划中要有明确的绩效改进评价方法。

实用案例 5—3

绩效改进计划

王华，金花医疗设备公司的一名销售代表，他到这家公司担任销售代表有一年的时间。在这一年中，上级主管给他设定的销售业绩指标是 20 万元，他完成了这个业绩指标，实际销售额为 21.9 万元。但是，像王华这样的销售代表平均的销售额为 35 万元，王华距离这样的水平还有很大的差距。另外，王华以前不是在医疗设备行业从业，对一些专业知识不够熟悉。

王华需要在以下方面有所改进：首先，提升销售技巧，学会在与客户沟通时，倾听客户的需要；其次，补充学习一些专业领域上的知识；最后，提高编写销售报告的水平。

从积极的方面来看，同事们普遍评价王华善于与人合作，与同事的关系不错，也乐于帮助别人。主管认为他还是乐于学习的，在这一年中，与他自己相比，进步还是很快的。客户对王华的工作态度反映较好，只是有时对客户需要的理解会出现偏差。

针对目前状况，王华在主管的帮助下制定了绩效改进计划，如下表所示。

姓名：王华　　职位：销售代表　　部门：业务一部

直接主管：刘利　　制表时间：2012 年 3 月 5 日

改进项目	改进原因	目前水平	期望水平	发展的措施与所需资源	考评时间
客户沟通技巧	与客户沟通是销售代表的主要工作，本人在这方面有较大欠缺	2.5 分	3.5 分	①参加“有效的客户沟通技巧”培训 ②自己注意收集和体会客户的反馈 ③与优秀的销售代表一同会见客户，观察学习他人与客户沟通时的好做法	2012 年 12 月

续前表

改进项目	改进原因	目前水平	期望水平	发展的措施与所需资源	考评时间
医疗设备专业知识	销售代表需要了解较多的产品知识，而本人以前对这些知识接触较少	3分	4分	①阅读有关书籍、资料 ②参加产品部举办的培训班 ③多向他人请教	2012年5月
撰写销售报告	销售代表需要以书面的形式汇报销售情况，与主管和同事交流信息	3分	4分	①学习他人撰写的销售报告 ②主管人员给予较多的指点	2012年8月

资料来源：http://wenku.baidu.com/view/db47913287c24028915fc3ce.html。

（四）实施改进方案

改进方案实施的主体包括：需要进行绩效改进的员工、主管、绩效改进专员以及其他辅助资源。员工是绩效改进的主体，主管和绩效改进专员既是支持者，又是监督者。另外，还要组建绩效改进部门。由于绩效改进是绩效管理的关键环节，因此，必须由专门的部门来负责此项工作。绩效改进部门与传统的培训部门有很大区别，在绩效改进部门，对员工的培训只是他们工作的一部分，他们还要负责构建企业的绩效与胜任模型、确定绩效差距、分析绩效差距的原因、评估为改进绩效而采取的培训和非培训措施的效果。

（五）检测改进效果

对绩效改进计划实施之后的效果评估可以从以下几方面进行。

1. 反应

员工对个人绩效改进结果的反应如何。

2. 学习或能力

绩效改进活动实施后，员工了解或掌握了哪些以前不会的知识或技能。

3. 转变

绩效改进活动对员工的工作方式是否产生了所希望的影响？员工工作是否开始运用新的技能、工具、程序？

4. 结果

改进活动对关键绩效问题的改变所起的影响是什么？关键绩效问题的改变是否起到了促进企业经营行为正向发展的效果？

三、基于能力的绩效改进方案

（一）绩效改进的前提和理念

(1) 员工渴望学习并提高自身的能力。从需求层次讲，大多数员工都希望受到激励和挑战，以得到组织的认可，从而实现自己的价值。

(2) 员工自愿改变。员工要在一个组织中取得一定成就和个人满足，就必须符合组织的要求，故员工希望能够调整自我、提高自己以达到组织的要求。

(3) 自我领悟。一旦员工认识到自身的态度、言行、动机等不符合组织的规定或要求，员工能够做适当的调整去改变自己的行为。

(4) 营造一种鼓励员工提高能力的环境。高层要率先提高自己的能力，以在员工中起到表率作用。奖励那些通过自我学习或培训提高能力以实现个人绩效和组织绩效改进的员工。

此外，如果员工作为团体中的一分子加入到建设性的互动行为中去，则他们的能力提高更快，学到的东西更多，获得的满足感更强。

(二) 设定绩效改进目标

为了改进绩效、提高能力，应该设定绩效目标和能力目标。绩效目标是和经营业绩挂钩的目标，如销售额提高 20%。能力目标是那些和员工完成工作以及与创造业绩能力有关的目标，如提高职务执行能力、提高沟通能力等。

1. 绩效目标

设定绩效目标，要解决好以下问题：

(1) 绩效目标由谁决定。不同的组织对此有不同的政策和观点。如果员工参与绩效目标的设定，那么，他们将投入必要的时间、精力和感情来完成这些目标。但是，如果员工和管理层在制定目标时不能够达成一致，应由管理层根据组织目标最终决策。

(2) 怎样设定绩效目标。绩效目标应该和岗位规范中规定的工作目标相关联，而且绩效目标应符合 SMART 原则。

(3) 评估绩效目标的完成情况。绩效目标的评估尽可能量化，而对于那些不能量化的目标，应当以明确的文字描述应该达到的程度，这样才可能更好地对目标完成情况进行有效的评估。

2. 能力发展目标

设定能力发展目标，要解决好以下问题：

(1) 能力发展目标由谁来制定。员工是能力发展的承载者，也是能力发展的实行者，每个员工应该设定自己的能力发展目标，提高工作中最重要的能力。能力发展目标根据不同的目的和不同的环境可以用不同的方式来确定。一般把两种方法结合起来：由管理者决定，或由员工自己决定。这样可以有两方面的好处：一是员工们会感到他们对于发展过程有某种控制，二是管理者们可以让其下属去提高管理者们认为对于工作的成功最重要的能力。

(2) 怎样设定能力发展目标。能力发展目标应该符合 SMART 原则，做到具体、可衡量、可达到、相关联和有时限。除此之外，能力发展目标还应该极大地提高所要发展的能力水平。

(3) 能力发展目标与绩效目标的关系。绩效目标即员工的工作“是什么”，而能力发展目标则是员工的工作“怎么样”。能力发展目标的完成可以帮助员工完成他们的绩效目标。如果能力发展目标既不能改善目前的绩效，又不能让员工为未来的绩效改进做准备，那么这样的能力发展目标就不是一个合适的目标。

(4) 评估能力发展目标的完成情况。目标实施后，要有一定的标准来评估它的实行情况，这个标准在设定目标时就确定下来。

(三) 制定完成绩效改进目标的方案

(1) 绩效改进方案一定要有实际操作性，要有行动步骤。如果只停留在理论层面，绩效改进方案根本没有存在的必要。绩效改进方案的指导性一定要强，最好是能详细到具体的每一步骤。

(2) 目标制定后，要有具体的行动步骤来实现，行动步骤要符合 SMART 原则，这样才最权威。实际上，只有符合 SMART 原则的行为或行动才能被称为行动步骤。

(3) 绩效改进方案可以与计划目标制定相结合，也可以独立制定，目的都是提高员工的绩效。计划目标的范围较大，既可以包括以前做得比较好的内容，也可以包括需要提高和改进的内容。与之相比，绩效改进方案虽然也是根据上一阶段绩效结果而制定的，但是它更具有针对性，是着重针对绩效低而制定的。在实际工作中，由于时间等因素的限制，可以将制定绩效改进方案与计划目标相结合，通过一份绩效改进计划来反映绩效改进方案。

(4) 绩效改进方案的形式可以多样，但关键是要控制过程，对员工给予指导。任何方案都需要付诸实施，绩效改进工作可以有多种方案，但是改进的过程只有一个。绩效改进能否取得成功，关键在于能否控制改进的过程。只有各级主管在过程中对员工给予指导和帮助，修正改进方案，才能保证绩效改进的效果。

(四) 解决能力发展中存在的问题和障碍

大部分障碍可以归入以下四类：

(1) 知识障碍：员工没有掌握完成工作的必要信息。

(2) 技能障碍：员工知道怎样完成工作，但缺乏把工作按要求自始至终迅速做好的技能。

(3) 过程障碍：员工不能有效处理一系列的任务或事件来取得某一业绩。

(4) 情感障碍：与心理因素有关的原因。

实用案例 5—4

某员工绩效问题解决策略

某员工绩效问题解决策略如下表所示。

知识	发展解决方法	技能
安排适当的脱产培训 激发其自我启发式学习		在职训练：经常给予辅导和鼓励 增加其参加商业谈判的机会
明确责任划分并选出重点 分析工作要素，明确相互关系 帮助认识个人潜力，分析职业发展方向		检查、精简、重新组合 安排其属下参加正式或非正式培训 管理者充当其与外界的缓冲器
态度	管理解决方法	外部障碍

（五）明确指导者的行动

如果管理者们能够激励并指导他们的员工改进绩效，那么绩效改进方案就能够发挥良好作用。然而，很多管理者缺乏这些能力。

1. 利用能力框架传达你对员工的期望

通过语言、能力以及主要行为传递员工身上可挖掘的潜能。

2. 倾听

倾听员工的诉说，而不只是去控制他们，应让他们把事情做完。努力了解他们，了解什么事情对他们很重要，了解他们的情感和他们的忧虑。

3. 给予反馈信息

让他们知道你是怎样看待他们的。直接诚实地告诉他们你对他们的行为，以及他们的行为所带来的后果的看法。避免那些轻蔑的判断和指责，反馈的目的是让他们了解能够帮助他们改变行为的有关信息。

4. 让员工自己认同一个更高的目标

帮助员工表达他们的希望和理想，和他们一起努力把他们的理想和组织对他们的期望结合起来。如果他们把自己在公司所起的作用看作实现个人抱负的途径，就能在自身发展中做出更多的投入。

5. 看清障碍

确定阻碍绩效发展的因素，是信息、技能、过程，还是情感方面的障碍？

6. 预测并建设性地处理员工的抵触心理、预防行为和责怪

应开发一整套技巧进行应对，包括倾听、表达信任、提供机会等。在每一种情况下采用的技巧都要能最方便地帮助员工克服他们的抵触心理，把他们的利益和组织的利益结合在一起。

7. 确定目标

利用手头一切信息，包括组织目标、个人抱负、能力的发展等，以确立能力发展目标和绩效目标。

8. 制定行动步骤

制定符合 SMART 原则的行动步骤来完成目标，包括能够支持能力发展的目标

和行动步骤。

9. 跟踪并监控目标和行动步骤的完成情况

这一目的是确保员工能够取得成功，问题能够迅速解决。

10. 让员工了解你的目标和行动步骤

让他们看到他们的工作在你的目标中处于什么位置，向他们示范如何跟踪目标和行动步骤。如果你的员工经常看到你在使用你要求他们使用的程序，他们就会更自觉自愿地去使用这一程序。

(六) 绩效改进方案的实施

绩效改进方案要发挥高级管理者的带头作用，而且需要有组织的培训和指导。一方面，需要人力资源部组织各级主管进行培训，以提高其对绩效改进理论的认识；另一方面，根据各级主管制定的员工绩效改进方案，有针对性地组织员工培训，以提高员工的专业知识、技能。

任务实施

(1) 对公司的绩效改进方法进行分析，提出在实际工作中，应如何进行绩效改进。

(2) 实施方案。

1) 划分学习小组，各小组分别讨论。

2) 总结该公司绩效改进的方法。

3) 各小组派代表陈述本组的工作成果。

4) 进行小组自评及教师总评。

任务二 绩效结果应用

案例导入

A公司的绩效结果应用

A公司是一家有九年历史的人力资源管理公司，经过多年建设、改革与发展，已经成为河北省范围内网络覆盖最广、经营规模最大、运营最规范、最具品牌影响力和专业解决能力的人力资源服务公司。以“招聘—培训—人事外包”为主线的人力资源业务流程外包产品、以“培训—咨询—培训”为主线的人力资源管理咨询产品和以“代理代维—IT服务—物业服务”为主线的业务（项目）流程外包产品，正在成为A公司的主流服务产品。

在公司快速发展的过程中，A公司建立了一套适合公司发展的绩效管理体系。近期，年度考核正在如火如荼地进行中。B部门经理按照人力资源部下发的2012年年度绩效考核方案，以各级员工的岗位职责为依据，结合公司年度整体战略目标和部门重点工作，与员工沟通后制定了部门各级人员的KPI考核卡，逐一对本部门员工进行了考核。考核成绩是：优秀1名、良好2名、称职5名，成绩汇总后报至人力资源部。根据A公司的考核制度关于考核结果的运用规定，被评为优秀的员工，基本工资将上调一级，并获得外派培训的机会。同时，如果该名员工在历次考核中均表现优秀，可自行申请职务晋升，公司将优先给予晋升机会。

附：A公司的绩效考核办法中绩效考核结果运用部分

4.9　绩效考核结果的运用

4.9.1　奖励

4.9.1.1　公司根据各部门及员工的绩效考核结果，依据《奖金管理办法》中规定的计算办法，核算员工绩效奖金，并进行发放。

4.9.1.2　对于半年、年度考核被评为“优秀”的员工，基本工资上调一级；年内两次考核均被评为“良好”的员工，基本工资上调一级。

4.9.1.3　对于历次考核中表现“优秀”的员工，可申请职位晋升，公司优先给予晋升机会。

4.9.1.4　对于年终考核被评定为优秀的员工，公司给予优先外出培训的机会。

4.9.1.5　公司从多方面对员工的表现给予多样化的奖励，鼓励员工全面发展。例如，设立单项奖奖励，年底设立销售状元奖、最佳客户服务代表奖、合理化建议奖、最具创新奖、学习标兵奖、优秀团队奖等多种单项奖，分别给予各种形式的奖励。

4.9.2　处罚

4.9.2.1　对于半年考核被评为“基本称职”的员工，基本工资下调一级。

4.9.2.2　对于全年考核被评为“基本称职”的员工，年终奖奖金减半。

4.9.2.3　对于考核评价为“基本称职”的员工，由部门经理监督其改善绩效，在下阶段的考核中进行跟踪评价，如连续两次被评为“基本称职”，视同为不称职。

4.9.2.4　对于年内两次考核均被评为“基本称职”的员工、考核被评为“不称职”的员工，实行待岗培训或转岗，经培训或转岗后仍不能胜任工作的员工，公司依法与其解除劳动合同。

4.9.2.5　未经公司审批同意，不参加考核的员工不发放绩效奖金。

工作任务

该公司是如何应用绩效结果的？存在哪些问题？

任务引导

绩效评估是绩效管理循环中的一个重要环节，不管企业针对员工采取什么样的绩效评估方法，绩效评估的最终目的都是通过对绩效评估结果的综合运用，推动员工为企业创造更大的价值。

通过本任务的学习，我们将了解绩效结果在人力资源管理中的应用。

知识链接

传统上，人们进行绩效考评最主要的目的是做出一些薪酬和晋升方面的决策，如奖金分配、工资晋级、提拔干部等。很显然，这种做法是片面的。因为对于一个组织来说，实现组织的战略目标必须依靠一支高绩效的员工队伍，获得员工的高绩效就必须将考评结果应用于能够激发员工潜能的所有方面。

一、绩效结果与薪酬管理

用于薪酬管理是绩效考评结果最主要的一种用途。一般而言，为了强调薪酬的公平性并发挥薪酬的激励作用，员工的薪酬中都会有一部分与绩效挂钩。对于不同性质的工作人员，这部分与绩效挂钩的报酬所占的比例不尽相同。例如，销售人员的报酬中较大部分的比重是由绩效决定的，主要是促使销售人员取得更好的业绩。而对于行政人员，报酬体系中由绩效决定的部分相对比较小。另外，薪酬的调整往往也是由绩效来决定的，如工资晋升的等级是与绩效联系在一起的。

（一）绩效结果应用于薪酬管理的形式

1. 发放一次性绩效工资或奖金

绩效奖金是企业依据员工的绩效考评结果，确定奖金的发放标准并支付奖金的方法。一般来说，员工的薪酬包括两部分：基本薪酬和奖金。奖金一般与绩效结果挂钩。绩效奖金的类型有很多，计算方法通常比较简单，常用的公式是：

员工实际得到的奖金＝绩效奖金标准×绩效系数

绩效系数是由员工的绩效考评结果决定的。

奖金可分为如下几种：

（1）按奖励的周期长短，可分为月奖、季奖和年奖。

（2）按一年内奖金发放次数，可以分为一次性奖金和经常性奖金。一次性奖金通常是为解决生产或经营中突出矛盾而设立的临时性奖金；经常性奖金是奖励那些在日常生产或经营中提供了超额劳动的员工，一般可以是月奖或季奖。

（3）从奖励条件的考核项目划分，可分为单项奖和综合奖。单项奖是以生产或经营中的某一项指标作为计奖条件的奖励制度。综合奖则是以多项考核指标作为计奖条件的奖励制度。

（4）按奖金的支付对象，可分为个人奖和集体奖。个人奖适合于只需个人就能完成的工作；集体奖适合于需数人或集体共同努力才能完成的工作。

实用案例 5—5

某企业年度奖金的分配方法（节选）

年度奖金在超额完成利润计划的前提下计发。

年度奖金总额按照工资方案的规定计算提取。

年度奖金按照 7∶3 的比例分配，即年度奖金总额的 70%以日常绩效工资为依据分配，30%以年度考核结果为依据分配。

每人的年度奖金由两部分组成：一是以月度考核为基础的年度奖金；二是以年度考核为基础的年度奖金。

一、以月度考核为基础的年度奖金

年度奖金总额的 70%以个人日常实得岗位绩效工资和个人实得旺季生产性津贴为基础计发。

公式如下：

$$\text{以月度考核为基础应发年度奖金}=\left(\text{个人日常实得岗位绩效工资}+\text{个人实得旺季生产性津贴}\right)\times\text{日常岗位绩效工资奖金含量}$$

其中：

$$\text{日常岗位绩效工资奖金含量}=\left(\text{报告年度超额利润奖金提取额}\times 70\%\right)\div\left(\text{报告年度公司日常实发岗位绩效工效}+\text{公司实发旺季生产性津贴}\right)$$

以月度考核为基础的应发年度奖金计算表，如下表所示。

序号	姓名	1—12 月累计实得绩效工资	4—11 月旺季生产性津贴	绩效工资与生产性津贴之和	日常岗位绩效工资奖金含量	应发第一部分年度奖金
1	2	3	4	5=3+4	6=年度奖金×70%÷5	7=5×6
合计						

二、以年度考核为基础的年度奖金

年度奖金的30%按照年度考核结果计发。

公式如下：

$$\text{以年度考核为基础应发年度奖金}=\text{个人年度绩效工资标准}\times\text{个人年度绩效考核系数}\times\text{年度拟发绩效工资奖金含量}$$

其中：

$$\text{个人年度绩效考核系数}=\text{个人年度考核得分}\div 100$$

$$\text{年度拟发绩效工资奖金含量}=\text{报告期年度超额利润奖}\times 30\%\text{金提取额}\div\sum\left(\text{个人年度绩效工资标准}\times\text{个人年度绩效考核系数}\right)$$

以年度考核为基础的年度奖金计算表，如下表所示。

序号	姓名	个人年度绩效工资标准	个人年度绩效考核系数	管理岗位年度考核系数	年度拟发绩效工资奖金含量	应发第二部分年度奖金
1	2	3	4	5＝3×4	6＝年度奖金×30%÷5	7＝5×6
合计						

资料来源：杨飞等：《绩效管理案例与案例分析》，北京，中国劳动社会保障出版社，2008。

2. 固定工资基数的调整

固定工资基数的调整是将基本薪酬级别的调整与员工所获得的绩效考评等级联系在一起的绩效激励计划。主要考虑绩效考核结果和该员工原来固定工资在同一职等薪酬带宽中所处的位置。

对于绩效不良的员工，降低其绩效工资，促进其尽快地改善；对于绩效优良的员工，有一个客观的衡量尺度来调整工资。

实用案例5—6

某公司依据连续五年绩效考核结果所确定的加薪比例

某公司依据连续五年绩效考核结果所确定的加薪比例如下表所示。

绩效等级	<25%	25%～50%	50%～75%	>75%
优秀	13%～15%	12%～13%	11%～12%	10%～11%
中等	11%～12%	10%～11%	9%～10%	8%～9%
合格	9%～10%	8%～9%	7%～8%	5%～6%

3. 将员工绩效奖励与部门绩效挂钩

企业越来越重视员工的团队合作能力，将员工绩效奖励与部门绩效挂钩，能有效促使员工关注团队的整体利益，而不仅仅关心自己所获收益。

在这种绩效奖励计划中，只有团队目标实现后，每个成员才能得到奖励。首先，根据部门绩效考评分数确定部门内所有员工可分配的绩效奖励总额；其次，将部门可分配的绩效奖励总额按绩效考核等级分摊给每个人。通过这样的分配方式，充分体现部门或团队的绩效与个人绩效相关的原则。

（二）考评结果应用于薪酬管理应注意的问题

（1）绩效薪酬方案应该公之于众，让所有员工都意识到企业是在"为绩效付酬"，从而为此提高自己的绩效水平。

根据考评结果分配奖金情况

某公司根据考评结果分配奖金情况如下表所示。

考评等级	奖金额度
A 优秀	奖金基数×100%
B 良好	奖金基数×80%
C 合格	奖金基数×60%
D 基本合格	奖金基数×40%
E 不合格	0

（2）绩效奖金的基数可以由公司高层领导、人力资源部和财务部根据公司的整体业绩状况进行调整。

（3）依据考评结果划定绩效等级应该实事求是，尊重员工的实际绩效水平，而不能人为框定范围。

（4）考虑到员工隐私和自尊，绩效结果或奖金分配情况不宜全部公开，只宜公布排列居前的员工名单，以树立模范和榜样，但绩效结果和奖金分配情况应通知到个人。

实用案例 5—8

IBM 的薪资政策

IBM 有一句拗口的话：加薪非必然！IBM 的工资水平在外企中不是最高的，也不是最低的，但 IBM 有一个让所有员工坚信不疑的游戏规则：干得好，加薪是必然的。为了使每位员工的独特个性及潜力得到足够尊重，IBM 一直致力于工资与福利制度的完善，并形成了许多值得我们参考的特色。

薪资与职务重要性、难度相称

每年年初 IBM 的员工特别关心自己的工资卡，自己去年干得如何，通过工资涨幅可以体现得有零有整。IBM 的薪金构成很复杂，但里面不会有学历工资和工龄工资，IBM 员工的薪金跟员工的岗位、职务重要性、工作难度、工作表现和工作业绩有直接关系，工作时间长短和学历高低与薪金没有必然关系。在 IBM，你的学历是一块很好的敲门砖，但决不会是你获得更好待遇的凭证。

在 IBM，每一个员工工资的涨幅会有一个关键的参考指标，这就是个人业务承诺计划 PBC。只要你是 IBM 的员工，就会有个人业务承诺计划。制定个人业务承诺计划是一个互动的过程，你和你的直属经理坐下来共同商讨这个计划怎么做切合实际，几经修改，你其实和直属经理立下了一个一年期的军令状，直属经理非常清楚你一年的工作及重点，你自己对一年的工作也非常明白，剩下的就是执行。到了年终，直属经理会在你的军令状上打分。直属经理当然也有个人业务承诺计划，上头的经理会给他打分，大家谁也不特殊，都按这个规则走。

具体来说，PBC 从三个方面来考察员工工作的情况：第一是 Win，致胜，胜利是第一位的。首先你必须完成你在 PBC 里面制定的计划，无论过程多艰辛，到达目的地最重要。企业在实现目标时无法玩概念，必须见结果，股市会非常客观地反映企业的经营情况，董事会对总裁也不会心太软。第二是 Executive，执行。执行是一个过程量，它反映了员工的素质，执行能力需要无止境的修炼。PBC 不仅决定你的工资，还影响你的晋升，当然同时也影响你的收入。所以，执行是非常重要的一个过程监控量。第三是 Team，团队精神。在 IBM 埋头做事不行，必须合作。在 IBM 采访时有一个强烈的感觉：IBM 是非常成熟的矩阵结构管理模式，一件事会牵涉很多部门，有时候会从全球的同事那里获得帮助，所以 Team 意识应该成为第一意识，工作中随时准备与人合作一把。一言概之：必须确实了解自己部门的运作目标，掌握工作重点，发挥最佳团队精神，并彻底执行。

薪资充分反映员工的成绩

直属上级负责对员工工作情况进行评定，上一级领导进行总的调整。每个员工都有进行年度总结和与他的上级面对面讨论这个总结的权利。上级在评定时往往与做类似工作或工作内容相同的其他员工相比较，根据其成绩是否突出而定。评价大体上分 10～20 个项目进行。

对营业部门或技术部门进行评价是比较简单的，但对凭感觉评价的部门，如秘书、宣传、人事及总务等部门怎么办呢？IBM设法把感觉换算成数字，以宣传为例，他们把考核期内在报纸、杂志上刊载的关于IBM的报道加以收集整理，把有利报道与不利报道进行比较，以便作为衡量一定时期宣传工作的尺度。

评价工作全部结束，在每个部门甚至全公司进行平衡，分成几个等级。例如，A等级的员工是大幅度定期晋升者，B等级的员工是既无功也无过者，C等级的员工是需要努力的，D等级的员工是因生病或其他原因达不到标准的。

从历史看，65%～75%的职工每年都能超额完成任务，只有5%～10%的人不能完成定额任务。那些没有完成任务的人中只有少数人真正遇到麻烦，大多数人都能在下一年完成任务，并且干得不错。

IBM的薪资政策精神是通过有竞争力的策略，吸引和激励业绩表现优秀的员工继续在岗位上保持高水平。个人收入根据工作表现和相对贡献、所在业务单位的业绩表现以及公司的整体薪资竞争力而确定。

资料来源：http://www.qdhr.net/Qdhr/Info/29781.html。

二、绩效结果与员工培训

除了区分出员工绩效的优劣之外，绩效管理还有一个重要功能，即通过分析绩效评估的结果来提升员工的技能。当员工的现有绩效评估结果和企业的期望绩效之间存在差距时，管理者就要考虑是否可以通过培训来改善员工的绩效水平。

一般而言，需要进行绩效培训的情况有以下两种：绩效问题是员工个人知识、技能和态度的缺乏所导致的；除了培训解决方案之外别无选择。

（一）培训的内容

针对不同的培训内容，培训教学设计的具体方法和步骤会有所不同，但其基本内容是一致的。这主要包括：

（1）期望学习者学习什么内容？即绩效目标的确定。

（2）为达到预期目标，如何进行教育和学习？即教学策略和教学媒体的选择。

（3）在教学过程中如何合理安排时间？即教学进度的安排。

（4）在进行培训时，如何及时反馈信息？即教学评价的实施。

（二）培训课程设计的基本流程

（1）进行系统的绩效考核，对员工个体进行全面、准确的绩效评估，或者收集有关员工个体绩效的现有资料。确定员工当前实际绩效与理想绩效标准之间的差距，确认差距的来源。为了使培训达成预期效果，在进行培训需求分析时，必须确定培训是否是解决绩效问题的正确途径。

（2）列出课题，确定学习内容，确定学习者绩效改进的程度。

（3）开展教学分析。即在培训教学目标确定以后，剖析达到该教学目标所需掌握的知识和技能。

（4）分析教学对象。即分析教学对象的生理、心理和社会特点，测定他们原有的知识与技能储备，以便确定培训教学内容的起点。教学对象与教学分析同步进行。

（5）开发考核标准。培训课程设计最终要对培训的结果进行评价，因此，方案中必须提供可靠的和有效的测评工具，这些工具必须能精确地显示受训者在经过培训后有多大的进步。

（6）列出学科内容和大纲。即确定培训课程中不可缺少的部分，然后制定大纲给课程定一个方向和框架，课程大纲给出了课程的主要内容和培训方式。

（7）选择教与学的活动和教学资源。即选择合适的培训师，选择合适的培训时间和环境等方面。

（8）实施教学。

（9）设计和开展形成性评价。形成性评价可分为个别评价、小组评价和实地评价。要从不同的方面与角度评价学习及教学系统的效果，以达到进一步修正教学组件的目的。

（10）修改教学。即通过形成性评价，发现问题，分析原因，并对教学内容、教学方法、教学媒体等做相应的修改，以逐渐实现教学活动的最优化。

组织培训的一个重要目标是改进绩效，因此培训成果应该强调绩效，而不仅仅是员工学会了什么。为了培训课程教学成果能迁移到员工改进工作绩效中，除了培训部门的相关人员按照培训课程设计流程实施，企业还需要提供其他条件，比如提供一个恰当的工作氛围，以及学员能够从转变中获得相应的回报等。

实用案例 5—9

某公司绩效考评案例

某公司年底考评工作刚刚结束，人力资源部对销售部门员工的绩效差距进行了分析。该部门共有员工 25 名，其中销售员 22 名，销售主管 3 名。其人员使用效果如下图所示，部分员工的工作情况和绩效表现如下表所示。

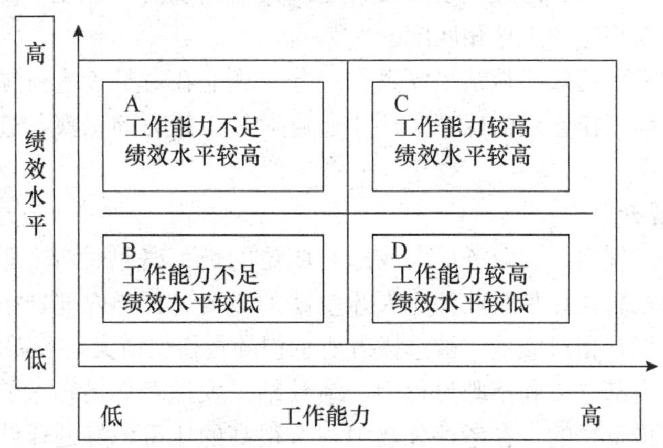

员工姓名	职位	工作情况	绩效表现
王波	销售员	应届大学毕业生，工作时间不长，业务较为生疏，在工作中频频出现小失误，但勤奋好学，工作态度很积极	刚刚签了一个52万元的销售合同，销售业绩（销售员排名）从第19名跃升为第3名，综合考评结果为良好
张蕊	销售员	公司的老员工，工作表现一直很优秀，有很强的计划能力和执行能力，市场开拓能力很强，愿意将自己的销售技巧与同事们分享	销售业绩为该部门销售员的第1名，连续3年的综合考评结果为优秀
李勇	销售主管	猎头公司推荐的资深销售人员，在面试的过程中获得了一致好评，但进入公司十年以来，经常迟到早退，有离职倾向，也不愿意和其他同事合作	销售业绩几乎为零，综合考评结果为不合格

根据分析，公司做出了不同的决定：对王波的培训与使用计划应重点放在培训必备的技能缺项上；对张蕊的培训与使用计划应重点放在后备力量培养和晋升需求上；而对李勇进行全面分析后，如果是认为公司不能为其提供良好的个人发展空间，或现有的岗位不适合他，则公司可以根据实际情况做相应的调整，如果是不愿意对工作投入精力，经过沟通也不愿意改善工作态度，或已经决定离开公司，则停止对该员工的培训投入，并做好解除劳动合同的准备。

资料来源：http://www.doc88.com/p-395940288038.html。

三、考评结果与人事调整

人事调整主要是指根据员工绩效结果的优劣，人力资源部门或直线经理对该员工进行职位晋升、降级、岗位调动以及解雇。人事调整的核心在于使员工本人的素质和能力更好地与相应的工作相匹配。

人事调整常常和绩效考核结果联系在一起。企业在对员工进行绩效评估时，不能只是评价其目前工作业绩的好坏，还要通过对员工能力的考察，进一步确认该员工的未来潜力。

（一）职位晋升

企业在发展过程中，因业务扩大或原有职位的员工离职而产生职位空缺时，从内部进行选拔和招聘往往是企业补充人才空缺的重要途径。内部选拔往往是职位的晋升或薪资的增加，相对应地，被选拔者所承担的责任也增大，所需的知识、经验、技能也更多。在内部选拔和招聘过程中，绩效结果发挥着举足轻重的作用。在绩效结果中，业绩是最重要的，在考评分数中占有很高的比重，好的业绩意味着较高的工作质量、较高的工作效率以及较低的工作误差。因此，企业将业绩考评结果作为人才选拔的先决条件，以鼓励员工创造出更高的业绩。

但是如果仅凭业绩高低选拔人才，企业的员工有可能被选拔到不称职或不胜任的职位上。因为业绩是过去行为的结果，业绩优秀表明该员工胜任现在的工作职位，但并不一定能证明他有能力胜任将要被选拔到的工作职位。因此，在人才选拔过程中，绩效结果中的能力指标和道德素质指标的考评分数也是选拔的制约条件。

（二）职位降低

在企业中，绩效优秀的员工可以升职，绩效低劣的员工可以降职。降职是把某位绩效低的员工调到低一级职位或保留原来职位而降低等级，由此工资也会相应低一级。一个人被降职时，通常情绪会受到影响，其工作绩效可能会进一步降低，所以，企业在使用降职时通常应谨慎。一般来说，这种人事调动是以绩效结果为依据的，是公正、合理的，但是，人力资源部门在对某人做出降职决定时，应该注意方式方法，事先征求当事人的意见，应充分肯定当事人为公司所做的贡献，努力维护当事人的自尊，并说明晋升通道是永远畅通的，只要他在今后的工作中表现优秀，符合晋升条件，还有机会被提拔上来。这样，我们就可以在企业里营造一种员工能上能下、能降能升的良好工作氛围，真正达到通过绩效来激励员工努力工作的理想效果。

（三）职位调动

职位调动是指企业内员工的横向移动，调动可以由人力资源部门提出，也可以由员工提出申请。调动可以满足以下几种目的：第一，可以满足企业调整组织结构的需要。通过绩效考评，可以反映出组织机构设置的效率，当组织机构不合理，影响整体运营效率时，就可以考虑对组织机构进行调整，相应地进行人员调动。第二，有利于优化人力资源配置，将合适的人调配到合适的岗位上。对于工作绩效总是一般的员工，换个岗位也许更有利于发挥他的潜能，在另一个岗位上，他的工作绩效可能会很出色。第三，有利于缓解紧张的人际关系给员工绩效带来的压力。有的企业在实施绩效考评制度时，片面重视个人绩效和能力，员工们为了个人绩效而互相排挤，尤其是在实行“末位淘汰”制的企业，团队合作精神十分淡薄，员工关系十分紧张，有的人换个环境后可能绩效表现会更好。

（四）解雇

解雇就是淘汰企业中无法完成预期绩效目标或者表现出拙劣绩效水平的员工，因此，绩效结果往往成为员工优胜劣汰的晴雨表。常用的解雇员工办法是“末位淘汰”制，这是企业纯粹为了追求高绩效所采用的一种极端手段。随着市场竞争的加剧，“末位淘汰”制在全球企业界被普遍采用。有资料显示，美国已有20%的企业采用了相近的制度，越来越多的国内企业也开始采用“末位淘汰”这一法宝。华为公司指出：一切员工在公司长期工作的基础是诚实劳动和胜任本职工作，通过坚定不移地铲除沉淀层，保持市场压力在公司内部的无依赖传递。

依据绩效考核的结果进行人事调整，对于人事相宜、事人相称目标的达成，具有举足轻重的作用。企业用人要扬长避短、因材适用，既不能大材小用，也不能小材大用。对于工作岗位的客观要求，可以通过工作岗位分析来衡量和确定。对于员工的特点，则可以运用两种测量评定的方法：一是人员素质测评技术，即运用心理测试评定的方法，直接对员工的素质和能力进行考察；二是绩效考评技术，即对员工的工作行为、工作态度及工作业绩进行考察。通过绩效管理活动，可以掌握员工各种相关的工作信息，如劳动态度、岗位适合度、工作成就、知识和技能的运用程度等。根据这些信息，企业更易于正确地做出人事决策，有效地组织职位晋升、降级、岗位调动以及解雇等人力资源管理工作。

四、绩效结果与流程优化

基于绩效的业务流程优化就是根据企业实际绩效与战略目标绩效之间的差距分析，理清企业管理流程方面存在的问题，并围绕提高企业绩效进行业务流程优化的过程。

业务流程优化对组织绩效的作用体现在以下几个方面：

(1) 以客户为中心的绩效考评体系使组织内各部门之间的边界大大淡化，齐心协力满足客户需求，员工直接服务的对象是客户，而不是上司，只要让客户满意了，上司对他们的绩效考评分数自然较高。

(2) 由于将流程设为工作重点，分析并量化了工作流程，因此各级管理人员的绩效考评依据将不再是各种行政级别，而是整个流程的执行结果。

(3) 提升企业经营管理效率，降低业务流程的管理成本，从而提高了整个组织的绩效水平。

(4) 优化后的流程确保了企业对客户需求的响应速度和沟通效果，提高了客户满意度和企业竞争能力，为企业的迅速发展奠定了良好的流程管理基础。

任务实施

(1) 该公司的绩效结果应用存在两个问题：

问题1：在实际过程中，绩效结果往往被公司作为奖罚的依据，会给员工一个误解，认为考核就是为了罚钱，而不能理解其对自身绩效改善方面的作用。

建议：公司应加强引导和培训，除了奖金分配，更多地在员工后期技能提升的辅导、职业发展等方面下工夫，使员工意识到考核结果的正面效用。

问题2：绩效结果应用的落实效果差。公司层面进行了奖金兑现、人事调整后，部门管理人员就不再做其他工作了，忽视了考核结果深层次的效用。

建议：作为各部门的管理人员，应该更多地通过每位员工的考核结果分析他们的特点、能力等，从而进行合理的使用、激励和培养提升，确保人尽其才、才尽其用。

（2）实施方案。

1）划分学习小组，各小组分析并评价该公司现有的绩效结果应用情况。

2）提出该公司进行绩效结果应用的方案。

3）各小组派代表陈述本组的工作成果。

4）进行小组自评及教师总评。

项目小结

对全体员工进行考核后，管理者可以根据最终的考核结果采取各项有效措施，对绩效目标能起到助推的作用。考核结果的合理转化和利用是发挥绩效考核作用，提高制度化管理水平的关键。绩效考核本身不是目的，而是一种手段，因此必须重视考核结果的运用。只有及时合理地将考核结果运用于管理工作的各个环节，健全激励机制，增强员工自身压力和危机感，才能调动员工的积极性。

通过本项目的学习，应该掌握以下内容：

（1）绩效改进的指导思想。

（2）绩效改进流程。包括：绩效诊断与分析、制定改进策略、制定改进计划、实施改进方案、检测改进效果。

（3）基于能力的绩效改进方案。

（4）绩效结果应用。绩效结果可以应用于以下管理活动：薪酬管理、员工培训、人事调整、人力资源规划、流程优化。

案例分析

某省级电视台人力资源咨询案例

某电视台成立于1995年，是湖南广电集团下的一个省级地面电视台，成立之初就“自主经营、自负盈亏”，积极寻求创新与突破，从电视频道的内容产品、市场定位、品牌推广到内部管理都走在了全国省级地面电视台的前列。《还珠格格》、《还珠格格Ⅱ》就是由该台拍摄制作的，很多全国著名栏目如《超级女声》等，最初也出自于该电视台的创意与策划。该电视台被誉为“中国电视省级地面频道四小龙”之一。

2006年，该电视台在收视率、广告收入、新业务开展等方面均取得了重大成绩，但是，由于地处内地、薪酬水平不高等原因，该电视台面临人心不稳、人才流失的管理困境。

现状分析

“创新”一直是该电视台的核心能力。经过十余年的发展，该台已经形成了独具特色的创新机制，沉淀了稳定的制片人、主持人、编导、核心记者等关键人才队伍。之所以出现人心不稳的情况，专家经过调查发现，主要是因为两大原因：

一是薪酬水平不具外部竞争力。由于地处内地，该电视台的薪酬水平与经济发达省份的同行相比一直处于中等偏下的水平，但在湖南本地的广电系统中，该电视台的薪酬水平较高。2005 年前湖南卫视的整体薪酬水平都不如该电视台，所以当时人们对薪酬的满意度较高。但是，近年来同属湖南广电集团、同在一个办公大楼的“老大哥”湖南卫视在全国迅速崛起，湖南卫视所有岗位的薪酬水平在一两年内大幅提升，该电视台的薪酬水平优势不再。

二是绩效管理没有形成系统。由于该台目前下辖三个频道，每个频道的历史不同，绩效考核方式不同，就局部而言，每个频道、每个栏目组的考核体系是有效、公平的，但是不同的频道、不同的部门进行绩效考核的方式、考核标准有所不同，常出现“在这个频道或部门虽然做出了成绩，绩效排名却较差，在另一个频道没做出什么成绩，绩效排名却靠前”的情况，由此也导致了收入不平衡的状况。这种内部的“局部公平、整体不公平”的情况，导致了普通员工人心不稳、人员流失的现象，但对核心人员的流失影响不大。

解决方案

经过调查分析发现，该电视台高层对企业组织架构和核心业务流程能否有效支持该台战略发展意见尚未统一，部门职能与岗位职责界定也有很多不清晰之处。如果这两个问题不能有效解决，绩效、薪酬体系的实施效果将会受到消极影响。经过充分研讨，形成了分三步走的解决绩效、薪酬问题的思路。

第一步，做好相关基础工作。包括组织架构和核心业务流程的优化、部门职能与岗位职责的界定等工作。专家组织该电视台领导层进行了组织架构、核心业务流程研讨会议，部分调整了该电视台的总体架构，形成了真正的“频道责任制”，使高层对各个频道组织架构达成了共识；专家进行了部门职能和岗位职责的培训，最终形成了所有岗位的岗位说明书，界定了所有岗位的岗位职责，为下一步的绩效管理体系、薪酬管理体系打下良好的基础。

第二步，设计适合该电视台的薪酬管理体系、绩效管理体系。首先要解决外部薪酬公平问题，避免核心人才的流失。经过专家和该电视台人力资源部门共同努力，2008 年该台薪酬预算总额比 2007 年增加了一定比例，这部分薪酬增量将增加到核心岗位上。同时，进行岗位评价，明确岗位价值，把原来分配到非核心岗位上的过多资源尽量转移到核心岗位上，最终形成一套科学的薪酬管理体系。专家指导该电视台进行了定岗定编工作，适当地精简岗位和人员。其次要解决内部绩效考核系统化的问题。专家进行了深入的调查，进行有效的绩效梳理工作后，建立了统一的绩效考核标准，形成了规范的绩效考核体系。

第三步，进行试运行阶段。在相关方案完成和提交后，专家指导该电视台进行方案的试运行。在组织架构、业务流程、绩效管理体系、薪酬管理体系等方案上，均进行了 3～4 个月的试运行，发现问题，调整方案。

实施效果

目前，各个模块方案的实施效果如下：

真正形成了“频道制”的组织架构。原来的组织架构中，三个频道只有一个频道是以真正的“频道制”运行的，其余两个频道以“职能制”的形式运行。现在，三个频道均形成了“频道制”的运作方式，与之匹配的业务流程也已经运行畅通。

薪酬体系完成了对套。在试运行阶段，专家将新旧两套薪酬体系进行了有效对接，目前对接已经完成，所有人员对新的薪酬体系已经接受，核心人员对新的薪酬感到满意。

绩效体系梳理已经取得显著成效。在绩效管理上对该电视台下三个频道均实行“频道责任制”，对单个栏目均实行“节目承包”的方式。

资料来源：胡八一：《高绩效革命：提升公共部门绩效的钥匙》，北京，中国致公出版社，2010。

思考题：

（1）该电视台绩效体系改进前后有哪些明显不同？

（2）新绩效体系的建立会对员工的行为和工作结果产生哪些影响？

附录一

某人力资源开发公司绩效管理制度

一、总则

建立绩效管理体系，强化卓越绩效管理理念，落实各级效能监督，实现组织在绩效理念、绩效计划、辅导、考核、沟通与反馈、结果运用层面的持续改进和提升。

二、范围

适用于本公司与绩效管理相关的所有经营管理活动。

三、基本要求

落实卓越绩效管理理念，做到"一明确，二到位"，即目标计划明确，策略指导到位，权责激励到位。

四、职能职责

（一）总经理

（1）确立公司经营战略方向和指导思想，界定绩效管理范围和要求。

（2）搭建公司管理体系，界定各专业系统和部门的职能职责与管理标准。

（3）根据公司发展规划和战略要求，组织确定公司行政、人事、营销、服务、经营管理战略目标，并提出管控要求。

（4）掌控公司级绩效管理工作方向，对公司绩效管理结果进行确认。

（二）系统总监

（1）根据公司确立的经营战略、绩效管理要求和本系统职能职责，制定本系统管理目标和经营目标。

（2）搭建本系统绩效管理体系，对所属部门进行职能职责分工和管理标准的界定。

（3）统领系统内部绩效管理工作，指导和评价下属绩效工作，如实向总经理报告本系统绩效情况。

（三）部门经理

（1）搭建本部门绩效管理体系，根据系统总监界定的本部门职能职责，对所属岗位进行职能职责分工和管理标准的界定。

（2）负责组织制定本部门管理目标和经营目标。

（3）统领部门内部绩效计划、辅导、考核、面谈、反馈等全部绩效管理工作。

（四）基层员工

（1）明确岗位职能职责。

（2）根据岗位职能职责和岗位说明书，在部门经理的指导下，共同制定个人绩效计划。

（3）通过个人努力、向同事和上级学习，完成绩效计划，接受公司绩效考核。

（五）人力资源部

（1）负责绩效管理体系考核办法的制定和半年度、年度考核方案的部署。

（2）负责绩效考核结果的运用方案制定和执行。

（六）企业管理部

（1）建立和完善公司绩效管理体系，制定公司不同时期的经营计划和绩效计划，并对结果进行评价和提出改进建议。

（2）根据公司战略发展方向和总体经营计划，对各系统制定的绩效计划进行辅导。

五、管理指南

（一）绩效理念

（1）绩效管理是指识别、衡量以及开发个人和团队绩效，并且使这些绩效与组织的战略目标保持一致的一个持续性过程。

（2）追求绩效，提高公司经营管理效率和员工绩效能力是绩效理念的核心，是公司文化的有机组成部分。

（3）目标管理、绩效计划、绩效辅导、绩效考核、绩效沟通和反馈、绩效结果应用是公司实施绩效管理的核心内容。

（4）公司通过宣讲、培训、组织学习等多种形式向全体员工传达绩效理念。树立关注客户、员工、投资者和社会责任等所有重要的利益相关者的绩效理念；树立为利益相关者传递、创造价值的绩效理念；树立绩效管理是用于监控和管理企业绩效的方法、准则、过程和系统的整体组合，是整个企业运营的单一视图的绩效理念。消除“绩效管理是人力资源部的事情，绩效管理就是绩效考核”的错误认识，把绩效管理理念贯彻到管理实践的每个环节。

（二）目标管理

（1）公司级目标应根据发展战略规划，形成阶段性经营目标，并分解到各专业系统和职能部门，部门承担的阶段性经营目标按职能分解到各岗位。目标由年到半年、季度直至月，由长期到中短期逐级分解。任何目标均要求分解到岗，分解到人，按时完成。

（2）目标的设定要遵循 SMART 原则，以公司战略、部门职能、岗位职责为依据，做到具体明确、量化可控、切实可行和具有时限性。

（3）各级经理根据岗位职责、岗位目标设定关键绩效指标，确定权重比例、评价标准和所需资源等要素，形成绩效标准。

（4）各级目标要与员工充分沟通、达成共识，签订目标协议或承诺书。

（三）绩效计划

（1）绩效计划是指各级经理根据公司战略目标、职责任务确定绩效管理期间所要达到的目标、标准、关键指标值和行动举措等，并与上下级达成共识，签订绩效协议，确保持续改进和目标完成有关的绩效管理系统工作。

(2) 绩效计划要以岗位职责为基础，要体现具体职位特色，要与企业战略和年度经营目标相一致，要坚持全员参与原则、重点突出原则、综合平衡原则、充分激励原则和客观公正原则。

(3) 绩效计划涉及工作职责、工作重点、工作难点、工作规范、工作权限、任职资格、考核指标、指标标准、指标权重、指标计算、协作关系、双向沟通、资源与帮助、行动计划等多方面内容的充分沟通，是绩效管理的整体一致反映，是激励员工和明确工作方向的重要手段，不是单一的工作计划。

(4) 绩效计划的制定流程：绩效计划前期准备（包括市场机会分析、职责确定、目标设计、确定关键绩效指标和指标值、分配权重）—制定绩效保障计划—绩效计划双向沟通和修订—绩效计划达成共识并签字确认。

(5) 公司应根据战略目标要求制定年度经营计划和职能发展计划，并按职能分解到各专业系统和职能部门；部门根据职能承担的公司绩效计划，制定本部门阶段性绩效计划并分解到各岗位。

(6) 公司绩效计划按照由长期到短期的顺序进行分解制定，一般按“三类计划、滚动管理”的原则，要求绩效计划由年绩效计划、月绩效计划和周绩效计划三类组成；月绩效计划依据年度经营计划制定，周绩效计划按月计划的重点来管理。

(7) 重要工作/项目的工作计划是常规绩效计划的重要补充，用以解决跨绩效周期项目的评价依据和标准问题。

(8) 绩效计划在经营环境发生变化时，经上下级沟通确认可进行动态调整。

(9) 各级经理要根据绩效计划要求制定相应行动计划。

(四) 绩效辅导

(1) 绩效辅导是指在绩效管理实施过程中，上级对下级进行的一种有计划、有目标、有步骤的培训、帮助和培育，用以提升下属的绩效。

(2) 发现并分析制约员工绩效提升的障碍因素，进行对症下药的辅导，使得员工的知识、技能、工作方法和工作态度等得到系统性的改善和提高，从而发挥出最大的潜力，提高个人和组织的绩效，推动组织和个人的不断进步，最终实现组织、经理人和员工的共同发展。

(3) 各级经理要有意识地观察和发现员工的问题，或对员工提出的问题及建议予以有效回复；要善于去描述员工影响绩效的行为，传递企业的期望和愿景，表明业绩和目标之间的关联，或者员工行为和工作标准之间的关联；要及时地给员工表达绩效后果，表明结果对目标完成的影响是什么；要在沟通中征求员工意见，倾听员工的心声，让员工分析原因并提出解决问题的办法，做到持续改进；要在沟通中着眼未来，和员工共同制定一个未来的绩效改进计划。

(4) 是否对下属进行卓有成效的绩效辅导，是衡量管理人员的一项重要标准。绩效辅导成果包括问题分析报告、辅导办法、培训计划和最佳实践、反馈意见、改进计划等，以上成果将作为公司考核管理人员的重要依据。

（5）通过日常辅导，月度、季度跟进评估，阶段性对员工关键业绩目标进展状况进行评价，沟通征求员工改进意见，让员工分析原因并提出解决问题的办法，做到持续改进，以确保员工在绩效周期达到目标。

（6）各级经理应成为员工的教练，通过有效沟通和确定意见，就在职训练、职业培训、脱产训练和自我训练等形式和内容达成协议，及时引领员工发掘潜力，并对员工的绩效表现给以及时的认定与支持。

（五）绩效考核

（1）绩效考核的目的在于完善公司人力资源管理机制，验证各级员工能否履行岗位职责，验证各级员工在不同阶段的绩效目标和绩效计划的完成情况，从而为绩效管理提供定量和定性数据支持。

（2）考核坚持公平、公正、公开，以数字和事实为依据，全面考评、反馈沟通、体现差异、便于操作的原则；贯彻"强激励、硬约束"，"结果考核与过程绩效评价相结合"，"业绩与奖惩挂钩"，"企业效益与绩效奖金挂钩"的原则。

（3）公司采取目标管理法、关键绩效指标评价和360度考核相结合的绩效考核方法。

（4）采取周例会、月交流、管理评审、内审、外审、专项工作报告等日常考评与年度考核相结合，逐级考评的方式。月度、季度过程评估作为半年考核、全年考核的重要依据。

（5）考核评价的内容包括工作态度、工作能力、工作业绩三部分。

（6）员工考核结果分为"优秀、良好、称职、基本称职、不称职"五个等级。

（7）建立绩效考核结果面谈机制，及时获取反馈意见，改进提高。

（8）建立员工考核申诉机制。

（六）绩效沟通和面谈反馈

（1）绩效沟通是绩效管理中随时随地都应进行的工作，必须是双向的，其一般包括：绩效理念沟通、绩效制度沟通、绩效计划沟通、绩效辅导沟通、绩效考核沟通、绩效反馈沟通和改进措施沟通。

（2）绩效反馈是绩效沟通的一种形式，也必须是双向的，往往在一次绩效交流或考核后进行。其工作目标是：双方就绩效表现达成共识，界定员工表现优点，界定绩效改进重点，拟订绩效改进计划，拟订下阶段工作计划，提高员工工作士气。

（3）绩效反馈面谈是为了达成设定的目标、实现业绩成果而采取的改善不理想的行为表现、巩固加强优良行为表现的双向沟通过程。

（4）绩效反馈面谈的关键点：关键内容、目的、成绩优点、问题原因、改进计划和目标、共识与承诺。

（5）绩效沟通反馈的形式。正式沟通以绩效会议包括周例会、月交流、半年考核等形式进行，形成会议纪要；非正式沟通以问题报告、专项报告、座谈等形式进行，形成绩效反馈记录。

（七）绩效考核结果运用

（1）目的是围绕组织目标，指引员工行为，发现问题，提供绩效改进措施，让员工清晰了解自己的绩效状态。

（2）绩效考核结果是档案管理、职务变动、薪酬分配、教育培训等的重要依据，对员工绩效考核结果应进行存档。

（3）绩效考核结果是组织发展和员工职业发展的设计依据，是与员工建立绩效伙伴关系的重要契机。

（4）周例会、月交流、管理评审、外审、专项工作报告等形式的考评结果作为半年或全年考核的重要依据。

（5）由人力资源部根据公司要求和部门意见提出绩效考核结果运用方案。

六、绩效管理模式

（1）绩效管理模式是基于企情的认识，结合公司战略要求而提出的解决管理问题和支撑组织与员工实现绩效的重要手段，是组织战略、流程和能力的重要体现，是对重要利益相关者贡献和满意度的测量与控制工具。

（2）基于“生存—成长—规范—协作”特定阶段的认识，采用规范化、专业化和标准化的内部管控和成长性绩效拉动并行的模式，是公司发展的必然选择。

（3）卓越绩效管理涉及公司领导体系建立、战略策划、顾客和市场、人力资源、过程管理、测量与分析、绩效评价，由领导体系、战略规划、目标与预算、市场和客户导向的营销模式、卓越客户服务体系、以人为本的人力资源管理、品牌、服务与文化凝聚的核心竞争力等组成，以整体一致的形式表现出来。

七、操作指南

（1）各级经理要坚持“一明确，二到位”的要求，强化效能监督和落实。

（2）企业管理部负责构建公司绩效管理体系，制定从绩效计划、辅导、考核到沟通与反馈全过程管控办法，做到科学和适用。

（3）各专业系统、部门要根据承担的战略目标、职能职责要求，落实绩效管理制度，制定本系统宏观管控、过程运作、指导岗位操作三级完善的举措办法和作业指导管控体系。

（4）年绩效、半年绩效和月绩效是公司规定的绩效管理活动，其级别逐级递减；当低级别绩效管理活动在时间上与高级别重合时，形式上只执行高级别绩效管理活动，但低级别绩效管理活动需做的工作必须完整执行。

（5）绩效管理工作实行逐级负责制，总监对总经理负责，部门经理对直属总监负责，员工对直属部门经理负责，下属工作执行不力，直属上级负连带责任。

八、相关/支持性文件

《公司一三战略规划》、《公司不同阶段经营计划》、《职能、职责和目标管理办法》、《绩效计划管理办法》、《绩效辅导办法》、《绩效考核办法》、《绩效沟通与反馈面谈管理办法》、《绩效管理流程》。

九、相关支持性记录

(1)《绩效计划》、《问题分析报告》、《培训计划》、《绩效考核报告》。

(2)《最佳实践》、《反馈意见》、《改进计划》、《周例会纪要》、《月交流评估报告》、《管理评审、外审》、《专项工作报告》、《绩效沟通和反馈面谈记录》。

附录二

综合实训项目

第一单元　成立学习小组

实训目标

（1）建立绩效管理的基本概念。

（2）形成绩效管理的观念。

（3）树立人力资源管理意识，学会用人力资源管理的专业理念思考和解决问题。

实训步骤

一、组建团队

（1）在全班以竞聘的方式选出学习团队组长，由组长选取学习团队成员，并对小组成员进行分工。

（2）小组设计。

1）根据小组成员特点，设计队名、队标、队训与团队理念。

2）确定团队内人员分工。

3）设计团队学习目标与个人学习目标。

4）团队内部学习效果评价。

二、团队组建成果展示

（1）团队集体展示。团队集体展示要求将队名、队标、队训、团队理念、人员分工、团队目标、团队考核以合适的方式当场展示。

（2）团队个人展示。团队每个成员即兴发言，内容必须包括个人目标的设计及实现方式。

实训评价

考核评价表

评价指标	分值	得分
团队组建合理性与创新性	15	
团队目标明确	20	
团队个人目标明确，与团队整体目标一致	15	
团队内部贡献考核制度合理	25	
团队协作、精神面貌好	10	
作品新颖，表现力强	15	

各团队成绩汇总表

团队名称	A团队	B团队	C团队	D团队	E团队
合计分数					

第二单元　企业绩效调查

实训目标

（1）了解企业绩效管理现状。

（2）掌握调查的方法与技巧。

（3）通过调研，分析企业目前绩效管理的优缺点，提出改进意见。

（4）为后续的实训准备基础资料。

实训步骤

一、企业绩效管理调查方案设计

（1）明确调查目的与意义。选择一家企业作为调查对象，了解该企业的绩效管理制度，包括考核内容、考核标准、考核方法、考核程序、考核结果运用及绩效改进计划等。

（2）调查程序。设计调查的步骤与日程安排，以及团队成员的分工。

（3）调查方法。必须使用问卷调查法与访谈法，可根据调查企业情况使用观察法与资料分析法。

（4）调查结果表达。形成书面调查报告，不少于2 000字；制作演讲PPT。

二、实施绩效管理调查

（1）使用问卷调查。

1）设计绩效管理调查问卷。

2）发放、回收问卷。

3）分析整理问卷并列出疑问。

（2）开展重点访谈。

1）根据调查整体需要与问卷中反映的问题制定访谈提纲。

2）选择2～3名企业员工作为访谈对象并记录。

3）整理归纳访谈记录。

（3）撰写企业绩效管理分析报告。

三、在限定的时间内，展示团队成果

（1）制作展示幻灯片。要求反映主要的调查数据与观点。

（2）以团队为单位做报告，每队做15～20分钟的陈述报告。

实训评价

考核评价表

评价指标	分值	得分
调查方案完整，选用方法合理	15	
调查问卷定位准确、合理、全面	20	
访谈提纲问题齐备，记录完整	15	
调研报告格式正确，数据分析合理，图文并茂	25	
团队协作、精神面貌好	10	
作品新颖，表现力强	15	

各团队成绩汇总表

团队名称	A 团队	B 团队	C 团队	D 团队	E 团队
合计分数					

第三单元　成立仿真企业

实训目标

（1）了解企业的组成及结构。

（2）掌握企业中各岗位工作职责。

（3）学生通过接触、研究仿真企业，从而熟悉企业的实际情况。

（4）为后续的实训准备基础资料。

实训步骤

一、仿真企业背景资料

（1）企业名称：需说明名称内涵。

（2）企业 LOGO：展示 LOGO 标识，并加以说明；设计企业的广告语。

（3）企业产品介绍。

（4）企业成员介绍。

示例如下：

创建企业（生产制造企业）

企业名称：安奈儿服装有限公司。

产品名称：安奈儿童装。

名称寓意：产品名称来源于动物“Animal”这个词语，意思是小动物们的好朋友。

企业 LOGO：如右图所示。

LOGO 含义：以两只可爱的小白兔作为产品形象标志，亲亲相依的形象象征着团结；两只高高竖起的耳朵刚好组成英文“Victory”胜利的手势，代表着“Annil”积极向上的精神；采用明亮的橙黄和纯洁的白作为它的主色调，越发显得活泼、生动。

广告语：不一样的舒适，安奈儿童装。

成员名单：如下表所示。

所属部门及职务	姓名	性别	联系电话	QQ 邮箱

二、仿真企业组织架构及部门职责

（1）绘制组织架构图。

（2）明确各部门主要工作职责（管理权限、主要工作内容）。

示例如下：

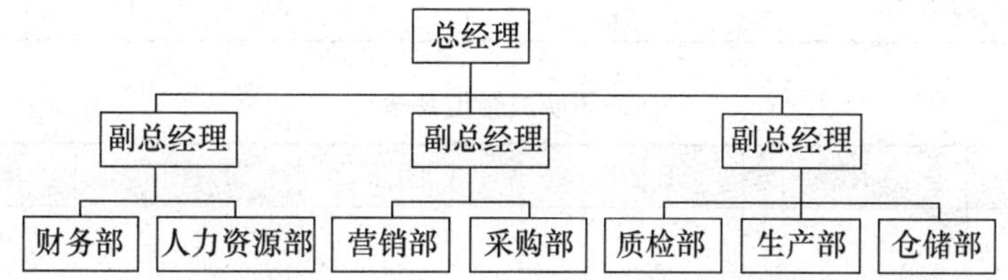

三、仿真企业业务流程

示例如下：

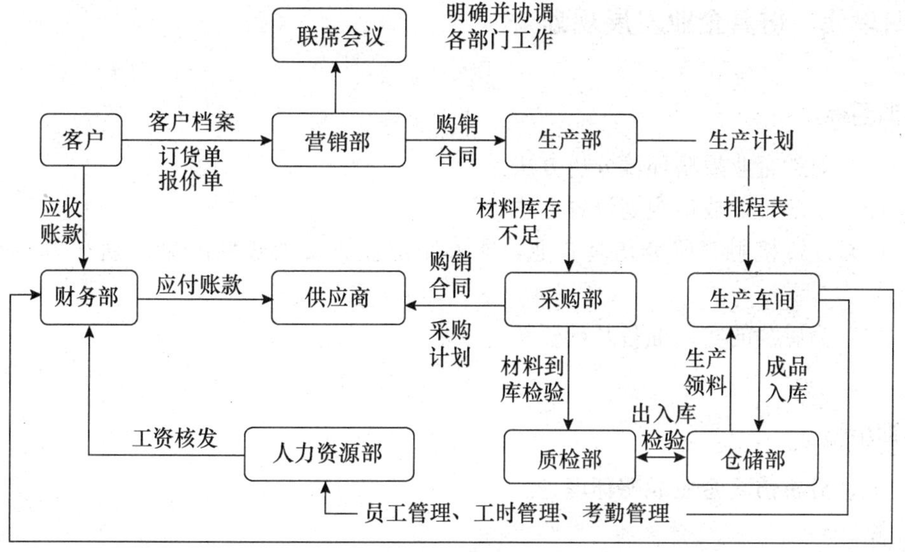

四、明确部门各岗位名称和岗位职责

略。

五、在限定的时间内，展示团队成果

（1）制作展示幻灯片。

（2）以团队为单位做报告，每队做15～20分钟的陈述报告。

实训评价

考核评价表

评价指标	分值	得分
企业名称简短易记，能够直接体现企业行业特征或者经营范围	15	
企业LOGO造型简单、意义明确，能够被识别和认同	10	
组织架构清晰，职责明确	25	
业务流程清晰，无职责交叉或多头领导现象	25	
团队协作、精神面貌好	10	
作品新颖，表现力强	15	

各团队成绩汇总表

团队名称	A团队	B团队	C团队	D团队	E团队
合计分数					

第四单元　仿真企业发展规划

实训目标

（1）熟悉企业战略环境分析方法。

（2）了解企业战略规划设置方法。

（3）通过接触、研究仿真企业，能够制定业务发展长期战略规划和短期业务规划。

（4）为后续的实训准备基础资料。

实训步骤

一、分析仿真企业战略环境

略。

二、制定仿真企业发展规划

（1）制定企业战略规划。

示例如下：

1）市场启动时期（1996—1999年）。

以外发加工的方式小批量生产“安奈儿”品牌童装。

建立一定的自营网点，进行市场稳健扩张，通过营销模式加大市场覆盖面，争取销售额增长翻一番。

逐步走出个体化经营模式，进入品牌化发展路线。

2）企业转型发展时期（2000—2004年）。

以连锁加盟的方式快速进行品牌推广。

统一所有终端形象：货柜、店面、POP等。

着手进行内部管理提升，整合质量管理体系，规范程序文件。

建立会员制度，开始与消费者直接沟通。

推行信息化管理，提高办公效率。

3）企业成熟发展时期（2005—2011年）。

持续稳健发展加盟连锁模式，专卖店达到300家，连锁柜台1 000个，成为国内知名童装品牌。

申请ISO14024Ⅰ型环境标志认证。

开发新产品，形成童装、童鞋、配饰一体化的连锁品牌。

进行品牌延伸，启动“兔令营”暑期会员专享活动。

4）产业化及资本运营阶段（2012—2017年）。

进一步拓深童装在行业及终端消费者中的知名度，形成良好品牌推广效果。

优化关联项目投资管理，加大产品传媒项目的投资力度。

开拓海外市场，使营销工作与国际接轨，并迅速改良终端形象，统一对外宣传方式，整合公司管理机制，调整组织机构。

（2）制定企业短期业务规划。

示例如下：

1）在现有产业基础上对市场进行拓展，调整市场销售渠道。

2）建立和完善连锁专柜信息网络，及时快捷地了解市场动向、销售数量和库存量，实现信息共享。

3）建立以专柜为基础的小型仓库，以最低的成本建立更灵敏的反应机制。

4）加大科研力度，提升面料选材和制造工艺。

（3）制定企业营销开发渠道规划。

三、在限定的时间内，展示团队成果

（1）制作展示幻灯片。要求反映战略环境分析与预测结果，能够制定切实可行的发展规划。

（2）以团队为单位做报告，每队做15～20分钟的陈述报告。

实训评价

考核评价表

评价指标	分值	得分
准确分析企业面临的市场环境	15	
企业战略规划清晰明确	20	
企业短期规划、营销规划明确具体，切实可行	25	
各类发展规划符合企业现实	15	
团队协作、精神面貌好	10	
作品新颖，表现力强	15	

各团队成绩汇总表

团队名称	A团队	B团队	C团队	D团队	E团队
合计分数					

第五单元　仿真企业关键绩效体系建立

实训目标

（1）掌握绩效考核指标的制定方法。
（2）掌握绩效管理的流程与方法。
（3）能够制定规范的绩效管理的制度与表格。
（4）为后续的实训准备基础资料。

实训步骤

一、仿真企业绩效管理制度设计

（1）绩效管理的目的和意义。
（2）绩效管理的原则。
（3）绩效管理的适用范围。
（4）绩效管理委员会的分工及职责。
（5）绩效管理的实施过程。
（6）绩效考核的内容及标准。
（7）结果申诉的程序及方法。

(8) 绩效考核结果应用。

(9) 其他说明。

(10) 附件：考核表格。

二、仿真企业部门及岗位绩效指标体系设计

(1) 部门职能。

(2) 部门年度工作目标及绩效考核指标。

(3) 各岗位工作职责及绩效考核指标。

(4) 日常工作记录用表格。

三、在限定的时间内，展示团队成果

(1) 制作展示幻灯片。要求充分说明绩效管理制度，符合企业、部门、岗位特点。

(2) 以团队为单位做报告，每队做15～20分钟的陈述报告。

实训评价

考核评价表

评价指标	分值	得分
绩效管理制度结构、内容完整准确，符合仿真企业情况	25	
绩效考核表格设计合理、美观、实用	10	
部门职能及岗位职责描述准确、完整	15	
能够准确界定关键绩效指标，并设定考评标准	20	
权重设置合理，考核标准明确、可衡量、可行	10	
考核主体明确，考核周期合理	10	
团队协作、精神面貌好，能够准确解答	10	

各团队成绩汇总表

团队名称	A团队	B团队	C团队	D团队	E团队
合计分数					

第六单元　仿真企业绩效管理能力培训

实训目标

(1) 掌握绩效辅导与培训的方法。

(2) 熟悉绩效培训的组织与实施流程。

(3) 能够组织并开展一次绩效管理能力提升的培训。

实训步骤

一、计划一次绩效管理能力提升的培训

（1）培训课程的名称。

（2）培训课程的目标。

（3）培训课程的特点。

（4）培训对象。

（5）课程内容。

（6）培训方法。

（7）培训时间。

（8）培训所需的文本。

二、组织实施培训

采用恰当的方式对全班同学进行一次主题培训。通过培训切实提高受训者的能力，并进行培训效果的评估。

实训评价

考核评价表

评价指标	分值	得分
培训计划针对性强，切实可行，有实际意义	30	
培训师授课技巧及讲授效果好	20	
培训内容与方法恰当、有效	20	
培训资料齐全	10	
培训效果良好	10	
团队协作、精神面貌好	10	

各团队成绩汇总表

团队名称	A团队	B团队	C团队	D团队	E团队
合计分数					

第七单元　仿真企业绩效考核实施

实训目标

（1）熟悉绩效考核的流程。

（2）掌握绩效考核的方法。

（3）能够根据绩效管理制度，进行阶段性绩效考核。

实训步骤

一、根据仿真企业的情况找出不同层次的三名员工，描述考核周期内其工作业绩、工作态度和工作行为

（1）收集员工业绩、态度、行为表现。

（2）绩效考核主体的选择。

二、根据员工绩效表现，确定绩效评定等级

（1）绩效考核流程。

（2）绩效考核方法的应用。

（3）绩效考核表格的设计。

（4）绩效考核等级的确定。

（5）绩效考核结果合理性的论证。

三、在限定的时间内，展示团队成果

（1）以适当的方式说明如何进行绩效考核的实施。

（2）以团队为单位做报告，每队做 15～20 分钟的陈述报告。

实训评价

考核评价表

评价指标	分值	得分
绩效考核流程明确	10	
绩效考核主体选择恰当	10	
绩效方法得当，符合考核对象的岗位和工作特点	15	
绩效考核表格设计美观、合理，能准确收集员工各种绩效数据	20	
绩效考核等级结果公平合理	20	
团队协作、精神面貌好	10	
作品展示新颖，表现力强	15	

各团队成绩汇总表

团队名称	A 团队	B 团队	C 团队	D 团队	E 团队
合计分数					

第八单元　仿真企业绩效反馈

实训目标

（1）熟悉绩效反馈的流程。

（2）掌握绩效反馈的方法。

（3）能够进行成功的绩效反馈面谈。

实训步骤

一、讨论对于企业和员工，哪些绩效反馈有价值、哪些毫无价值

略。

二、根据讨论结果设计绩效反馈用表格

表格的项目包括：员工绩效反馈，以及员工对绩效考核中问题的申诉。

三、汇总反馈结果

略。

四、进行绩效反馈总结并撰写报告

略。

实训评价

考核评价表

评价指标	分值	得分
表格设计合理，能准确记录反馈情况	20	
能够采用恰当的方法进行反馈，并注意反馈过程中的细节问题	30	
通过反馈能准确找出员工绩效优秀或不良的原因，并能提出帮助员工绩效提升的方法和步骤	20	
绩效反馈总结能客观公平地评价员工绩效，针对性强，能切实帮助员工提升绩效	20	
团队协作、精神面貌好	10	

各团队成绩汇总表

团队名称	A团队	B团队	C团队	D团队	E团队
合计分数					

第九单元　绩效改进游戏

实训目标

（1）通过游戏的方式，让游戏参与者认识到团队问题所在。

（2）让游戏参与者找到绩效改进的方法。

实训步骤

人数	10 人一组	时间	45 分钟
场地	篮球场	用具	篮球、眼罩
游戏步骤	1. 所有团队成员在篮球场集合。 2. 在团队成员中挑选一名志愿者，让他蒙上眼罩，然后在其他人的引导下走到发球线准备投篮。 3. 把篮球交给志愿者，告诉他任务是凭自己的感觉将球投入篮筐。 4. 在志愿者尝试几次投篮后，从团队成员中挑选一名指挥者，他的任务是通过沟通，指挥蒙着眼罩的志愿者成功将球投进篮筐。 5. 当志愿者成功投进球后，返回队列。再从团队中挑选一名不会正确投篮的志愿者。 6. 让志愿者在没有练习的情况下，进行 10 次投篮。 7. 培训师向志愿者传授篮球技巧，并给志愿者 5 分钟练习时间。 8. 5 分钟后，再次让志愿者进行 10 次投篮。看志愿者的进球数量有无增加。 9. 30 分钟后，以团队形式进行竞赛。 10. 组织团队成员进行讨论。		
问题讨论	1. 沟通和教练对绩效改进有什么作用？ 2. 你认为如何进行绩效改进？		
注意事项	1. 注意安全，以防砸伤。 2. 可根据具体情况增加志愿者的数量。		

实训评价

考核评价表

评价指标	分值	得分
指挥者的培训辅导能力	15	
指挥者的组织协调能力	20	
志愿者的领悟能力	15	
团队合作成果	30	
团队协作、精神面貌好	20	

各团队成绩汇总表

团队名称	A 团队	B 团队	C 团队	D 团队	E 团队
合计分数					

主要参考文献

1. 边文霞. 岗位分析与岗位评价：实务·案例·游戏. 北京：首都经济贸易大学出版社，2011.

2. 胡八一. 高绩效革命：提升公共部门绩效的钥匙. 北京：中国致公出版社，2010.

3. 姜启军. 高绩效管理的五项修炼. 北京：中国纺织出版社，2009.

4. 马作宽. 组织绩效管理. 北京：中国经济出版社，2009.

5. 郭晓薇，丁桂凤. 组织员工绩效管理. 大连：东北财经大学出版社，2008.

6. 廖小青. 员工绩效管理系统的设计与实施：人力资源管理实务. 广州：华南理工大学出版社，2002.

7. 杨飞等. 绩效管理案例与案例分析. 北京：中国劳动社会保障出版社，2008.

8. 杨明娜. 绩效管理实务. 北京：中国人民大学出版社，2008.

9. 张云德. 现代企业绩效管理策略与应用. 兰州：兰州大学出版社，2006.

10. 朴愚，顾卫俊. 绩效管理体系的设计与实施. 北京：电子工业出版社，2006.

11. 缪兴峰. 现代管理学基础与应用. 广州：华南理工大学出版社，2005.

12. 武欣. 绩效管理实务手册. 北京：机械工业出版社，2005.

13. 彭剑锋. 职位分析技术与方法. 北京：中国人民大学出版社，2004.

14. 杜映梅. 绩效管理. 北京：中国发展出版社，2006.

15. 王怀明. 绩效管理. 济南：山东人民出版社，2004.

16. http://www.chinahrd.net.

17. http://www.hr.com.cn.

18. http://www.hbhro.com.

图书在版编目（CIP）数据

绩效管理/沈丽，勾景秀主编. —北京：中国人民大学出版社，2013.3
21 世纪高职高专规划教材. 人力资源管理系列
ISBN 978-7-300-17098-5

Ⅰ.①绩… Ⅱ.①沈…②勾… Ⅲ.①企业绩效-企业管理-高等职业教育-教材 Ⅳ.①F272.5

中国版本图书馆 CIP 数据核字（2013）第 038364 号

21 世纪高职高专规划教材·人力资源管理系列
绩效管理
主编　沈丽　勾景秀

出版发行	中国人民大学出版社		
社　　址	北京中关村大街 31 号	**邮政编码**	100080
电　　话	010－62511242（总编室）		010－62511398（质管部）
	010－82501766（邮购部）		010－62514148（门市部）
	010－62515195（发行公司）		010－62515275（盗版举报）
网　　址	http://www.crup.com.cn		
	http://www.ttrnet.com（人大教研网）		
经　　销	新华书店		
印　　刷	山东百润本色印刷有限公司		
规　　格	185 mm×260 mm　16 开本	**版　　次**	2013 年 3 月第 1 版
印　　张	14.5	**印　　次**	2017 年 7 月第 2 次印刷
字　　数	291 000	**定　　价**	28.00 元

教师信息反馈表

为了更好地为您服务，提高教学质量，中国人民大学出版社愿意为您提供全面的教学支持，期望与您建立更广泛的合作关系。请您填好下表后以电子邮件或信件的形式反馈给我们。

您使用过或正在使用的我社教材名称			版次	
您希望获得哪些相关教学资料				
您对本书的建议（可附页）				
您的姓名				
您所在的学校、院系				
您所讲授课程的名称				
学生人数				
您的联系地址				
邮政编码		联系电话		
电子邮件（必填）				
您是否为人大社教研网会员	□ 是，会员卡号：________ □ 不是，现在申请			
您在相关专业是否有主编或参编教材意向	□ 是　　□ 否 □ 不一定			
您所希望参编或主编的教材的基本情况（包括内容、框架结构、特色等，可附页）				

我们的联系方式：北京市海淀区中关村大街 31 号
中国人民大学出版社教育分社
邮政编码：100080
电话：010-62515910
网址：http://www.crup.com.cn/jiaoyu/
E-mail：neokitty@126.com